2014

中国产业园区持续发展蓝皮书

中国100强产业园区持续发展指数报告

同济大学发展研究院

任　浩　甄　杰　叶江峰　仲东亭
陶　晨　喻细花　张保仓　佟　星　著

同济大學出版社
TONGJI UNIVERSITY PRESS

内 容 提 要

本书对中国产业园区30年发展历程、贡献与特点、“三聚”发展模式、政策主题演变、学术研究主题分布等五个专题进行了全面、系统的回顾总结，发现并总结出30年中国产业园区发展的1.0版模式：即政策、行政化、硬基础“三要素”组成的驱动模式；并提出了产业园区未来发展的2.0版驱动模式：即制度、融合化、软环境的“新三要素”。本书精选出产业合作指标中的典型产业园区，集中于园区内合作、园区间合作等具体模式，分别从背景、机制、成果、问题与建设等方面对园区相关情况进行介绍与分析。本书延续了2013年中国产业园区持续发展的评价指标体系，对2014年中国产业园区持续发展进行综合排名与分析，形成中国国家级产业园区持续发展竞争力100强榜单。本书对于产业园区的政府主管部门领导、产业园区管理者、专家学者等读者了解产业园区最新资料、掌握理论研究成果、指导产业园区持续发展具有重要的参考价值。

图书在版编目(CIP)数据

2014中国产业园区持续发展蓝皮书：中国100强产业园区持续发展指数报告/任浩著．—上海：同济大学出版社，2014.12

ISBN 978-7-5608-5694-0

Ⅰ．①2…　Ⅱ．①任…　Ⅲ．①工业园区—经济发展—白皮书—中国—2014　Ⅳ．①F424

中国版本图书馆CIP数据核字(2014)第268048号

2014中国产业园区持续发展蓝皮书

任　浩　甄　杰　叶江峰　仲东亭　陶　晨　喻细花　张保仓　佟　星　著

责任编辑　赵泽毓　　责任校对　徐春莲　　封面设计　潘向蓁

出版发行　同济大学出版社　www.tongjipress.com.cn

(地址：上海市四平路1239号　邮编：200092　电话：021-65985622)

经　销　全国各地新华书店

印　刷　上海中华商务联合印刷有限公司

开　本　787mm×1092mm　1/16

印　张　17

字　数　424 000

版　次　2014年12月第1版　2014年12月第1次印刷

书　号　ISBN 978-7-5608-5694-0

定　价　218.00元

序 言

以1984年大连经济技术开发区挂牌建园为标志,中国产业园区建立迄今恰逢30周年。回顾30年中国产业园区初始培育、快速成长、稳定发展、创新升级的4个发展历程,经过与理论界探讨、与产业园区交流、与国家和地方有关园区管理部门沟通,我们发现并提出了30年中国产业园区发展的1.0版模式:即政策、行政化、硬基础"三要素"组成的驱动模式。其中,政策指产业园区普遍通过土地、财税、人才等政策的倾斜,为园区发展提供优惠的政策资源。行政化指产业园区被赋予行政职能、更高的行政级别或领导人级别高配,为园区发展提供更多的功能服务。硬基础指产业园区管委会或开发公司以大量资金投入用于给水、排水、通电、通路、通讯、通暖气、通天然气或煤气以及场地平整的建设,为园区发展提供良好的设施保障。尽管可能还有其他驱动因素,但我们认为这"三要素"无疑是中国产业园区30年高速发展最为基本的、且长期存在的内生要素。

经过30年的发展,大多数国家级园区已经不同程度地具备了上述"三要素",1.0版模式中的要素驱动力渐弱;同时,园区的发展环境也发生了深刻的变化。那么,驱动产业园区未来发展的新要素是什么?这是站在历史转折点的今天必须重新思考并清晰界定的。为此,本报告提出了未来产业园区发展的2.0版驱动模式:即制度、融合化、软环境的"新三要素"。其中,制度指制定并完善国家立法层面的产业园区管理条例,从顶层设计上明确产业园区的地位、功能等;制定并完善地方政府建设产业园区间沟通协调、利益分享等机制;重视完善产业园区管委会自身的管理制度设计，通过制度完善获取管理红利。融合化指产业园区内的企业与企业、企业与学研介的融合；园区间的资本、品牌、管理等互动融合；产业与社会间以产促城、以城兴产的融合；通过这三个层面的融合获取空间利用和拓展的红利。软环境指产业园区应重视建设智能化、信息化的智慧园区，集约化、循环发展的绿色园区，人际关系融洽、创新氛围浓厚的文化园区等；通过软投入获取创新红利。

2013 年是中国产业园区发展的重要一年。通过对 2013 年中国产业园区持续发展指数的分析，尤其是与 2012 年指数的比较研究，本报告认为，2013 年中国产业园区发展状况总体良好，受重视程度得到提高；公共服务平台有所完善，经济效益进一步提升；"东部强、中西部加快进步"的区域分布特征明显；排位靠前的知名产业园区继续表现出"全能者"的角色，但多数产业园区在五项指标中表现并不协调；创新与合作成为保持持续发展优势的关键，但园区间创新发展不均衡；合作形式重于实质。产业园区合作模式渐趋成熟。

2014 年的蓝皮书，我们在上一年的基础上作了"减二增四"的调整。减去了第 1 章中国产业园区概述和第 6 章中国产业园区持续发展的趋势、瓶颈与对策部分，增加了如下 4 个部分：其一，增加了年度主报告，突出了本报告对 2013 年度中国国家级产业园区发展概况、主要特点的分析，并提出了年度中国产业园区发展的总体评价。其二，增加了中国产业园区发展 30 年专题报告，以走向持续发展和创新驱动为主题，从中国产业园区 30 年发展历程、贡献与特点、"三聚"发展模式、政策主题演变、学术研究主题分布等五个专题进行了全面、系统地回顾总结。对产业园区 30 年的发展历程进行总结，理论界与实务界关注得不多，与这个历史节点的重要性极不匹配。本报告的 30 年回顾总结，希望能对过去 30 年有一个专业的、独特的评价，以弥补这方面的不足。其三，增加了特色典型园区的分析，2014 年的蓝皮书集中于五大评价指标中的产业合作指标，选择了在此方面做得好、做得有特色的园区进行具体深入分析。经联系、比较与评选，入围的分别有上海张江国家自主创新示范区、武汉东湖国家自主创新示范区、长沙高新技术开发区和成都高新技术开发区等四家园区。本报告集中于园区内合作、园区间合作等具体模式，分别从背景、机制、成果、问题与建议等方面对园区相关情况进行介绍与分析。今后，我们将以五大评价指标为基础，每年选择其中一个相对突出的主题进行专门深入的案例分析。其四，增加了2013年蓝皮书的序言、附录，考虑到在2013年版序言中我们已就一些重要的内容作了系统介绍，为阅读方便和深入理解，我们将《2013中国产业园区持续发展蓝皮书》的序言放在本书之前；同时，在附录中保留了中国产业园区持续发展的评价指标，增加了国家级产业园区的名录。

参加今年研究报告撰写的是：任浩、甄杰、叶江峰、仲东亭、陶晨、喻细花、张保仓、佟星、马盼、倪慧、潘欣欣、黄拓、卢俊美、王天钰、胡海波、吴丹林、刘斌、章长城、陈祖胜、曹宁、韩振、卞庆珍、张巍、曲怡颖、夏晗等；参加研究审稿的有：霍佳震、陈青洲、周文泳、朱国华、叶明海、王莉、魏峰、马如飞、钱敏等；科技部、商务部、环保部和工信部有关园区管理部门在数据等方面给与了支持；天津泰达、武汉东湖、上海漕河泾、昆山经开区、成都高新区、长沙高新区、贵阳高新区等产业园区参加了交流。蓝皮书自2013年问世以来，一直得到了海内外许多媒体持续的关注和报道，这些采访报道既扩大了蓝皮书的影响，也激荡了我们对园区发展的深入思考。

感谢所有参加研究、撰写的同仁全心地投入！感谢同济大学经管学院、同济大学文科办、同济大学出版社和同济大学校领导一以贯之的支持！感谢园区的热情参与和支持！感谢科技部、商务部、环保部、工信部园区主管部门、新闻界及社会各界的支持！

2014年10月20日于同济大厦

2013 中国产业园区持续发展蓝皮书 · 序言

中国产业园区是中国经济发展的重要平台。据统计，截至 2012 年 12 月，全国开发区以占全国不到 2%的开发土地面积创造了全国 GDP 总量的 12.8%。本蓝皮书研究显示，全国 100 强产业园区 GDP 总量约为 71 678 亿元，占所有国家级经济开发区和高新产业区 GDP 总量的 78%，进一步证明了产业园区特别是 100 强产业园区的重要地位。但美中不足的是，产业园区的研究存在着经济技术开发区与高新技术产业开发区评价指标不统一、评价内容不持续、评价方法难以量化的状况。为此，同济大学发展研究院基于对国内外产业园区发展路径理论的长期研究和对产业园区产业规划的丰富实践，撰写了本蓝皮书。

在研究与撰写中，我们关注的是中国产业园区的持续发展，它区别于短期的发展概念，也区别于偏重环境生态保护的可持续发展概念。"持续发展"是以"可持续发展"理念为基础，强调发展的状态，即在可持续发展的理念下，注重存量与增量协调、突出内部与外部互动、强调经济与社会和谐的长期发展状态。由此，中国产业园区持续发展即指中国产业园区以"可持续发展"理念为基础，注重存量与增量协调、突出内部与外部互动、强调经济与社会和谐的长期发展状态。《2013 中国产业园区持续发展蓝皮书》是国内第一次对产业园区的发展指数进行研究；构建的持续发展评价指标体系，是对中国产业园区未来发展的重要引导；提出的"三聚"(聚核、聚链、聚网)产业园区发展模式，是对我国产业园区发展历程的实践总结和理论提炼。

《2013 中国产业园区持续发展蓝皮书》主要包括六部分内容。一是分析中国产业园区的内涵、类型与功能,构建持续发展的评价指标体系;二是综合排名分析,形成中国产业园区持续发展竞争力百强榜单,并进行指标得分与均值排名;三是区域性排名分析,具体展示东、中、西部地区产业园区持续发展的竞争力情况,以及各省份产业园区的排名情况;四是产业园区类别分析,针对高新技术产业开发区和经济技术开发区,分别就其总体情况、前 10 强情况以及单项指标进行排名;五是园区产业合作情况排名分析,阐述产业合作的理论与实践背景,对产业合作前 10 强进行总体、区域和类别分析;六是对中国产业园区持续发展的趋势、瓶颈进行剖析,提出概要性的对策建议。

本蓝皮书指标体系的构建理念包含三个方面:一是重视持续发展。长期以来,产业园区存在着"重外部优惠政策,轻内生动力培育;重零星招商引资,轻产业链整合打造;重经济指标提升,轻区域系统协调"的瓶颈问题。本蓝皮书从"存量与增量、内部与外部、经济与社会"的三个结合,构建了产业园区持续发展指标体系。二是形成统一评价。对产业园区的现有评价指标体系基本是针对某类别、某区域或某级别园区进行专门性评价,没有对中国产业园区发展进行全面统一观测。本蓝皮书深入研究各类园区特征,将经济与创新、使用外资与出口创汇等进行等值换算,实现统一评价。三是强调"三聚"路径。由于历史原因,现有产业园区存在着自发性的道路特征。本蓝皮书依循产业园区的发展规律,提出了确定主导产业并吸引核心企业以"聚核"、拓展纵向产业链和横向服务链以"聚链"、打造公共平台并进行功能体系建设以"聚网"的"三聚"发展路径。

本蓝皮书一级指标涵盖了经济发展、创新发展、产业合作、公共服务、社会发展五个范畴。一是经济发展指标。经济发展是产业园区持续发展的基础,表现为经济实力、经济增长两个方面。二是创新发展指标。创新发展是产业园区持续发展的源动力,表现为创新资源、创新平台、创新成果三个方面。三是产业合作指标。产业合作是产业园区持续发展的有效方式,表现为园区内企业集聚度、园区合作状况两个方面。四是公共服务指标。公共服务是产业园区持续发展的支撑条件,表现为区位优势、园区组织结构、配套服务机构三个方面。五是社会发展指标。社会发展是产业园区持续发展的外延扩张，表现为环境保护和社会声誉两个方面。

同济大学发展研究院今后将继续对中国产业园区的持续发展进行观测分析，自 2013 年起，将每年出版当年的《中国产业园区持续发展蓝皮书》，并发布中国 100 强产业园区持续发展指数报告。

本蓝皮书由任浩、甄杰、叶江峰、曹宁、陶晨、喻细花执笔；参加撰写的还有马盼、倪慧、黄拓、卢俊美以及张保仓、陈祖胜、卞庆珍、韩振、夏晗、俞珊、曹文晶、李晓玉、王天钰；为本蓝皮书完成作出贡献的专家有霍佳震、周文泳、陈青洲、徐承军等；新华社上海分社、港澳资讯产业股份有限公司等也提供了宝贵的支持；本蓝皮书的合作单位是华东政法大学企业发展研究所。2013 年 12 月 30 日，《中国产业园区持续发展蓝皮书暨中国 100 强产业园区排行榜》在同济大学正式发布，中国新闻社、新华社、人民日报、经济日报、解放日报、文汇报等全国 24 家媒体的记者与领导出席发布会，并对此进行了充分报道；同济大学江波副校长出席会议并致辞。《中国产业园区持续发展蓝皮书》的发布引起了中央有关部委、地方省市级政府、许多产业园区管委会以及专家学者的热情关注与肯定。本书能在较短时间内高质量地出版得益于同济大学出版社，特别是支文军社长的积极支持。在此，向长期以来关心和支持我们工作的同济大学经管学院、同济大学以及社会各界表示诚挚的谢意。

2013 年 12 月 31 日

目 录

第 2 章　中国产业园区发展 30 年专题报告

第 3 章　中国产业园区持续发展综合排名分析

第 5 章 中国产业园区持续发展类别分析

第 6 章 中国产业园区合作排名分析

第7章 中国产业园区持续发展:产业合作典型案例

附录

第 1 章

2014 年中国产业园区持续发展主报告

中国产业园区是中国经济发展的重要平台。自 1984 年第一批经济技术开发区设立以来，至今已经整整 30 年。回顾 30 年的发展历程，产业园区在增长中求索、在前进中变革，走出了一条高速、集约、专业成长的道路，成为国民经济发展的支柱力量。

1.1 产业园区与经济社会发展

作为改革开放以来我国发展经济的主要手段之一，产业园区对经济社会发展的贡献是全方位的，并主要体现在经济增长极、创新集聚地、管理示范者、开放先导区四个方面，其实现载体是以发展新型工业为目标的经济技术开发区（以下简称“经开区”）和以高新技术产业化为目标的高新技术产业开发区（以下简称“高新区”）。

1.1.1 重要的经济增长极

作为所在地区的经济发动机，产业园区的发展直接促成了我国东部地区的经济腾飞、中西部地区的深度开发，并推动全国各地经济相互协调、形成有序体系。据 2013 年最新统计，329 家国家级经开区和高新区（其中经开区 215 家，高新区 114 家）GDP 合计达到 12.9 万亿元，占全国 GDP 比重的 22.7%，即中国近四分之一的 GDP 是由产业园区所创造的；对我国工业的贡献从起初的不足 5% 发展到今天的超过 30%，工业总产值达到 351 959 亿元；上缴税收合计达到 21 975 亿元，占全国税收总额的 19.9%，成为了国民经济的主要载体。如图 1－1 所示。

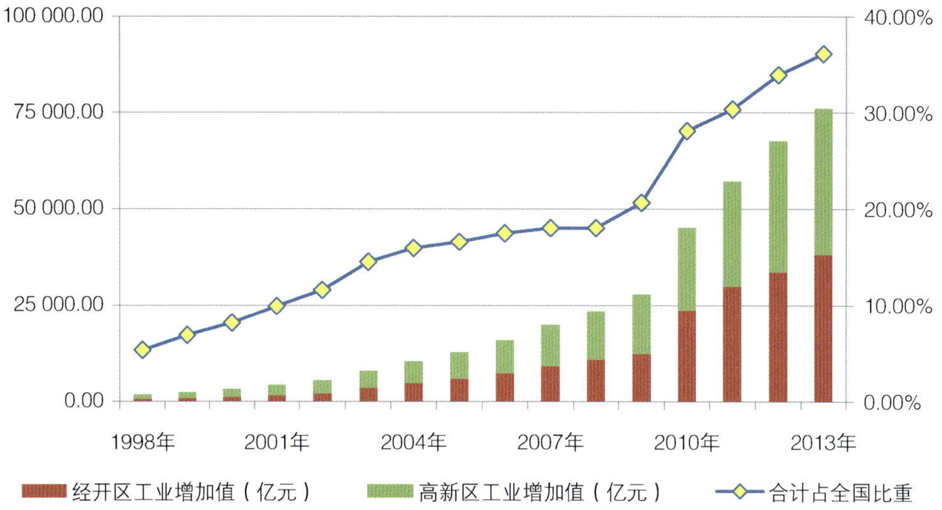

图 1－1　经开区、高新区工业增加值发展情况

除了体量上的贡献，产业园区还为我国加快转变经济发展方式找到了一套行之有效的模式，即以高新技术产业和现代服务业为主导，发展新型产业集群。高新区和经开区两类园区的产业类型，主要表现为七大战略性新兴产业，并呈现同质化发展态势。如表 1－1 所示。

表 1－1　经开区、高新区前五强主导产业（2013 年）

经开区	主导产业	高新区	主导产业
苏州工业园区	电子制造、机械制造、生物医药、新材料	北京中关村国家自主创新示范区	移动互联网和移动通信、卫星应用、生物健康、节能环保、轨道交通
天津经开区	电子信息、食品、机械、生物医药	上海张江国家自主创新示范区	信息技术、生物医药、低碳环保、民用航空研发、汽车配套
广州经开区	化学、软件、电子和通信设备、医药、饮料制造	武汉东湖国家自主创新示范区	光电子信息、生物、新能源、环保、消费类电子
青岛经开区	工程机械、港口海洋装备、石化、家电电子、汽车	深圳国家自主创新示范区	生物医药、电子信息、文化创意、航空航天、先进装备制造
武汉经开区	汽车、电子电器、印刷包装、食品饮料、生物医药、新能源新材料	成都高新区	信息技术、生物、装备制造、节能环保

1.1.2　重要的创新集聚地

产业园区是我国科技资源、研发活动、创新成果最为密集的地区，经过 30 年发展，产业园区培育了一批具有较高影响力的高新技术成果和企业，并已经成为代表我国参与全球创新竞争、抢占国际科技制高点的优先区域。

高新区以促进技术创新为己任，近年来成果显著，成为我国高新技术产业、技术创新与专利的主要贡献者。2012 年，全国 105 家国家级高新区共有企业技术中心 5 907 个，其中国家级 338 个，占全国企业技术中心的 38.1%；国家级高新区企业共拥有有效专利 408 270 件，其中拥有发明专利为 136 199 件，每万名从业人员拥有有效发明专利 107 件，是全国就业人员拥有有效发明专利（11.4 件/万人）的 9.4 倍；其中发明专利授权 42 516 件，发明专利授权量占全国发明专利授权量（21.7 万件）的 19.6%；国家级高新区企业技术合同交易非常活跃，其成交总额为 1 894.7 亿元，占全国技术合同成交额（6 437.1 亿元）近 1/3 份额；由此可见，国家级高新区逐步成为全国企业创新成果最丰硕的地区。如图 1－2 所示。

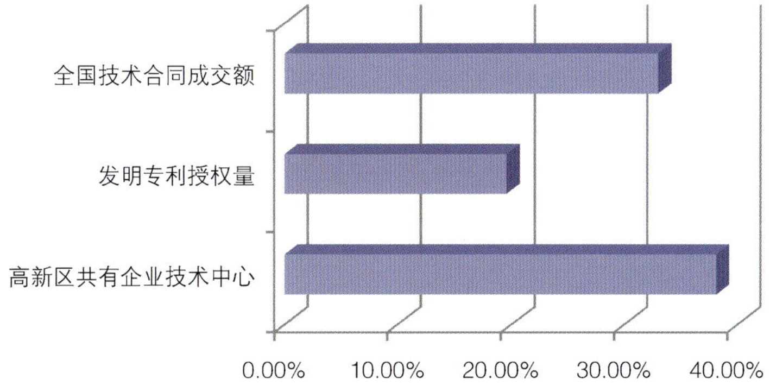

图 1－2　2012 年 105 家国家级高新区主要指标数值占全国比重

产业园区的发展促进了一批重大科技成果的诞生，包括超大规模集成电路装备、高性能计算机、高速宽带网、光伏能源装备、重大新药、高速列车、电动汽车等，部分成果已经从单个产品发展成为国家的支柱产业。北京中关村、上海张江、苏州工业园、深圳高新区、武汉东湖等园区的崛起，成为具有全球影响力的集成电路、生物医药、电子信息、半导体照明等产业基地，并由此培育了联想、华为、百度等行业巨头以及一批细分领域中的核心企业。

1.1.3 重要的管理示范区

我国产业园区的发展，吸收和整合了台湾新竹、新加坡工业园等世界知名园区的经验。通过优化管理机制、加强土地规划、推进产城融合，实现了园区资源的高效集约化利用，发展质量大大优于全国平均水平。

从人力资源管理效率看，两类园区的人均产出效率取得大幅增长。2011 年，高新区和经开区的人均生产总值分别为 38.8 万元和 32.6 万元，折合美元为 6.15 万美元和 5.16 万美元，位居世界前列。如表 1－2 所示。

表 1－2 中国经开区、高新区人均 GDP 与部分国家人均 GDP 的比较(2011 年，美元计价)

排名	国家	人均 GDP	排名	国家	人均 GDP
1	卢森堡	108 832	11	加拿大	46 215
2	挪威	84 444	14	芬兰	44 489
3	卡塔尔	76 168	16	日本	42 820
4	瑞士	67 246	18	法国	41 019
	中国高新区	61 500	19	德国	40 631
5	阿联酋	59 717	22	英国	36 120
6	丹麦	56 147	23	意大利	34 059
7	澳大利亚	55 590	34	韩国	20 591
	中国经开区	51 600	53	巴西	10 816
8	瑞典	48 875	56	俄罗斯	10 437
9	美国	47 284	93	中国	4 382
10	荷兰	47 172	100	阿尔巴尼亚	3 677

从土地和环境管理利用效率看，产业园区同样呈现出较高的水准。根据 2011 年数据统计，国家经开区、高新区的单位工业产值分别为 33 亿元/平方公里、42.5 亿元/平方公里，远高于 2 亿元/平方公里的全国平均水平；而万元 GDP 平均能耗仅有 0.52 吨，小于 0.79 吨的全国平均水平。一批高新区、经开区还通过了 ISO14000 环境体系认证，并获批国家生态工业示范园区。

从开发管理模式看，各地产业园区并非统一规划，而是根据当地实际，采取了多种类型的开发模式，有些开发模式的做法截然相反，却各具优势，例如：逐片滚动开发与一次性整体开发并存，如苏州工业园区师承“新加坡”模式，区域成片开发、功能明确；管委会、开发公司的融合与分离并存，如中关村设有中关村管委会和中关村发展集团公司；普惠性政策与排他特殊性政策并存，如高新区以高新技术企业认定等普惠性政策为主，而经开区往往包括大量特殊类政策、择优类政策；一级政府式管理体制与服务式管理体制并存，例如武汉东湖管委会形成了包括公安局、法院、检察院等机构在内的一级基层政府完整序列等。

1.1.4　重要的开放先导区

产业园区最起初的定位是出口加工贸易区，作为对外开放的窗口。随着出口贸易的不断深化，产业园区逐步具备了对资金、技术、人才等多种要素的统筹整合能力，呈现出更加主动的外向型战略意向，在国家政策和改革试点机会的支持下，日趋成为继经济特区之后的第二开放带。

目前，324家国家经开区和高新区已经成为我国主要的出口创汇载体之一。据2013年最新数据统计，国家经开区和高新区出口创汇分别达到4 064亿美元和4 133亿美元，合计占全国出口总额的37.1%，单位园区出口额达到25.3亿美元，较1991年实现了大幅提升。如图1-3所示。

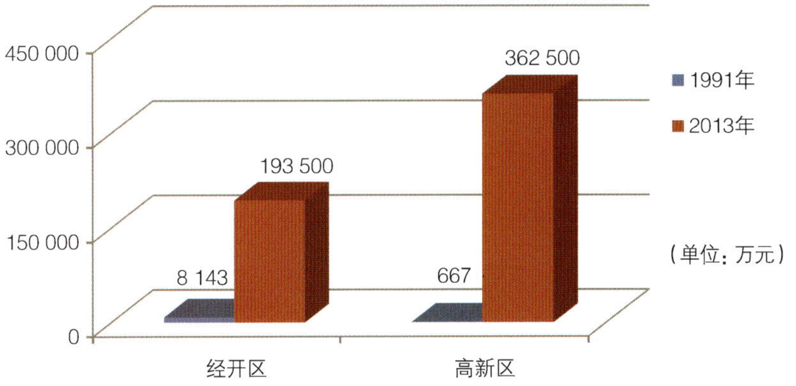

图1-3　经开区和高新区在1991年、2013年的出口创汇情况比较

跨国公司在中国的落地或投资，首要选择产业园区。全球500强跨国公司中，超过400家在华设立了外商投资企业、研发中心和代表机构，其中绝大多数设立在园区。根据2013年数据统计，全国超过70%的实际利用外资为国家高新

区和经开区所贡献。

产业园区对外开放不光表现在利用外资数量的提升,还在于利用外资质量的显著提升。跨国公司和境外资本用于投资技术研发与现代服务业的比重逐年上升,投资行为日趋多样化。以上海为例,上海以张江国家自主创新示范区为主,吸纳跨国公司研发中心已经达到了 371 家,越来越多的研发中心并非单纯为了面向中国市场应用而新建,而是在跨国公司的全球研发战略中承担了重要任务,以及采用并购投资、合资的形式开展。

1.2 产业园区 30 年:走向持续发展和创新驱动

1.2.1 30 年园区发展的四个阶段

本报告认为,可以按照重大事件与政策出台时间,将中国产业园区的发展分为四个阶段:

1984—1991 年的初始培育阶段,以我国在沿海地区首设 14 个经开区、27 个高新区为标志。经过艰难的创业和摸索发展,经开区、高新区两类产业园区的功能定位和战略任务基本确立,出口加工贸易型的发展模式初步形成。此外,还设立了保税区、台商投资区和金融贸易区等特殊的产业园区。

1992—2002 年的快速成长阶段,以邓小平第二次南方讲话、全面对外开放为标志。产业园区迅速成为全国经济建设的主力军,经开区、高新区实现了国土"全覆盖"。截至 2002 年底,全国共有 54 个国家级经开区、53 个国家级高新区,工业总产值达到 20 804 亿元,较 1992 年上升了 44 倍。功能导向的保税区、台商投资区、边境经济合作区、出口加工区也逐渐增多。

2003—2008 年的稳定发展阶段,以我国加入 WTO、部署贯彻落实《关于加强技术创新、发展高科技、实现产业化的决定》为标志。产业园区开始呈现科学发展、特色发展的特征,以先进制造业和现代服务业为主导、注重质量效益、注重园区服务、孵化与管理的功能区模式逐渐成熟。期间，在国务院清理整顿以及严格审批土地开发政策的引导下，除了宁波高新区晋升为国家级外，两类产业园区数量保持稳定。

2009 年至今的创新升级阶段，以我国提出建设创新型国家为目标、实施创新驱动发展战略为标志。产业园区成为抵御金融危机、培育发展战略性新兴产业的主战场。为此，国家对产业园区推行了新一轮“扩容”。截至 2013 年底，国家经开区、高新区分别达到 210 家、114 家。在此基础上，新成立了北京中关村、武汉东湖、上海张江、深圳高新 4 个国家自主创新示范区，以及合芜蚌自主创新综合配套改革试验区，允许开展改革创新的先行先试。

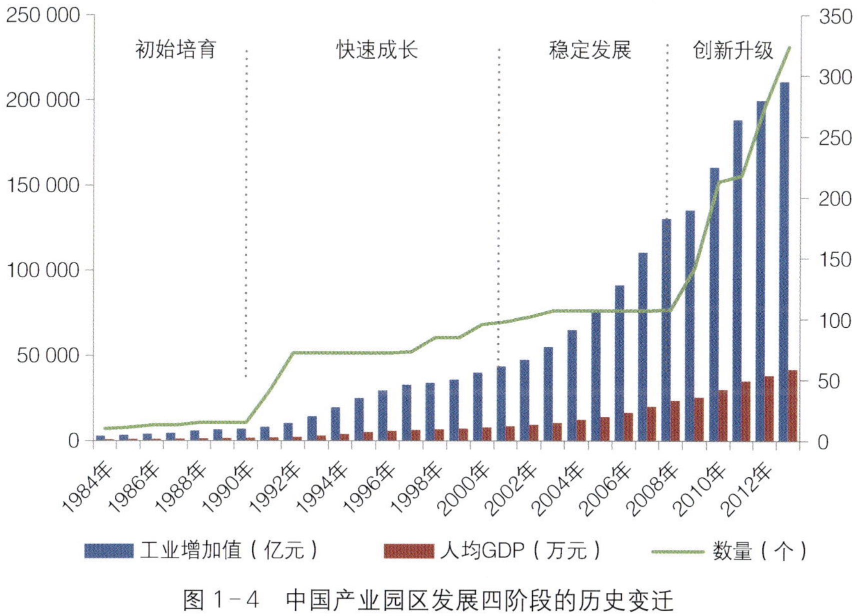

图 1-4 中国产业园区发展四阶段的历史变迁

1.2.2 30 年园区政策的计量分析

产业园区 30 年的变化，还体现在政策的变动上。本报告采用知识图谱的方式，对 1984—2013 年间国家级经开区政策文本 28 份、高新区政策文本 43 份，以及其他类型国家级产业园区政策文本 31 份进行了整理分析。发现：

——产业园区 30 年来的政策主题涉及经济发展、创新发展、产业合作、公共服务、社会发展五个维度，表现为 23 个关键词。按频数统计的前 10 位为：企业自主创新、产业集聚与结构优化、金融支持、区域合作与协调、进出口与国际化、人才队伍建设、高新技术与产业化、创新创业氛围、管理体制、现代服务业建设。

——产业园区 30 年来的政策发展从较为单一的经济发展主题向多元化的政策主题转变。第一阶段的政策集中在税收、财政优惠和产品进出口方面；第二阶段强调园区的产业集聚、结构优化、金融支持以及内部管理制度；第三阶段在保持和优化前期政策的基础上，提出了创新发展政策和土地集约化利用政策；第四阶段则重点突出了区域合作与协调、绿色环保以及软环境建设。

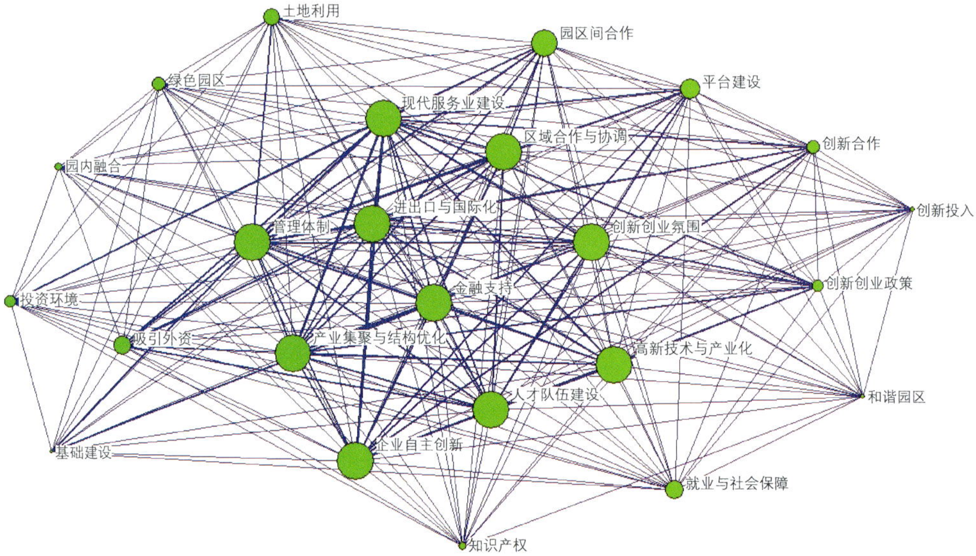

图 1-5 产业园区政策文本的知识图谱分析

1.2.3 园区快速成长的原因和驱动力

本报告认为，我国产业园区的迅速发展，在于把握了三类重大机遇：

一是国际产业梯度转移的“黄金十年”。20 世纪 90 年代中期到 21 世纪初，基于广阔的市场需求和性价比高的劳动力价格，以及亚洲金融危机的爆发，跨国公司竞相进入中国投资，使得技术水平高、管理现代化、配套带动性强的项目显著增加，外商投资的热点从经济特区向产业园区转移。台湾新竹、硅谷、新加坡工业园等世界知名园区的管理模式与经验也被引入产业园区。

二是经济建设主战场向中西部转移以及城镇化战略的重大契机。随着21世纪初西部大开发和城镇化战略的深化，产业园区被赋予了引导经济增长的重要使命。随着国内产业过快转移，中西部出现起飞、发展速度快于东部的“西高东低”格局日益凸显。事实上，就城市演变而言，产业园区正在按照西方“新市镇”模式相反的方向，通过产业反过来带动就业、集聚人口并形成新的城市，这是我国新一轮“造城”建设的特有模式。

三是科技创新引发的经济增长空间。产业园区早早将高新技术产业化作为主要目标，为抢占国际科技制高点、迎接后续的新技术革命与产业变革打下了良好基础。与此同时，科技体制改革不断深化，国家对科技的重视与日俱增。1995年召开全国科技大会，提出科教兴国战略；1999年召开全国技术创新大会，加速科技成果向现实生产力转化；2006年召开全国科技大会，发布科技中长期规划；2012年召开全国科技创新大会，提出国家创新体系建设。

本报告认为，产业园区的发展，政府发挥了重要的主导作用，但未来需要更多引入市场配置资源的机制。一些表现突出的产业园区已经意识到这一问题，在招商引资、园区管理等方面引入市场机制，并率先开展转型发展。但总体回顾前30年，产业园区的发展驱动力可体现为“三要素”：

——政策。指产业园区普遍通过土地、财税、人才等政策的倾斜注入，为园区发展提供优惠的政策资源。

——行政化。指各产业园区被赋予行政职能、更高的行政级别或领导人级别高配，为园区发展提供更多的功能服务。

——硬基础。指产业园区管委会或开发公司以大量资金投入用于给水、排水、通电、通路、通讯、通暖气、通天然气或煤气以及场地平整的建设，为园区发展提供良好的设施保障。

通过三类内生要素的长期作用，各地产业园区的招商引资得以顺利进行，并直接导致了我国产业园区30年来的高速发展，形成较大规模的经济体量。然而，随着园区产业能级和具备功能的日益提升，传统政府主导的模式日趋不适应未来的发展,更加需要发挥政府和市场两种资源、两种作用。为此,围绕产业园区的成长机制,本报告建构了园区发展的“三聚”理论。认为产业园区的发展壮大,需要经历聚核(核心企业)、聚链(主导产业链)、聚网(合作网络)三个阶段,如图 1-6 所示。在发展过程中,产业逐渐向第三产业和服务化融合发展,土地获得高效开发利用,园区管理日趋制度化、专业化,农村人口向城市加快流动,园区间合作不断深化,园区发展软环境进一步提升。北京中关村、上海张江、苏州工业园区均是按照“三聚”路径崛起,成为我国经济增长和产业发展的典型代表。

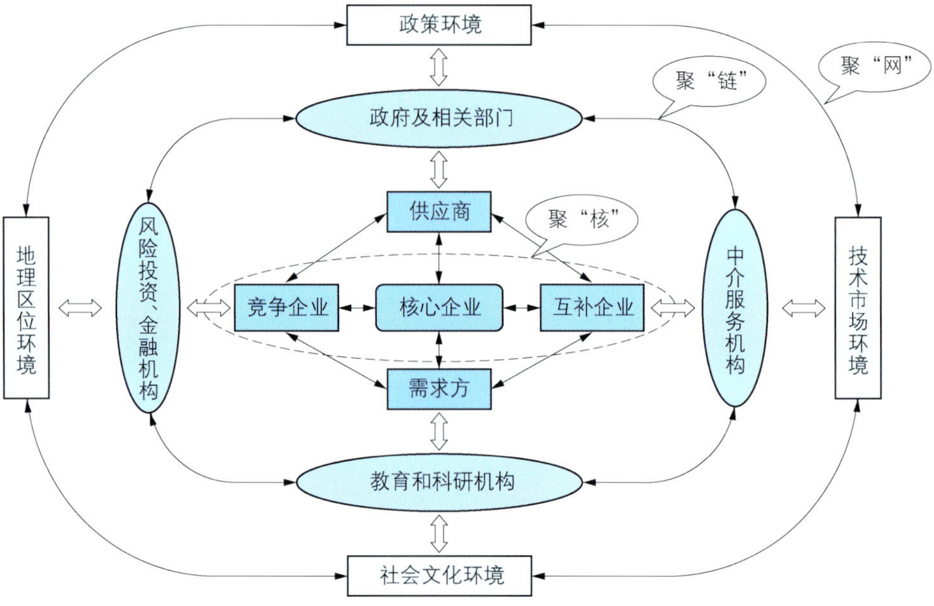

图 1-6 产业园区发展“三聚”理论

1.3 2013 年中国产业园区持续发展:年度报告

2013 年是中国产业园区发展历史上的重要一年。本报告以中国 482 家国家级园区为对象,针对 20 项指标进行 2013 年数据的搜集与处理,测量其持续发展水平,从而对国家级产业园区持续发展竞争力进行总体排名,得出了 2013 年中国产业园区的百强榜。

1.3.1　产业园区发展状况总体良好

“东部强、中西部加快进步”的区域分布情况和高新区、经开区各占半壁江山的格局未发生大的变化，但个别下降苗头或许预示着产业园区发展动力匮乏、产业衰退等风险。与此同时，国家新型城镇化战略加快推进，国家进一步关注科技创新与产业园区的转型发展，一批重大利好政策陆续出台。产业园区亟待寻求新的转型机遇和空间，依靠更大力度的创新与合作，迎接深度转型和变革酝酿时期的到来。

1.3.2　产业园区获得高度重视

2013 年，随着新型城镇化战略的深化，政府高层、实业界都开始进一步关注产业园区的发展。国家领导人频繁考察北京、天津、武汉、大连、长沙等地的产业园区。近期，全国国家级经济技术开发区工作会议上达成的共识认为，中国开发区正步入成熟、稳健的发展时期，面临的形势和肩负的责任都在发生深刻变化，要由追求速度向追求质量转变、由政府主导向市场主导转变、由同质竞争向差异化发展转变、由硬环境见长向软环境取胜转变。

与此同时，各方面的政策利好不断涌现。广东省深圳市经过一年多的筹备，于 2014 年 6 月 5 日在原有高新区的基础上，获批成立深圳国家自主创新示范区。这是党的十八大后，国家正式批准建设的首个国家自主创新示范区，也是我国首个以城市为基本单元的国家自主创新示范区。上海自贸区挂牌试验，其改革创新和可复制、可推广的经验将引发中国经济新一轮的增长。北京、上海、深圳前海、山东临沂等地纷纷出台工业用地弹性出让新规，土地流转速度加快，利用效率进一步提升。

1.3.3　经济效益进一步提升

百强经开区生产总值为 37 718.78 亿元，占全国经开区比重的 56.2%，平均生产总值达到了 754.38 亿元，较 2012 年增长了 17%；百强园区中高新区工业总产值为 111 810.94 亿元，占全国高新区比重的 73.9%，平均工业总产值达到了 2 236.22 亿元，较 2012 年增长 15.44%。百强园区上缴税收 15 191.72 亿元，上涨 15%；出口创汇 6 160.43 亿美元(汇率以 6.2 计)，上涨 2%。

就百强榜中前 20 位产业园区情况来看，其经济效益的提升则更加显著。前 20 强园区内的 12 家经开区生产总值为 18 043.59 亿元，占百强内全部经开区比重的 47.8%，平均生产总值为 1 503.63 亿元，较 2012 年增长了 9%；前 20 强园区内的 8 家高新区工业总产值为 40 607.36 亿元，占百强内全部高新区比重的 36.3%，平均工业总产值为 5 075.92 亿元，较 2012 年增长了 36%。20 强园区上缴税收 7 503.72 亿元，上涨 19%；出口创汇 3 167.86 亿美元，下降 8%。

值得一提的是，2013 年度，百强中个别高新区、经开区的经济发展指标出现较明显的下降(下降幅度超过 10%)，约有 14% 的高新区出口创汇出现了负增长，这说明在经济发展方面，产业园区出现了动力不足、增长放缓的端倪。

表 1-3　2013 年中国产业园区持续发展前 20 强

排名	园区	排名	园区
1	北京中关村国家自主创新示范区	11	深圳高新技术产业开发区
2	上海张江国家自主创新示范区	12	漕河泾经济技术开发区
3	苏州工业园区	13	成都高新技术产业开发区
4	武汉东湖国家自主创新示范区	14	西安高新技术产业开发区
5	天津经济技术开发区	15	合肥高新技术产业开发区
6	广州经济技术开发区	16	长春高新技术产业开发区
7	青岛经济技术开发区	17	沈阳经济技术开发区
8	武汉经济技术开发区	18	北京经济技术开发区
9	昆山经济技术开发区	19	烟台经济技术开发区
10	大连经济技术开发区	20	长春经济技术开发区

1.3.4　东部产业园区继续保持较大优势

百强榜中，东部产业园区占据了 61 席，中部产业园区 22 席，西部产业园区 17 席，东部高于中西部总和。百强榜前 20 强的产业园区中，东部产业园区有 13 家，中部 5 家，西部仅有 2 家，中西部排名仍相对靠后。按百强榜上榜园区数最多的省份排名，百强榜共涉及全国 27 个省市区，东部的江苏省、山东省、广东省、浙江省以及中部的安徽省在拥有百强园区数量方面分别占据了前 5 位，分别拥有 15 家、13 家、8 家、7 家、5 家产业园区，如图 1-7 所示。

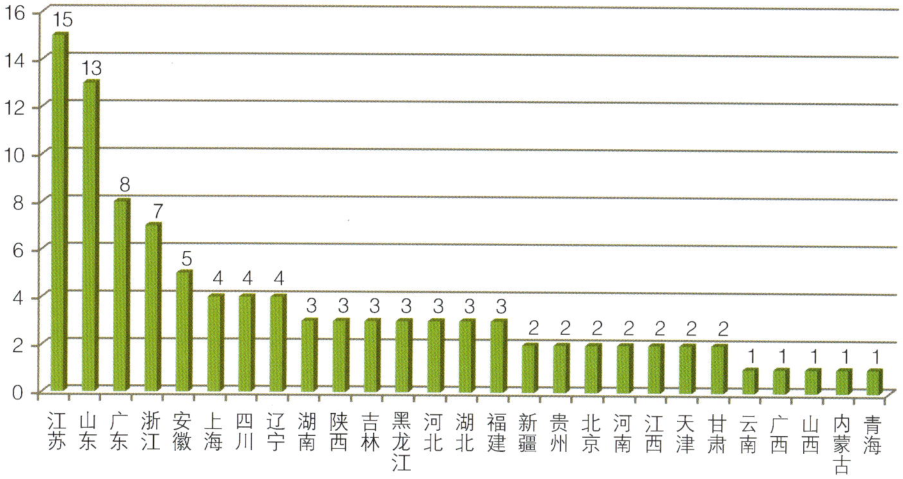

图 1-7　全国相关省市区在 2013 年百强榜中的分布情况

从百强榜产业园区上缴税收来看，江苏、北京、山东、广东四个省市进入百强榜的产业园区合计缴纳税收均超过 1 500 亿元，上海超过 1 000 亿元。如图 1-8 所示。

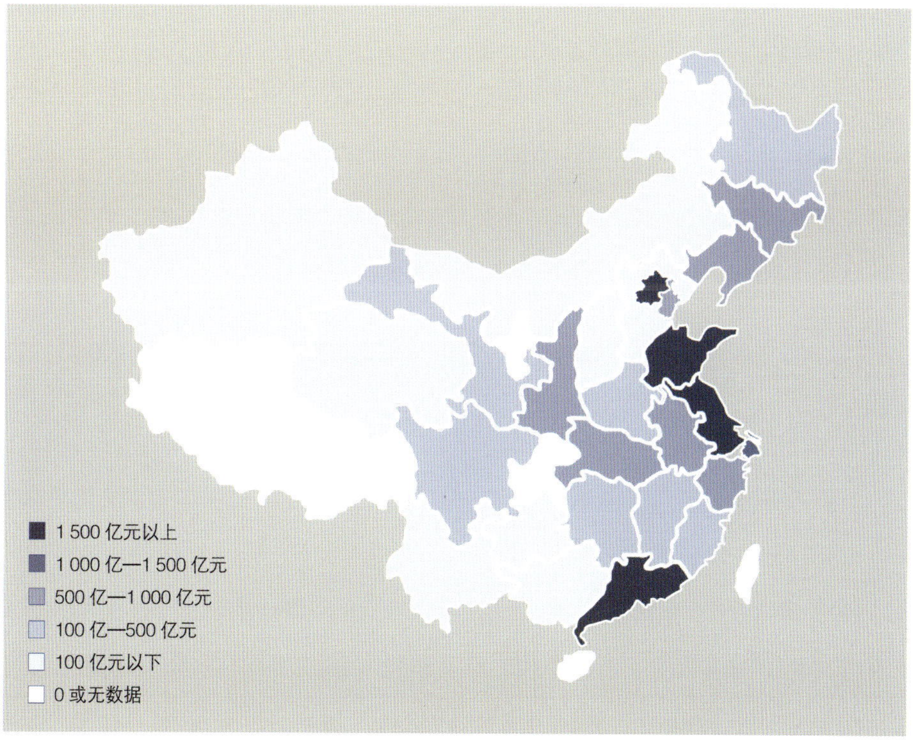

图 1-8　2013 年百强产业园区纳税的地区分布情况 *

* 仅作为 2013 年中国百强产业园区纳税的地区分布示意图，不作为地图。

与 2012 年相比，东部产业园区的数量在整个百强榜中新增 3 席。中西部地区仅有中部产业园区出现一定提升，在前 10 强席位增加 1 席，排位有所上升。平均得分从 2012 年低于百强平均值转为 2013 年的略高于百强平均值。由此可见，中国产业园区的“东部优势”将持续，同时中部园区出现加速进步势头。

1.3.5 高新区与经开区发展态势基本持平

多年来，高新区与经开区的发展一直难分伯仲。2012 年、2013 年两年百强排名中，高新区和经开区的数量都基本持平。

本报告通过数据分析，发现了二者的细微差别：高新区之间差距相对较大、经开区之间差距相对较小，二者的变异系数不同。从平均得分看，2013 年高新区低于经开区，说明平均持续发展水平略逊于经开区。但观察均值以上的优质园区，发现高新区平均得分高于经开区。这表明，在最高质量的群体中，高新区的持续竞争力要略高于经开区。

从前 20 强来看，高新区、经开区的排位基本是分阶段交替出现的。前 5 位高新区占优，5～10 位全部为经开区；10～15 位又基本为高新区；15～20 位又基本为经开区。值得一提的是，2013 年前 20 强中 7 个来自中西部地区的园区有 5 个是高新区，在某种程度上，说明了高新区的引领带动作用。

1.3.6 排名靠前的知名产业园区继续表现出“全能者”的角色

随着功能区模式的普及，产业园区日趋呈现出多种功能联动的态势，表现为一批全能产业园区在经济发展、创新发展、产业合作、园区服务、社会发展五项指标上均有不俗表现。

2013 年，中国产业园区的“全能者”有 5 家，全部集中在东部，分别是北京中关村国家自主创新示范区、上海张江国家自主创新示范区、苏州工业园区、广州经济技术开发区、天津经济技术开发区，均有 4 项指标以上进入 20 强。

1.3.7 创新与合作是保持持续发展优势的关键

五项指标本质上代表了产业园区的五种能力，分别表现在经济、创新、合作、服务、社会五个方面。研究发现，创新与合作两项能力更加确保产业园区保持持续发展优势。一方面，两项能力的具体指标排名相对稳定，2012 年创新发展和产业合作前 20 强中，分别有 16 家和 13 家留存在 2013 年前 20 强名单中。而经济发展、公共服务等指标下园区的留存数量仅有 10 家以内。另一方面，创新发展、产业合作指标前 20 强与综合排名前 20 强的重合度也远高于其他指标，分别有 11 家、13 家进入综合排名前 20 强。

从实践上看，创新发展和产业合作都是产业园区长期投入、经营和积累的结果，是五项指标中的“牛耳”，不会受到产业园区行政性扩大区域面积、引进一到两家大企业，或是改变管理体制等短期因素的过多影响。为此，创新发展和产业合作指标中排名靠前的产业园区，更加体现持续发展特点，值得进一步关注。

1.3.8　产业园区合作模式渐趋成熟

科技创新的重要性毋庸置疑，随着管理的不断深入，产业合作也日益为园区管理机构所重视。近年来，园区产业合作主要涉及四种模式：

——“飞地”式的园区与园区合作。以上海张江为例，得益于在长三角地区的核心位置，上海张江积极探索在异地发展园区的道路，利用优势资源打破地理条件限制，开展园区间产业转移合作，对企业发展及当地经济带来活力。漕河泾建立了“一区八园二分区”合作机制进入了上海市七个行政区和江苏、浙江两个省，其合作模式包括四类：一是理念互动。与国内 42 家园区建立友好园区，与海外 18 家园区形成姐妹园区，以交流互访、信息共享、干部挂职等为主要形式，形成广泛的合作交流学习模式。二是项目对接。以招商项目推荐、技术项目推介、产业转移对接等方式，与合作园区建立一种以项目对接为纽带的合作模式。三是品牌输出。通过授予合作园区使用漕河泾开发区品牌以提供咨询顾问服务、功能服务输出、管理团队输出为主要方式，与合作园区建立点对点品牌合作模式，可分享合作园区生产总值及税收。四是资本合作。独立出资或与合作园区共同投资，以资本为纽带成立项目公司，对园区或地块进行开发建设和招商运营。通过合作，涌现出了漕河泾新兴技术开发区盐城分区、漕河泾海宁分区、江苏大丰张江生物医药产业园、昆山浦东软件园等突出案例。

——产学研金介协同式的创新合作。在努力打造创新环境的实践中，东湖高新区利用自身的科教资源优势打造形成产学研协同的合作模式，推动科技成果快速转化为产业化经济。主要打造了四类协同平台：一是产业技术研究院，以高校、科研院所为主体组建，开展企业化管理和市场化运行，破除制约科技人员流动的体制障碍；二是产业技术创新联盟，以企业为主体组建，开展产学研合作，共同开拓市场；三是“苗圃—孵化器—加速器”科技创业孵化链，借助各方力量，加大培育新兴企业的力度；四是技术转移机构，开展技术转移的专业化运作与服务。通过上述四种平台的互动，东湖高新区实现了科技成果转化的“四级跳”：即科技成果在高校产生—在高校周边孵化—孵化企业在大学科技园成长—在专业科技产业园规模发展。目前，东湖高新区 85% 以上的原始创新成果、80% 的创业人员、90% 的科技骨干，直接来自于高校和科研院所，32 家上市公司全部为本土企业。

——园区搭台下的企业合作对接。以长沙高新区为例，为加强园区企业与国内外科研机构、高校院所及海外企业的协同创新，一年多来，长沙高新区新建了以“搭台”为主要功能的创业服务中心，建立了科技成果转化与技术转移中心、中意技术转移中心湖南分中心、湖南国际技术转移联盟等多个国际平台，与意大利、法国、英国、欧盟、韩国等国家的企业机构建立了合作关系，上线英文技术转移站点。在园区的牵线搭桥下，当地一批知名企业、机构与意大利等国的企业机构签署了战略协议框架，在环保、工程机械等领域开展战略合作。

——园区引导下的科技金融结合。成都高新区是全国科技和金融结合试点地区，通过政府资金引导的模式，成都高新区依托成都高新投资集团公司，与政策性银行、商业银行和基金公司等金融机构开展了多层次、全方位合作，为园区不同成长期的企业打造垂直融资平台。具体而言，主要包括三种方式：担保贷款（债权融资）、政府引导基金（股权融资）、构建多层次上市服务体系（上市融资）。与此同时，积极打造科技金融服务平台，建设科技型中小企业信用库，营造良好软环境。目前，成都高新区已成为西部地区最有活力的金融机构聚集地之一，财政性引导资金杠杆效应十分明显，累计有 340 余家金融类机构入驻，共帮助科技型企业获担保贷款 103 亿元，专项基金管理资金规模达 50 亿元，企业加快进入多层次资本市场。

1.4　中国产业园区未来出路：打造园区 2.0 版

中国产业园区发展至今，各方面特征和迹象都表明，产业园区已经到了从 1.0 版向 2.0 版转型的关键阶段，必须寻求新的发展模式和路径，实现更大的跨越式发展。

1.4.1　中国产业园区 2.0 版的形态

本报告认为，产业园区 1.0 版是对过去 30 年发展历程的总结，总体而言，是以政策、行政化、硬基础驱动招商引资的过程。未来，相对于 1.0 版，产业园区的 2.0 版应当在市场机制下，形成更加符合创新规律的驱动力，表现为“新三要素”：

——制度。指制定并完善国家立法层面的产业园区管理条例，从顶层设计上明确产业园区的地位、功能等；制定并完善地方政府建设产业园区间沟通协调、利益分享等机制；重视完善产业园区管委会自身的管理制度设计，通过制度完善获取制度红利。

——融合化。指产业园区内的企业与企业、企业与学研介的融合，园区间的互动融合，产业与社会的融合，通过这三个层面的融合获取空间利用和拓展的红利。

——软环境。指产业园区应重视建设智能化与信息化的智慧园区、可持续发展的绿色园区、人际关系融洽的和谐园区、创新氛围浓厚的文化园区等，通过软投入获取创新红利。

2.0 版的产业园区将从招商引资的经济体量导向转向招才引智的技术含量导向，产业能级进一步提升，园区建设与发展成为我国创新驱动发展战略中的重要环节。一些表现突出的产业园区已经意识到这一问题，在招商引资、园区管理等方面引入市场机制，并率先开展转型发展，呈现出 2.0 版的雏形。

本报告同时也对产业园区 2.0 版的未来形态进行了预测。若以经济发展、创新发展、产业合作、公共服务、社会发展五项指标来衡量，面向未来 10—20 年，产业园区 2.0 版的特征可具体表现为：

经济发展。成为所在区域经济与我国产业发展、社会就业和城镇化的主要载体，融入全球产业链；更多跨国公司入驻园区，诞生一批本土大型企业和跨国公司；形成完整的园区上位法体系、公平开放的经济制度和市场环境。

创新发展。园区科技创新功能确立，在一批主要产业领域形成自主技术体系，有能力开展技术前瞻布局；建成智能化、信息化的基础设施，拥有国际化的科学研究人才、团队和机构，以及一批高水准的企业研发中心；保持较高的研发投入，持续产出国际知名的自主科研成果和产品。

产业合作。由大量创新型中小企业组成的完整产业配套体系；日趋活跃的对外兼并和联盟行为，逐渐增多的园区“飞地”模式，日益明晰的东中西部区域功能定位；密切的园区内外技术合作和资源共享，有效的产学研介合作，日趋一体化的跨园区创新链。

公共服务。适应合作和创新功能形成的园区规划与管理；具备规范透明的行业监管与投资贸易体制；发达的现代服务业和中介机构，活跃的国际国内创业者和风险投资；进入退出无障碍的人才、知识自由流动机制。

社会发展。深度的产城融合，高品质的园区商业功能、生活功能和人文环境，较高的公民科学素养；科学有效且持续改进的园区政策；具有良好的品牌效应，受到社会密切关注。

1.4.2 制约中国产业园区向 2.0 版升级的四个瓶颈

1. 如何进一步发挥产业规模效应？

土地红线、环境保护、人力成本等边界条件面临紧约束，而园区产业的附加值低、布局分散、内生性匮乏等关键问题尚未完全解决。传统依靠资源投入和叠加取得产业规模效应的模式已经难以为继，而新兴制造业和消费型、服务性经济的新一轮经济增长又在蓄势待发。在此过程中，应该通过何种模式来取得新一轮的产业规模效应，提升产业能级，实现园区经济的二次增长？

2. 如何进一步促进创新？

创新是产业升级和国家成长的核心举措。产业园区发展至今，仍然十分缺乏较广范围、较高水平的科技研发创新活动，创新管理“软实力”亟待提升。面临传统制造业的转型升级、绿色低碳发展、生态园区建设等迫切需求，如何进一步依托园区发展，在开放式环境下探索形成成熟有效的创新组织机制和协作模式，推动科技成果源源不断转化为现实生产力，加快产业向价值链高端攀升？

3. 如何进一步加强园区功能建设与服务？

随着产业园区功能的不断丰富，面向单一功能——加工贸易出口和生产制造型产业集聚的园区服务模式日趋不能适应新的需求。产业生态不足、社会功能不健全、产城分离严重、招商政策趋同以及上位法律匮乏等问题，日益为产业园区管理者和企业所重视。在此过程中，如何适应新形势、新需求，依靠专业化、市场化的运作方式，进一步加强园区功能建设与服务，打造特色园区，为园区企业提供高品质服务？

4. 如何进一步发挥对周边区域的引领带动作用？

我国区域发展战略已经进入了新的阶段，在更高层次上的区域功能定位和宏观协作如“一带一路”战略正在实施和部署。增强周边区域辐射、区域内产业园区整合将是产业园区下一轮发展不可避免的重大议题。因此在国家区域战略的整体框架下，产业园区自身亟待考虑，如何进一步发挥对周边区域的引领带动作用，成为所属区域的“心脏大脑”、重要“功能器官”或关键网络节点？

1.4.3 依靠“三聚”打造中国产业园区 2.0 版

本报告认为，遵循园区发展“三聚”理论，打造园区 2.0 版，实现园区持续发展，关键是从聚核、聚链发展到聚网的“三聚”综合阶段。具体而言，从五个方面推进：

——深化改革:创新产业园区管理体制,规范园区管理。推进产业园区法律体系建设,明确园区法律地位;创建园区管理机构,健全园区管理职能;创新产业园区运行机制,提高园区管理效率。

——科学发展:坚持集聚式的发展方式,推动园区产业升级。依托核心企业,拓展园区产业链条;提高发展层次,优化园区产业结构。

——内涵提升:加强产业园区创新平台建设,驱动园区发展。发挥企业主体作用,激发企业创新活力;提升企业技术创新能力,大力支持协同创新;加大科技创新环境建设,搭建园区创新服务平台。

——合理布局:打造多位一体的综合功能园区,完善园区服务质量。合理规划布局,完善产业园区多功能服务体系;改善民生福祉,推进和谐园区建设;发展循环经济,建设生态产业园区。

——政企联动:推进产业园区的合作共建,实现跨区域协调发展。加大政府支持力度,推进共建园区建设;共享共建园区利益,建立长效合作机制;创新管理体制,提高共建园区的经营效率。

面对创新驱动发展的战略取向和迫切需求,中国产业园区将加快推动自身的改革创新和升级发展,进一步发挥支撑引领作用,为我国全面建成小康社会、实现社会主义现代化作出新的更大贡献。

第2章

中国产业园区发展30年专题报告

回顾中国国家级产业园区 30 年的发展历程，分析不同发展阶段的时间定位、建设思想、主要任务和阶段成就；从贡献率、增长率、集约化和密集创新 4 个方面阐述 30 年来中国国家级产业园区的发展特征；总结 30 年来中国产业园区发展的“三聚”资源整合模式，并探讨实现“三聚”的联动路径；利用知识图谱的方法，探讨 30 年来中国国家级产业园区的政策主题、演变特征以及产业园区学术研究的论文风格与主题分布。

2.1　中国国家级产业园区 30 年发展历程

中国产业园区起始于 1984 年的大连经济开发区，至今已有 30 年的发展历程，并衍生出经济技术开发区（以下简称经开区）、高新技术产业开发区（以下简称高新区）、保税区、出口加工区、边境经济合作区等多种形态。回顾中国产业园区 30 年来的发展历程，将其划分为初始培育、快速成长、稳定发展和创新升级 4 个阶段，并分析每个阶段的时间定位、建设思想、主要任务和阶段成就。

2.1.1　初始培育阶段（1984—1991 年）

1984 年 9 月至 12 月，我国首先在大连、秦皇岛、烟台、青岛、宁波、广州、湛江、天津、连云港、南通 10 个地区设立经济技术开发区，1985 年，福州经开区获准建立，1986 年，上海闵行、虹桥 2 个经开区获准建立，1988 年，国务院批准设立漕河泾新兴技术开发区，并采取了由港资和上海市共同开发经营的新型经营方式。1987 年，国务院在广东设立沙头角保税区，1991 年，又在天津和福田增设 2 个保税区。此外，为吸引台资和外资，于 1989 年设立厦门海沧、杏林和福州三个台商投资区，1990 年设立了上海陆家嘴金融贸易区。为适应国际竞争和技术革命要求，1988 年，国务院批准设立我国第一个国家级高新技术产业开发区北京新技术产业开发试验区，并于 1991 年在 26 个智力相对密集的大中城市批准了武汉东湖、南京、沈阳南湖、天津、西安、成都、威海、中山火炬、长春、哈尔滨、长沙、福州、广州、合肥、重庆、杭州、桂林、郑州、兰州、石家庄、济南、澧河泾、大连、深圳、厦门火炬、海南 26 个国家高新区。在 1984—1991 年的 7 年间，我国产业园区经过了艰难的创业和摸索发展，完成了产业园区事业的启动。

产业园区建立之初，各园区恪守中央"把开发区办成技术的窗口、管理的窗口、知识的窗口和对外政策的窗口"的"四窗口"模式建区。但由于长期与外界隔绝，对资本主义生产方式的防范心理，以及外界资本对中国开发区政策的观察试探，再加上产业园区间按照统一模式共同争取外资，致使在短期内除天津开发区外大部分产业园区的发展都不尽如人意。1989 年，国家在上海召开全国经济技术开发区工作会议，提出了以"发展工业为主，利用外资为主，出口创汇为主"的"三为主"的发展方针，并修订了对沿海经济技术开发区期望过高的定位，明确了以出口加工区的模式谋求发展。

在新的功能定位下，各产业园区开始集中力量完善基础设施建设，制定有关法律法规，建立高效的管理机构，创造对外资有较强吸引力度的"小环境"，以便积极引进先进工业项目，开发新技术，增加出口创汇，逐步使开发区成为对外经济贸易的窗口。但是，我国在兴办产业园区之初，由于缺乏资金和建设经验，各产业园区大多存在基础设施建设不完善、法律法规不健全、行政管理体制较落后，以及园区远离中心城市不具备基本生产条件等问题。因此，这段时期内园区吸收外商资本较少，投资项目以劳动密集型为主，产业园区新建企业处于亏损和微利阶段。

1991 年，14 个国家级经开区共实现工业产值 145.94 亿元，税收 7.90 亿元，出口 11.4 亿美元，合同利用外资额 8.14 亿美元，实际利用外资 3.61 亿美元。截至 1991 年底，累计利用外资 13.74 亿美元。其中 1985—1991 年间，14 个国家级经开区 GDP、工业增加值、出口以及实际利用外资的平均增幅分别为 133%、32.4%、75.5%、43.1%。1991 年，27 个国家级高新区实现营业总收入 87 亿元，工业总产值 71 亿元，出口创汇 1.8 亿美元。

2.1.2　快速成长阶段(1992—2002 年)

1992 年，邓小平同志第二次南方讲话，掀起了对外开放和引进外资的新一轮高潮，我国产业园区建设也随之进入快速成长阶段。1992 年，国务院先后批准设立温州、昆山、营口、威海、福清融侨和东山 6 个国家级经开区以及大连、广州、张家港、海口、厦门象屿、福州、宁波、青岛、汕头 9 个保税区，同年又批准厦门集美地区为台商投资区。1993—1994 年，国务院又批准了长春、沈阳、哈尔滨、杭州、萧山、广州南沙、惠州大亚湾、芜湖等 12 个国家级经开区。为鼓励外商向中西部投资，2000—2002 年，国务院先后批准了合肥、长沙、成都、贵阳、昆明、西安、郑州、南昌、石河子、西宁、呼和浩特、南宁、太原、银川、拉萨、南京、兰州 17 个国家级经开区。截至 2002 年年底，我国已拥有 49 个国家级经开区。在国家高新区建设方面，1992 年 11 月，国务院批准了苏州、无锡、常州、佛山、惠州仲恺、珠海、青岛、潍坊、淄博、昆明、贵阳、南昌、太原、南宁、乌鲁木齐、包头、襄樊、株洲、洛阳、大庆、宝鸡、吉林、绵阳、保定、鞍山 25 个国家高新区，从而使得高新区分布在除西藏、青海、宁夏以外的所有省份。1997 年 6 月，为推动农业高新技术产业发展，国务院批准杨凌为国家高新区，至此共批准设立 53 个国家高新区。此外，1992 年起，国家先后设立了 14 个边境经济合作区；1992—1996 年，国务院陆续批准设立 15 个保税区；为鼓励外贸出口，国务院在 2000 年 4 月批准了 15 个出口加工区。

这一时期，跨国公司争相进入中国投资，使得技术档次高、管理技术现代化、配套带动性强的大项目显著增加，外商投资的热点由经济特区向园区转移。为此，国家调整了园区的建区方针，坚持产业布局“以工业项目为主，以吸引外资为主，以出口创汇为主和致力于发展高新技术”的指导思想。各类产业园区的工作重心开始由基础设施建设向招商引资转移，传统式管理向现代化管理转移，依靠政策驱动向依靠功能驱动转移。1997 年以后,由于亚洲金融危机爆发,产业园区优惠政策到期,西部大开发战略实施等国际国内形势的变化,国家又提出了产业园区要“积极参与国际竞争,参与所在城市和地区的产业结构调整和产业升级,参与培育和建立国家高新技术产业的成长机制”的“三个参与”的发展定位。

快速成长阶段园区积极引进国外的先进技术、管理经验、资金和设备等,为产业园区所在城市经济发展增添后劲;吸引具有产业关联的大量企业入园,形成产业集群,并在此基础上衍生出一批具有分工协作的关联企业,壮大产业集聚;突出创新,积极推进体制机制创新、管理创新和企业自主创新等,努力构建创新体系,营造新的发展态势;运用有效手段加快园区第三产业的发展,改变产业园区单一经济功能的定位。但是由于产业园区过多重视工业建设,部分园区着眼于短期利益,因而在打造特色产业园区、特色产业集群,推进宜居宜业的现代化新城区,以及创新园区体制机制等方面仍还不够完善。

2002 年,我国 54 个国家级经开区的 GDP、工业总产值、工业增加值、上缴税收、实际利用外资、出口创汇分别为 3 110 亿元、7 867 亿元、2 210 亿元、500 亿元、77.4 亿美元、275 亿元,与 1992 年比较,工业总产值、上缴税收、实际利用外资、出口创汇分别增加 29、36、20、13 倍。2002 年,53 个国家级高新区的营业收入、工业总产值、工业增加值、净利润、上缴税收、出口创汇分别为 15 326 亿元、12 937 亿元、3 286 亿元、801 亿元、766 亿元、329 亿美元,与 1992 年比较,营业总收入、工业总产值、净利润、上缴税收、出口创汇分别增加 65、68、32、77、142 倍。

2.1.3 稳定发展阶段(2003—2008 年)

这一阶段,除宁波开发区晋升为国家级经开区外,两类国家产业园区数量没有增加,产业园区进入稳定发展阶段。自 2003 年,国务院开始对全国各类产业园区进行清理整顿,严格审批土地开发。2004 年,国家对各类违规设立的开发区加大清理整改力度,核减开发区规划用地面积 2.49 万平方公里,占原有规划面积的 65%。此外,国家 2005 年批准设立上海洋山保税港区,至 2008 年我国已经批准建立了 11 个保税港区。从管理体制来看,该阶段产业园区基本建立了符合国际规范的国际化管理体制，设立了综合性的经济行政管理部门；拥有了一批高素质的行政管理队伍；基本理顺了政企关系，形成了众多为企业服务的中介机构。从园区产业发展来看，该阶段产业园区由单纯为招商而招商的出口加工模式，发展成为依托主导产业和核心企业形成具有鲜明特色的产业功能区。

为提高产业园区的发展质量，该阶段国家调整了园区的指导思想，提出了“以提高吸收外资质量为主，以发展现代制造业为主，以优化结构为主，致力于发展高新技术产业，致力于发展高附加值服务业，促进园区向多功能综合性产业区转变”的“三为主，一致力”的发展方针，以期在推进经济发展方式转型中发挥更大作用。同时，国家明确提出产业园区在发展中要实现“六个成为”，即成为国内发展和扩大对外开放的结合体；成为跨国公司转移科技高附加值加工制造环节、研发中心及其服务外包业务的重要承接基地；成为高新技术产业、现代服务业和高素质人才聚集区；成为促进经济结构调整和区域经济协调发展的重要支撑点；成为推进所在地区城市化和新型工业化进程的重要力量；成为体制改革、科技创新、发展循环经济的排头兵。这是对“三为主，一致力”方针的延伸和创新，蕴含和谐发展的理念，指明了产业园区发展需要坚持的原则和方向。

稳定发展阶段园区坚持全面、协调、可持续的发展观，保持规范健康发展，促进和谐园区建设。园区发展更加注重经济增长的质量和效益，注重产业结构的优化和升级，致力于高新技术产业的发展，合理开发和集约使用自然资源，保障园区的可持续发展；把产业园区建设成人文环境优越、自然环境优美、生态环境和谐、文化品位高雅的现代化园区；努力促进外延型经济与内涵型经济相协调，不断提高产业园区的综合实力。但由于园区工作始终集中在产业建设方面，致使这一阶段园区在软环境建设方面，特别是文化氛围、社会资本以及社会网络建设方面的投入还不够。此外，大部分园区仅仅局限于园区内的产业发展，园区间的产业合作与融合较少。

2008 年，我国 54 个国家级经开区的 GDP、工业总产值、工业增加值、上缴税收、实际利用外资、出口创汇分别为 15 313 亿元、45 935 亿元、10 972 亿元、2 481 亿元、195 亿美元、2 051 亿美元，与 2003 年相比分别增长了 230%、255%、

204%、228%、89%、319%。2008 年，53 个国家级高新区的营业收入、工业总产值、工业增加值、上缴税收、净利润、出口创汇分别为 65 986 亿元、52 685 亿元、12 507 亿元、3 199 亿元、3 304 亿元、2 015 亿美元，与 2003 年相比，分别增长了 215%、205%、188%、223%、193%、295%。

2.1.4 创新升级阶段(2009 年—至今)

自 2009 年以来，国家对产业园区实行了新一轮的升级，开启了国家开发区“扩容”的序幕。2009 年 12 月，廊坊开发区、扬州开发区升级为国家级经开区，同年国务院批准了泰州和湘潭高新区为国家级高新区；2010 年 3 月到 12 月，国务院批准了嘉兴、徐州等 60 家省级经济开发区晋升为国家级经开区，同年 9 月到 11 月相继又批准了安阳、白银等 27 家省级高新区为国家级高新区；2011 年 4 月到 9 月，国家批准了锡山、太仓港等 15 家国家级经开区，同年 6 月又升级了上海紫竹、江阴、益阳、自贡、临沂 5 家高新区为国家级高新区；2012 年，国家批准了台州、漳州等 40 家国家级经开区，同年年底，又再度新批准晋级 17 家国家级高新区；2013 年，国务院共批准升级或新设宿迁、海门等 39 家国家级经开区，同年年末国务院先后批准了吉林通化、阜新、石嘴山、呼和浩特金山、南通、衢州、荆门、漳州、石河子高新区等 9 家高新区为国家级高新区。截至 2013 年末，我国共拥有 210 家国家级经开区，114 家国家级高新区。更为重要的是，国家在 2009 年 3 月、2009 年 12 月、2011 年 1 月以及 2014 年 6 月批准了北京中关村、武汉东湖、上海张江示范区、深圳高新区 4 个产业园区为自主创新示范区，并将合芜蚌自主创新综合试验区作为“4 + 1”试验示范区序列，列入国家“十二五”科技发展规划和国家自主创新能力建设规划。

这一时期，国家以科学发展为主题，以加快转变经济发展方式为主线，按照“先进制造业与现代服务业并重，利用境外投资与境内投资并重，经济发展与社会和谐并重，致力于提高发展质量和水平，致力于增强体制机制活力，促进国家级开发区向以产业为主导的多功能综合性区域转变”的“三并重、二致力、一促进”的发展要求，努力开创国家经开区发展新局面。国家高新区要实施创新驱动发展战略，培育和发展战略性新兴产业，壮大高新技术产业集群，探索经济发展新模式和辐射带动周边区域新机制，努力将国家高新区建设成为自主创新的战略高地，培育和发展战略性新兴产业的核心载体，转变发展方式和调整经济结构的重要引擎，实现创新驱动与科学发展的先行区域，抢占世界高新技术产业制高点的前沿阵地。

创新升级阶段，国家积极推动新升级国家级开发区的发展，促进区域经济发展平衡；加快发展战略性新兴产业、现代服务业，促进传统产业升级，进一步优化开发区产业结构升级；推进特色园区建设，促进园区特色发展，形成独特的、有竞争力的园区产业集聚；加快国家自主创新示范区建设，建设“创新环境”的政策体系，促进园区内企业的自主创新能力；进一步强化园区的开放意识、创新意识、服务意识、统筹意识、法制意识、民生意识和生态意识，使开发区功能趋向综合化，经营趋向专业化。

2013 年，我国 210 个国家经开区的 GDP、工业总产值、工业增加值、上缴税收、实际利用外资、出口创汇分别为 69 063 亿元、200 592 亿元、38 313 亿元、10 932 亿元、580 亿美元、3 922 亿美元，与 2009 年比较，分别增长了 290%、291%、207%、248%、184%、121%。2013 年，114 家国家级高新区的营业收入、工业总产值、上缴税收、净利润、出口创汇分别为 199 648 亿元、151 367 亿元、11 043 亿元、12 443 亿元、4 133 亿美元，与 2009 年相比分别增长了 154%、148%、176%、178%、106%。

2.1.5　结语

回顾中国国家级产业园区 30 年的发展历程，本报告将其划分为初始培育、快速成长、稳定发展、创新升级四个阶段，不同的阶段具有不同的建设思想、建设任务和贡献成就。初始培育阶段的建设主要通过硬环境建设，金融、土地等优惠政策吸引外资；快速成长阶段延续了园区基础设施建设和优惠政策，优化了园区的管理制度，突出园区的产业集聚与结构优化；稳定发展阶段注重园区的内涵建设，意识到园区内外合作融合的重要性；创新升级阶段突出园区的创新发展和经济发展方式，重视园区软环境建设。可以看出，30 年来，中国国家级产业园区的发展路线主要是从“政策、行政化、硬基础”的方式吸引资金和技术向“制度、融合化、软环境”的转型升级发展过渡。

2.2 中国国家级产业园区 30 年发展的贡献与特点

产业园区是区域经济发展、产业结构优化和升级的重要载体，担负着聚集创新资源、培育新兴产业、推动城市化建设等一系列的重要使命。30 年来，我国国家级产业园区在经济发展、产业培育、技术进步、出口增加、财税增收、土地开发、城市建设等诸多方面都取得了举世瞩目的成就。

2.2.1 引领性的贡献

从工业总产值和上缴税收来看，30 年来国家级经开区和高新区占全国的比重稳步提升，如图 2－1 和图 2－2 所示。其中，2013 年，全国 210 家国家级经开

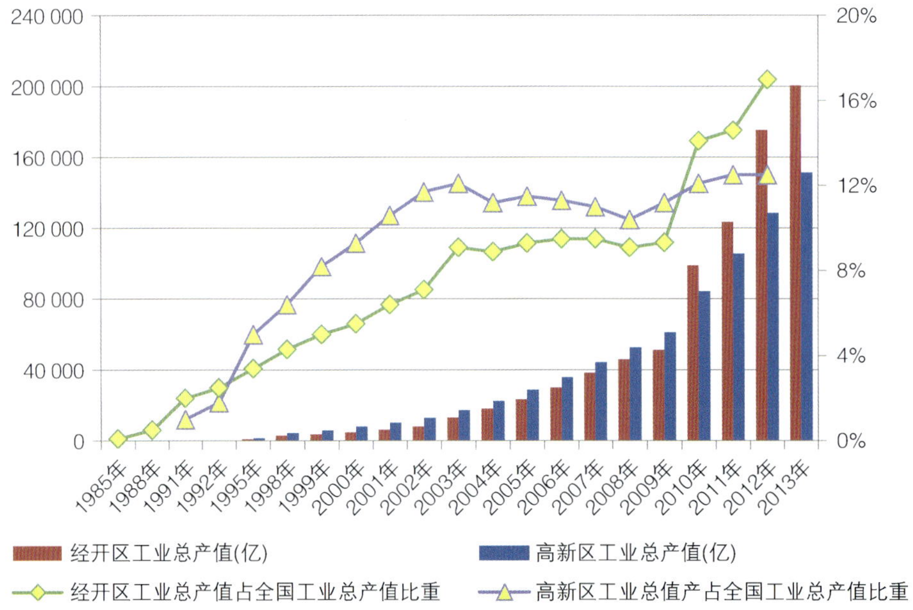

图 2－1　两类园区工业总产值及占全国工业总产值比重

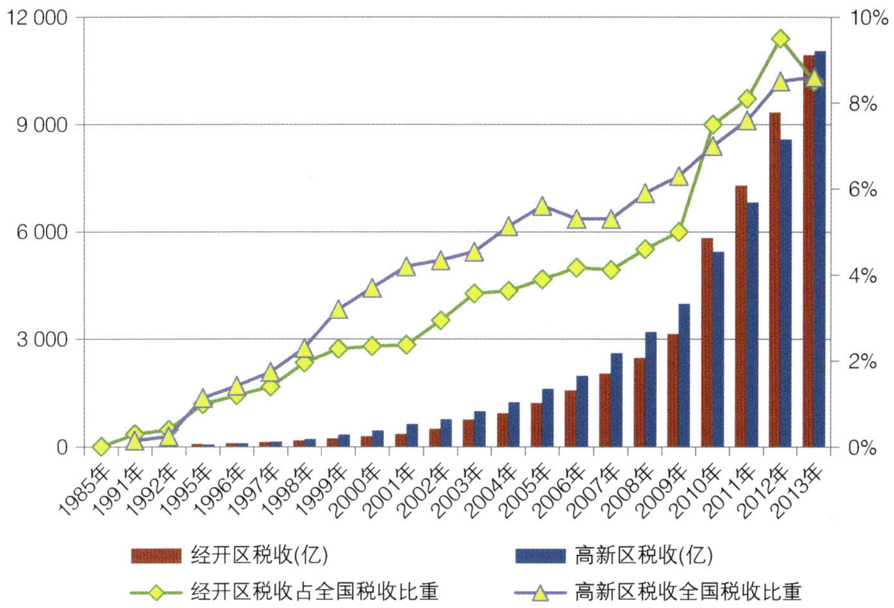

图 2－2　两类园区上缴税收及占全国税收比重

区工业总产值达到 200 592 亿元，114 家国家级高新区工业总产值达到 151 367 亿元。2012 年，全国 171 家国家经开区工业总产值达到 175 306 亿元，105 家国家级高新区工业总产值达到 128 604 亿元，分别占全国工业总产值的 17%、12.5%。在上缴税收方面，2013 年，210 家国家级经开区上缴税收 10 932 亿元，占全国税收的 8.5%；114 家国家级高新区上缴税收 11 043 亿元，占全国税收的 8.6%。2012 年，全国 171 家国家级经开区上缴税收达到 9 339 亿元，占全国税收的 9.5%；105 家国家级高新区上缴税收达到 8 581 亿元，占全国税收的 8.5%。

可以看出，30 年来中国经济高速发展的过程中，国家级经开区和高新区是中国发展经济的两大重要抓手。目前，两类园区工业总产值合计占全国工业总产值的 30% 左右，上缴税收超过全国税收的 15%。20 世纪 90 年代末到 2010 年，国家级高新区的经济贡献超过国家级经开区。这说明国家级高新区的发展已经超出了最初“示范、引领、辐射和带动”作用的政策目标设定，除创新外同样具有规模经济发展特点。而 2010 年后，国家级高新区的经济贡献小于国家经开区，其主要原因是国家经开区大规模扩展，从 2009 年的 86 个增加到 2010 年的 130

个,2012 年增加到 171 个,2013 年增加到 210 个。2009 年以后,尽管国家经开区实现了大规模的扩展,工业总产值有所提高,但上缴税收额提高缓慢,说明新晋升的国家级经济区的经济能力增长速度上小于全国平均速度,其经济利润和内涵有待提高。

从出口创汇来看,30 年来两类国家级园区出口创汇占全国总出口的比例持续上升,已成为对外开放的重要窗口,见图 2-3。其中,2013 年全国 210 家国家级经开区出口创汇达到 3 922 亿美元,占全国出口总额的 17.8%;114 家国家级高新区出口创汇达到 4 133 亿美元,占全国出口总额的 18.7%。目前,两类国家级园区的总出口额超过全国出口总额的 1/3。此外,2013 年,210 家国家级经开区实际利用外资 580 亿美元,占全国实际利用外资的 49.3%。可以看出,国家级高新区和经开区作为经济特区之后的第二开放带,外向型特征明显,在对外开放进程中发挥了积极的窗口作用。但从我国实际利用外资情况来看,外商资本在国家经开区内主要开展生产性投资,缺乏技术研发投资。

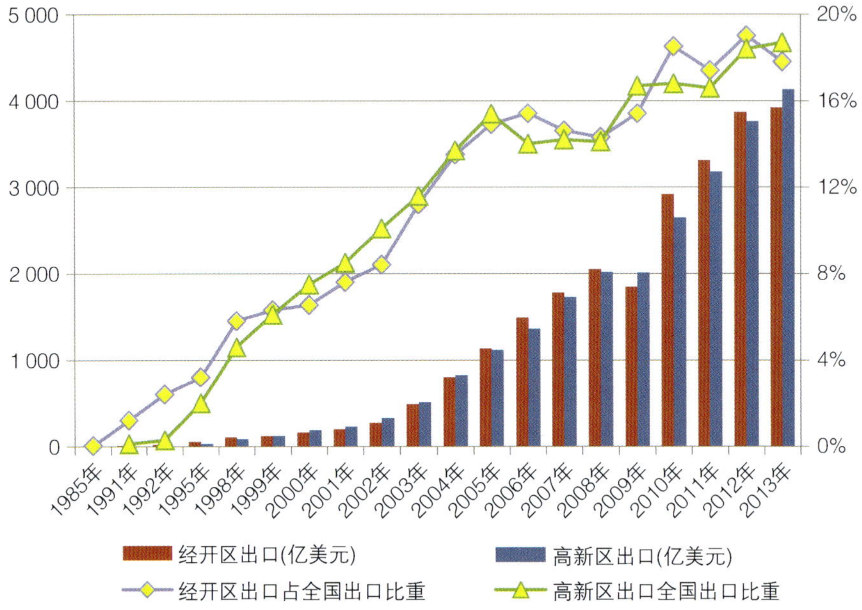

图 2-3　两类园区出口创汇额及占全国出口比重

2.2.2　高速度的成长

国家级产业园区自成立以来，特别是 20 世纪 90 年代末至今，展现出强劲的发展势头和充满活力的经济发展前景，见图 2－4 至图 2－9。自 1998 年以来，国家级经开区的 GDP、工业总产值、工业增加值、上缴税收、出口创汇、实际利用外资的平均增长率分别为 33.4%、34.7%、35.1%、31.2%、20%；国家级高新区的营业收入、工业总产值、上缴税收、出口创汇、净利润的平均增长率为 29.7%、

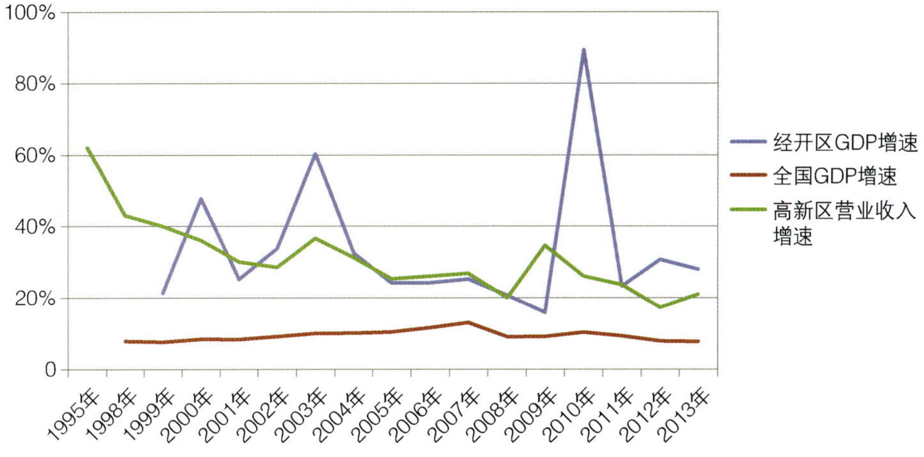

图 2－4　国家级经开区 GDP 增速、高新区营业收入增速和全国 GDP 增速比较

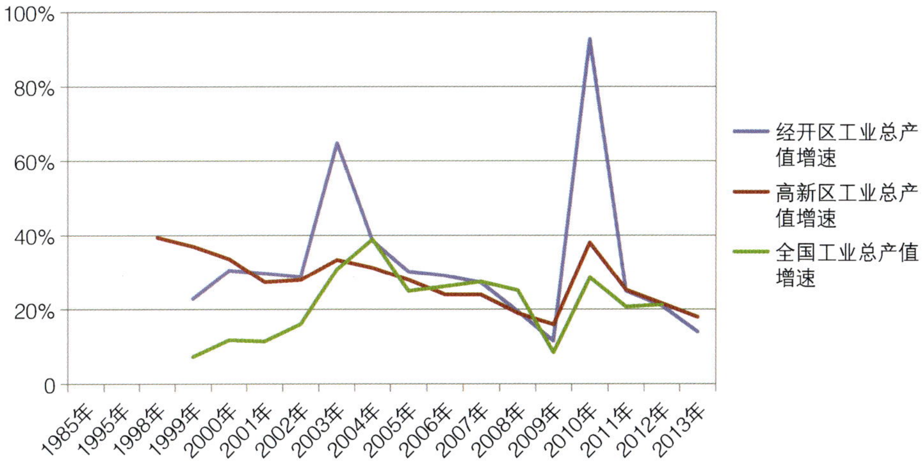

图 2－5　两类园区工业总产值增速与全国工业总产值增速比较

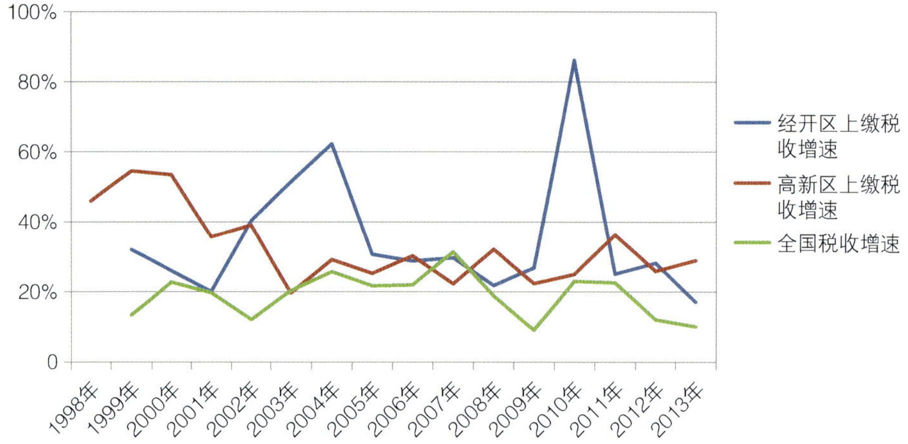

图 2-6　两类园区税收增速与全国税收增速比较

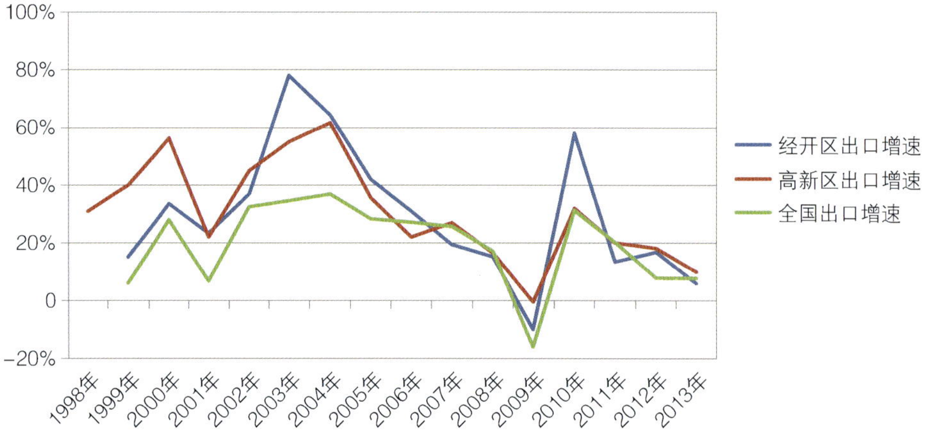

图 2-7　两类园区出口增速与全国出口增速比较

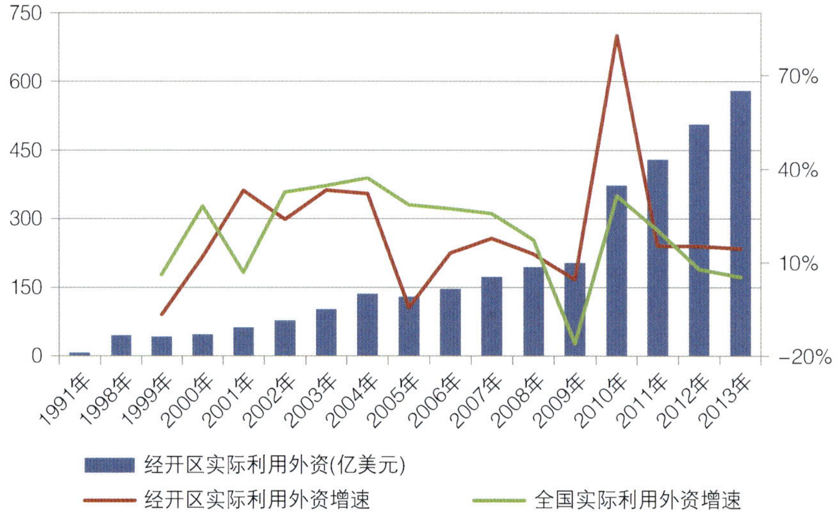

图 2-8　国家级经开区实际利用外资增速与全国实际利用外资增速比较

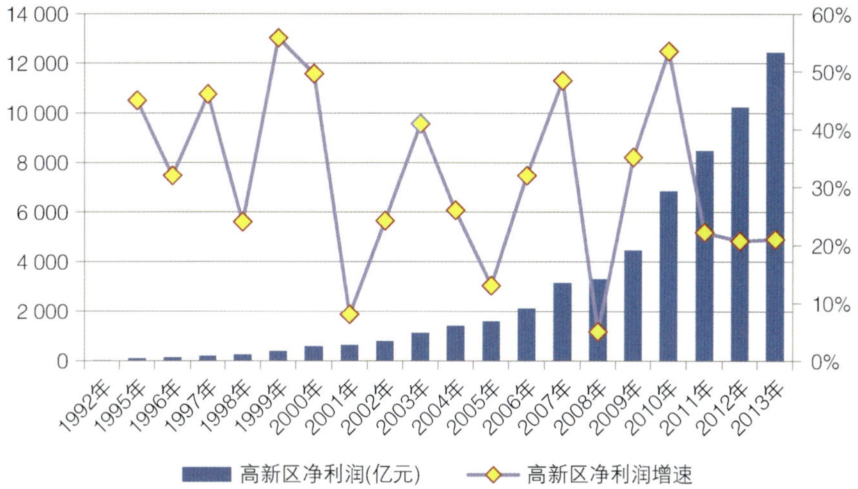

图 2－9　国家级高新区净利润与增速

29%、33.1%、33.1%、32.2%。其中，两类国家级园区的 GDP、营业收入、工业总产值、工业增加值、上缴税额、出口创汇的平均增长率都远高于全国平均水平。国家级经开区实际利用外资的平均增长率与全国基本持平，主要原因是国家级经开区的实际利用外资占到全国实际利用外资的一半左右。

2013 年，全国 210 家国家级经开区的 GDP、工业总产值、上缴税收、实际利用外资的增速分别为 27.9%、14.4%、17.1%、14.4%；114 家国家级高新区的营业收入、工业总产值、上缴税收、出口创汇、净利润的增长率分别为 21%、18%、29%、10%、21%。另外，2012 年，国家级经开区的 GDP、工业总产值、上缴税收、出口创汇以及实际利用外资的增长率分别为 30.6%、12.3%、28.2%、16.8%、15.2%；国家级高新区的营业收入、工业总产值、上缴税收、出口创汇、净利润的增长率为 17.1%、21.7%、25.9%、18.2%、20.7%。

可以看出，2012、2013 年国家级经开区的各项指标增长率都小于其平均增长率，这说明国家级经开区高速增长的时期已经过去，目前进入了平稳发展期；而国家级高新区工业增加值和净利润仍高于其平均增长率，这反映了国家级高新区在后期发展中非常注重经济质量，一定程度上体现了以质量提升替代数量扩张的新经济增长模式。

从增长的特征来看，两类国家级园区各项指标在 2003 年以及 2010 年的增长率都远高于其平均增长率，出现了波峰现象，主要原因是这两年国家升级了较多的国家级产业园区，规模快速扩张导致了增长率的迅速上升。其中，2003 年，国家新批准了 5 家国家级经开区；2010 年，新批准了 44 家国家级经开区和 27 家国家级高新区。

2.2.3 集约化的发展

经过 30 年的发展，两类国家级园区不断提高生产力和推动产业结构升级，逐步实现人力、土地等资源的高效集约利用。在保持高速增长的同时，两类园区的发展质量和效率大大领先全国平均水平，走上了一条又好又快的经济发展道路。

从人均效率来看，30 年来特别是 1998 年以来，两类国家级园区的人均产出效益持续稳步增长。国家级高新区的人均工业总产值从 1998 年的 26.3 万元/人增加到 2013 年的 103.7 万元/人，增加了 2.9 倍；国家级经开区的人均工业总产值从 1998 年的 16 万元/人增加到 2013 年的 99 万元/人，增加了 5.1 倍；两类产业园区的人均工业总产值都高于全国规模以上工业人均工业总产值，见图 2－10。从人

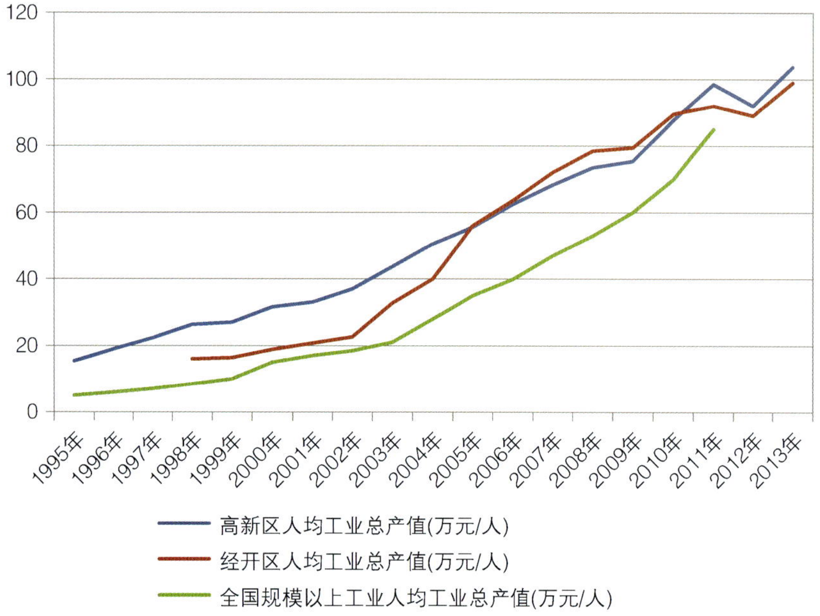

图 2－10　两类园区人均工业总产值与全国规模以上工业人均工业总产值比较

均净利润来看，30 年来国家级高新区人均净利润远高于全国规模以上工业企业的人均净利润，其中，2013 年国家级高新技术产业开发区人均净利润为 8.5 万元/人，是 1995 年的 8.5 倍，见图 2-11。从人均 GDP 来看，国家级经开区的人均 GDP 从 1998 年的 5.65 万元/人增加到 2013 年的 34 万元/人，增加了 5 倍，远高于全国人均 GDP，其中，2013 年国家级经开区的人均 GDP 更是全国人均 GDP 的 8 倍，见图 2-12。2012 年，105 家国家级高新区 GDP 达到 5.2 万亿元，人均 GDP

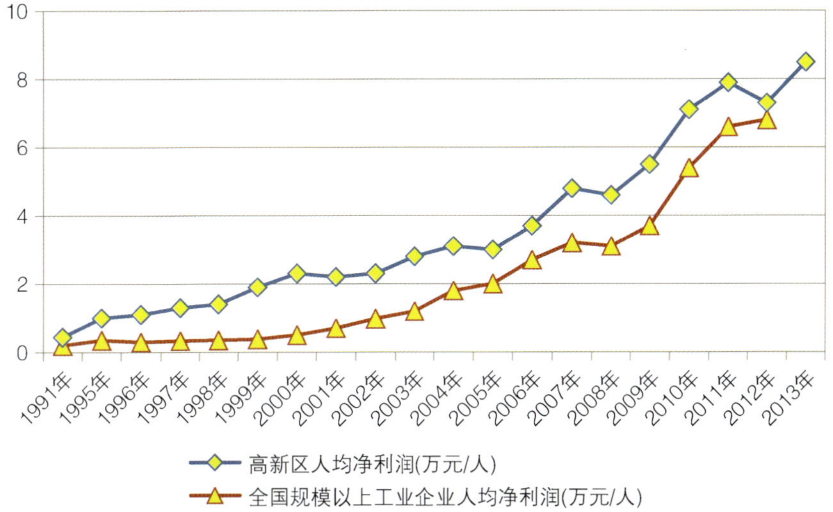

图 2-11　国家级高新区人均净利润与全国规模以上企业人均净利润比较

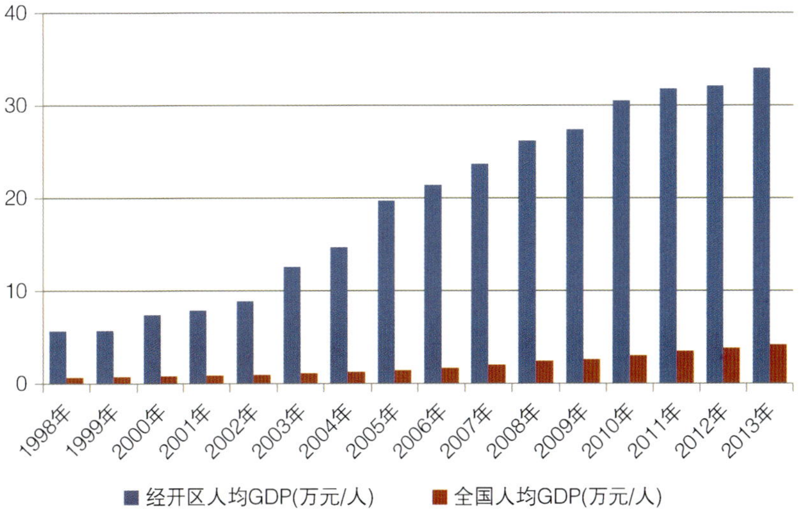

图 2-12　国家经开区人均 GDP 与全国人均 GDP 比较

为 37 万元，是当年全国人均 GDP 的 10 倍。可以看出，两类国家级产业园区人均 GDP 已经达到中等发达国家水平，实现了对发达国家劳动生产率的快速追赶。

从土地的利用效率来看，截至 2012 年 12 月，全国开发区以占全国不到 2% 的开发土地面积创造了全国 GDP 总量的 12.8%。全国 100 强产业园区 GDP 总量约为 71 678 亿元，占所有国家级经开区和高新区 GDP 总量的 78%。从资源和环境的节约效益来看，国家级高新区以更少的能源和环境消耗实现了更高的工业价值创造。统计显示，2011 年，88 家高新区中有 58 家通过 ISO14000 环境体系认证；高新区的万元 GDP 平均能耗为 0.52 吨标准煤，比全国平均水平低三分之一。截至 2012 年年底，已有 37 家和 14 家国家级经开区分别被批准创建和命名为国家生态工业示范园区。

2.2.4 高密集的创新

两类国家级产业园区是我国发展高新技术产业的重要基地，30 年来，它们在集聚科技创新资源、推动技术创新环境建设与高新技术产业化方面都取得了丰硕成果，成为我国科技创新的主体示范区。国家级高新区吸引和聚集了国内外大量优秀的创新人才、创新载体和创新企业，内部 R&D 投入强度高，研发活动活跃，产生了丰硕的创新成果。国家级经开区也在逐步调整产业结构、积极引进高新技术产业，内部企业的技术创新能力不断提升。目前，两类园区已经成为全国创新资源、创新活动、创新成果最密集的地区。

自 1998 年以来，国家级高新区企业科技活动人员整体呈现不断增长趋势，至 2012 年，其企业科技活动人员是 1998 年的 11 倍，见图 2－13。目前，全国 60% 的企业科技活动人员都集聚在国家高新区。从就业人员结构来看，国家级高新区硕士学位从业数量占全部从业人数的比例持续上升，从 2001 年的 2.3% 到 2012 年的 4.5%；博士学位从业者数量占全部从业人数的比例始终保持在 0.5% 左右，见图 2－14。按职称划分，2012 年，105 家高新区从业人员中具有初级职称、中级职称、高级职称人员数量分别占从业人员总数的 12.0%、8.7% 和 3.5%。在国家千人计划引进的海外高层次创业人才中，80% 以上是从国家级高

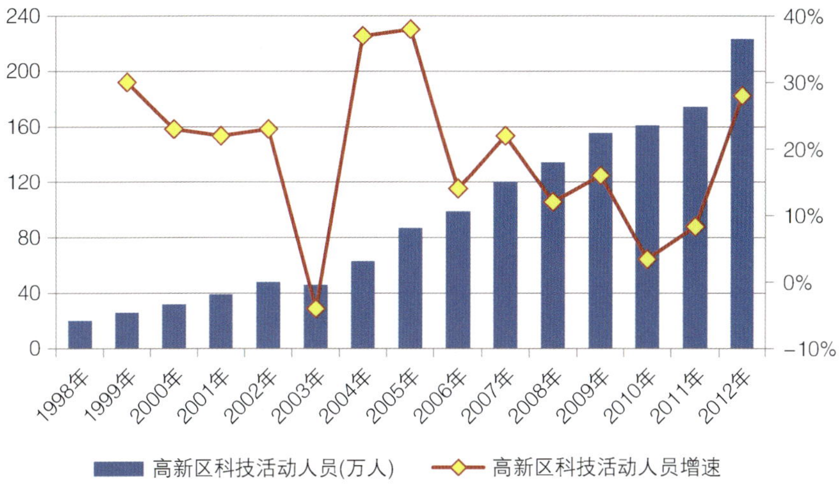

图 2 - 13　国家级高新区科技活动人员数量及增速

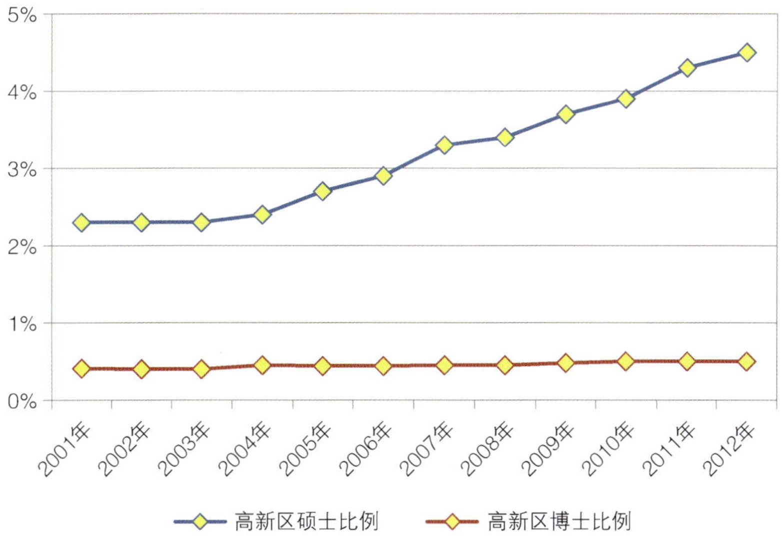

图 2 - 14　国家级高新区硕士、博士人员比例

新区入选的。

从创新资源投入来看，国家级高新区企业内部科研活动经费逐年增长，2012 年达到 4 700 亿元，是 2001 年的 22 倍，见图 2 - 15。2011 年，88 家高新区 57 033 家企业 R&D 经费内部支出 2 269 亿元，占产品销售收入的 2.1%，占到全国企业 R&D 经费支出的 34.7%。经核算的企业 R&D 经费内部支出 2 749.1 亿元，占到全国企业 R&D 经费支出的 35.6%。

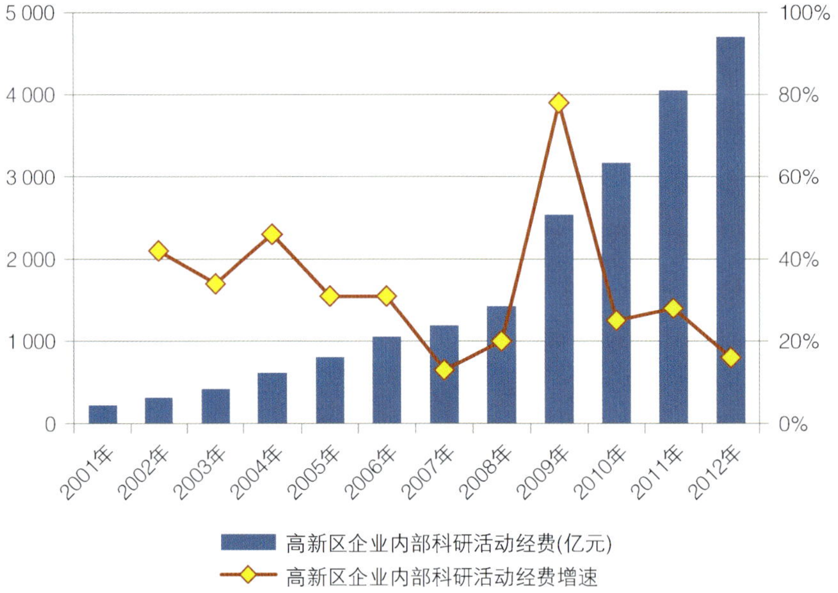

图 2－15　国家级高新区企业内部科研活动经费及增速

从创新成果来看，拥有最密集创新资源的高新区也是全国企业创新成果最丰硕的地区。2012 年，国家级高新区 36.5% 的企业是高新技术企业。2012 年，国家级高新区企业当年申请专利数量为 242 448 件，其中发明专利申请 110 985 件，发明专利申请量占全国发明专利申请量的 17.0%，较 2011 年提高 1.8 个百分点；当年专利授权达到 134 911 件，其中，发明专利授权 42 516 件，发明专利授权量占全国发明专利授权量的 19.6%，较 2011 年提高 2.4 个百分点；国家级高新区企业共拥有有效专利 408 270 件，其中，拥有发明专利为 136 199 件，每万名从业人员拥有有效发明专利 107 件。可见，国家级高新区逐步成为全国企业创新成果最丰硕的地区。

在产品创新价值转化方面，国家级高新区企业生产的主导产品从 1991 年的 3 775 种增加到 2011 年的 65 787 种，20 年来翻了 17 倍多。21 世纪以来，国家级高新区的新产品销售收入更是迅速增长，新产品销售收入从 2000 年的 2 188 亿元增加到 2011 年的 34 582 亿元，年平均增长率为 29% 左右，参见图 2－16。

2013 年，国家级经开区高新技术企业工业总产值为 63 135 亿元，占到当年国家级经开区工业总产值的 32%，是 2006 年的 4.4 倍，参见图 2－17。2013 年，国家级经开区高新技术产品出口额为 1 942 亿美元，占到当年国家级经开区出口总额总值的 49%，是 2005 年的 2.5 倍，年平均增长 16.5%，参见图 2－18。可以看出，国家级经开区同样呈现出高密度的创新。

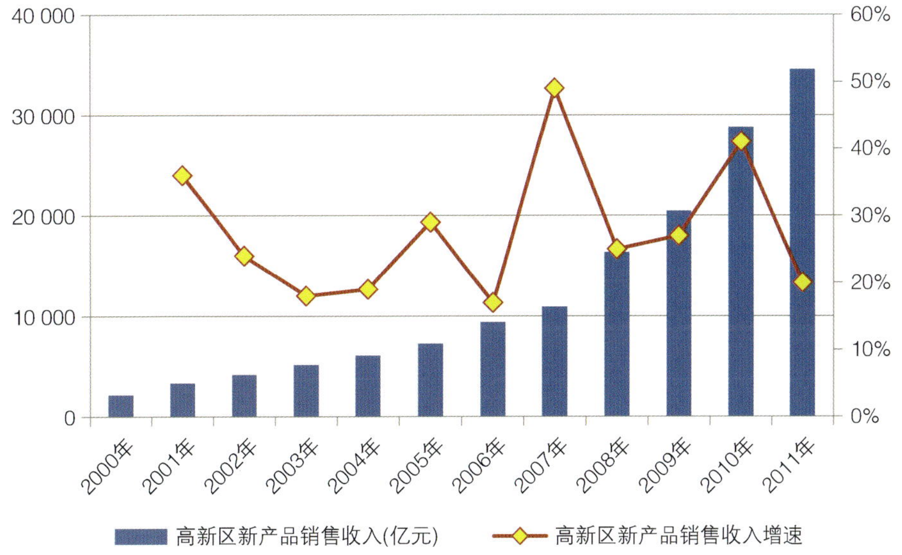

图 2－16　国家级高新区新产品销售收入及增速

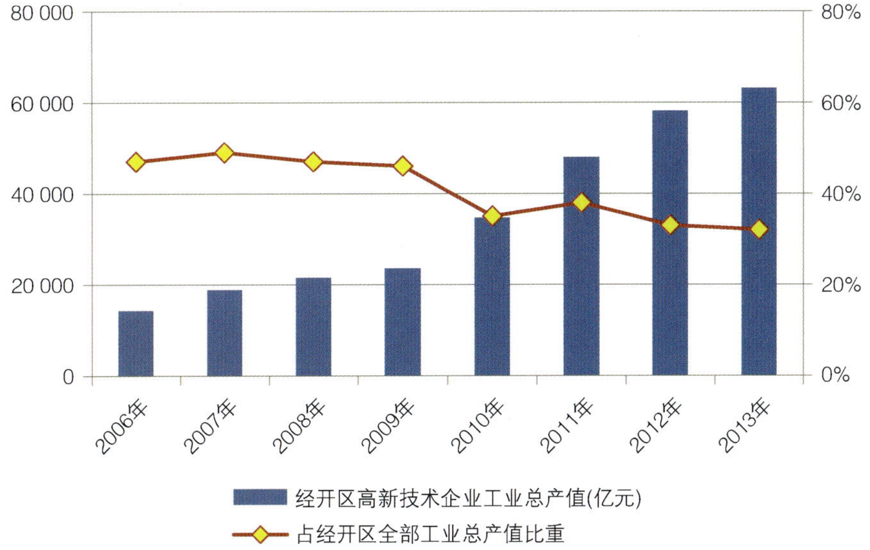

图 2－17　国家级经开区高新技术企业工业总产值及占经开区全部工业总产值比重

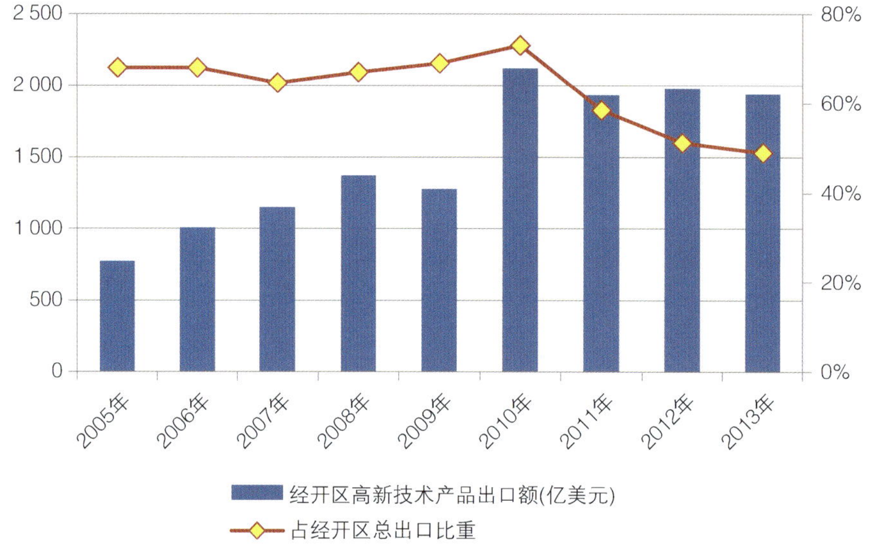

图 2 - 18　国家级经开区高新技术产品出口额及占经开区总出口额比重

2.3　中国产业园区 30 年发展的“三聚”模式

20 世纪 80 年代起，产业园区在经济研究中引起了更多重视，被视为特定区域相比于其他区域在经济上取得成功的原因。在这一过程中，中国各类产业园区主要在政府推动作用下快速建立和发展，并成为各地区提升经济发展水平的重要载体。但是，从总体看，产业园区正面临着管理体制冲突、空间制约等矛盾，来源于政府定向干预、城市聚集力与扩散力牵引以及生产要素有序流动的园区资源整合的动力机制不足。为此，立足于中国总体发展层面，从规划协调、市场联动等角度充分整合各类型园区的现有资源，使产业园区避免成为企业空间上“简单扎堆”的结果，培植其特色鲜明的主导产业，形成相互关联和依存的专业化分工协作网络，从而提升其管理效率和经济社会效益，并探寻园区功能延伸的新方式和园区能量释放的新机制。

2.3.1　商业生态系统下中国产业园区的结构要素

商业生态系统具有循环性、适应性、协同性、相关性、有序性和再生性的特点，并强调系统成员类型的多样性、企业生态位的分离、核心成员的主导作用以及各子系统之间的相互作用。基于对商业生态系统的认识，产业园区应该是由企业、园区及其赖以生存和发展的外部环境构成的，以组织和个人的相互作用为基础的经济联合体。从系统的角度看，该联合体包含三层关系，即供应商、生产企业、销售商与顾客之间的垂直关系；竞争者、中介机构、政府、科研机构等相关组织之间的平行关系；经济和社会文化环境等因素形成的复合关系。基于这些关系，产业园区生态系统在“合作、竞争”与“共同进化”中得以持续发展。

从运行特征看，产业园区具有动态性、区域性、网络性、适应性、协同性、延续性等特点。园区内企业集聚的目的是通过协同效应实现共同发展，具体形式包括从周围环境中吸纳人员、物资、能量、信息等资源，通过资源共享、创新、竞争与合作等过程发挥园区系统功能，获取产品、知识、技术、人才等产出，并通过产业园区对区域经济的带动、辐射与示范等促进效应，推动区域经济的发展和自身生态系统的持续进化。

从系统结构看，产业园区是一个“微观、中观、宏观相互渗透，纵向、横向相互交错、动态、静态相互结合的具有增强型正反馈的共生网络”，并包括吸收传递物质和能量的各种独立企业个体（核结构）、提供物质和能量的源种群（链结构）以及环境（网络系统）三大部分。各类具有关联又分别独立的个体企业是产业园区的主体要素，这些主体通过交易网络、技术网络、社会非正式网络等发生各种直接或间接的相互关系，并成为产业园区发展的动力所在。其中，源种群为各企业提供的物质能量包括技术、人才、资金、信息、企业家等配套要素；环境则包括经济、政治、教育、科技、文化等外部系统，并构成整个园区内企业生存与发展的生态网络。在产业园区“核—链—网”的各个层面，始终存在着物质流、能量流和信息流之间的交换，并形成供给支持或制约关系，见图 1-6。

可见，产业园区是由经济与生态的多种环境因素组成的有机复杂系统，而商业生态系统理论为产业园区提供了一种有关结构、生产力、成员相互关系、健康性等的系统全面的分析方法，并使得产业园区成为一种典型的商业生态系统。

2.3.2 中国产业园区生态系统的“三聚”模式

根据当前中国经济发展的特点，在促成产业园区商业生态系统形成的过程中，需要以系统可持续发展为导向，园区管理者规划“森林”，从原则上对园区空间布局、产业协调发展起引导作用，并提供各种生存因子、资源条件和环境空间。园区自身也要形成内生演化机制，使得“树木”自然生长，并能逐渐聚集各种资源，促进各企业之间自我组织、互相协同、适应环境。我们把这种聚集分为三个层面，形成商业生态系统下产业园区持续发展的“三聚”资源整合模式，见图 2-19。

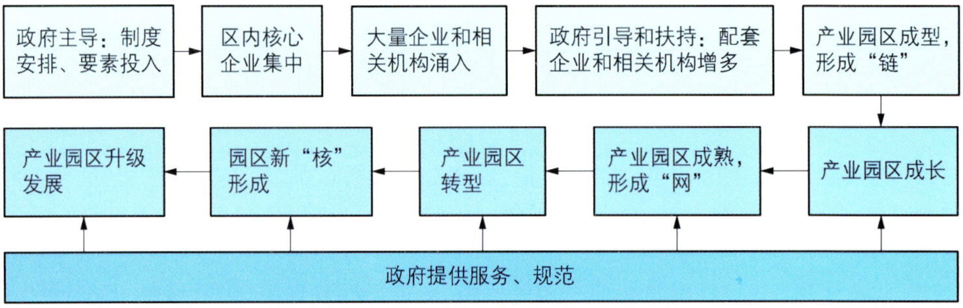

图 2-19　产业园区“三聚”资源整合模式

1. 聚核：生态系统的发端

“聚核”即在产业园区发展之初发展主导产业、培育核心企业。产业园区的“核”结构决定了产业园区的具体类别及其发展方向，并成为产业园区发展的主力军和增长极。

(1) 主导产业。确立主导产业，并坚持发展特色产业，避免产业结构雷同，从而形成比较优势，才能使园区产生持续性演化。主导产业的发展需要具备一定的区位和资源基础，包括资金、技术、人才、地理等方面。由于在初创期，园区对外部环境和内部结构的控制能力较低，对发展空间和资源取向的把握程度不高，因此，该阶段由园区管理者根据地域特点和产业优势，选择关联性较强、市场发展前途好、科技含量高的主导产业加以扶持，将会比园区自发形成更有效率。表 2-1 显示了园区在产业的发展过程中都选择和逐步培育了各自的主导产业，形成产业特色。

表2-1 知名产业园区主导产业

名称	主导产业
苏州工业园区	电子信息制造、机械制造
上海张江示范区	以集成电路、软件、生物医药为主导产业
广州经开区	电子信息制造业、服务外包业、生物医药产业、新能源与节能环保产业
天津经开区	电子通讯、食品、机械、生物医药
武汉东湖示范区	光电子信息产业、节能环保、生物医药、现代装备制造、现代农业
深圳示范区	电子信息、生物医药与医疗器械、光机电一体化、新材料
青岛经开区	港口、家电电子、石化、汽车、造修船、海洋工程
大连经开区	石油化工、电子及通讯设备、电气机械、机械设备、医药制品
昆山经开区	电子信息、精密机械、民生用品

(2) 核心企业。在产业园区发展早期,一家或若干家企业首先入驻,逐渐形成一定规模,并对周边经济发挥辐射和牵引作用。核心企业可以是企业自发入驻形成,也可以由政府以某种方式引进。核心企业在能力和网络嵌入性上与园区中的其他企业有着本质的区别,它们是促成产业集聚效应和园区整体演进的引擎。作为园区制造主体、出资主体、创新发动机或区域品牌代表,核心企业通过投资、创新、知识转移、品牌扩散等行为带动其他企业的发展。经过20多年的发展,北京中关村国家自主创新示范区已经聚集了一批以联想、百度为代表的高新技术核心企业,园区上市公司数量已达224家,其中境内145家;2012年,营业收入在1亿元以上的企业有1 897个,其中,营业收入100亿元以上的核心企业有45个,营业收入在1亿元以上的企业创造的工业总产值占到整个中关村科技园的94.2%。

表2-2 2012年北京中关村国家自主创新示范区核心企业数量

北京中关村国家自主创新示范区2012年按收入规模统计主要经济指标									
企业规模	总和	大于100亿	10亿～100亿元	1亿～10亿元	5 000万～1亿元	1 000万～5 000万元	500万～1 000万元	100万～500万元	小于100万元
企业数(个)	14 929	45	297	1 555	997	3 369	1 477	2 926	4 263

最初,入驻企业之间尚未形成特定关联,与外部环境之间也没有真正产生物质循环、能量流动和信息传递。但是,随着园区内不断涌进同类型的中小型企

业，在聚集规模的边际递增效应下，企业之间会共享信息、市场等资源，产生具有关联结构和特定功能的园区“核”结构。

2. 聚链：生态系统的形成

随着产业园区“核”的集聚与发展，一些实行业务归核化战略的“核”企业，会采用分工协同的方式吸纳上下游配套企业入驻园区；而另一些“核”企业为了适应环境的变化，采用高度本地化的发展策略，将研发中心、区域总部迁入园区，加强与本地企业和其他行业为主体的联系。由此，形成园区纵向与横向的“聚链”式发展。该阶段园区管理者的作用主要是积极创造有利于人才、资金、技术、管理、服务等资源集聚的软环境，为园区提供服务并加以规范。

(1) 纵向聚链。表现为产业链的上下游关系，包括供应商、制造商和需求商。有效供应产品、提供服务是产业园区竞争优势的集中体现，而产品顺利生产和销售则需要上下游企业之间围绕“核”企业进行分工协作与互动。以 2013 年百强产业园区漕河泾新兴技术开发区为例，其支柱产业(电子信息产业)链上聚集的公司，如图 2－20 所示。

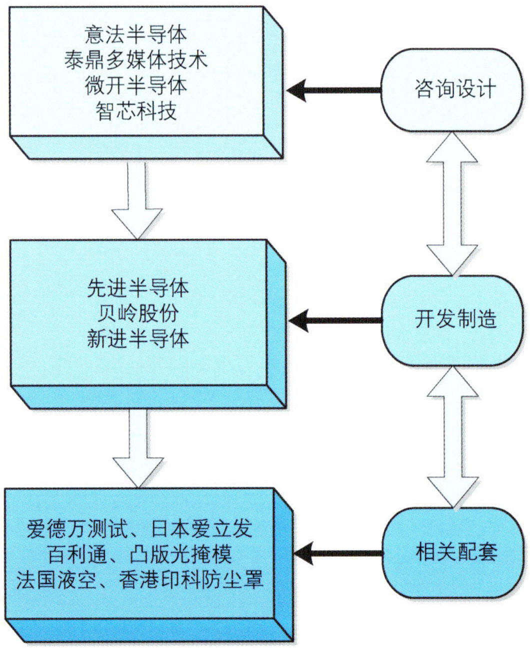

图 2－20　漕河泾开发区电子信息产业链公司构成

(2) 横向聚链。表现为产业园区引进各种配套服务的企业，包含风险投资、金融机构、研究机构、管理机构、服务中介机构等，从而为“核”企业提供资金、技术、人才、管理、服务的外延支撑，以更有效率地输送高质量的产品和服务。以2013年百强产业园区漕河泾经济技术开发区为例，现代服务业主要集中在软件和信息服务业、科技及商务服务业、现代商贸业、金融服务业等，具体包括信息服务、质量认证和技术监督服务、知识产权服务、物流服务、教育培训和人力资源服务、研发设计和创意设计服务、金融服务，以及服务外包业务等，见图2-21。

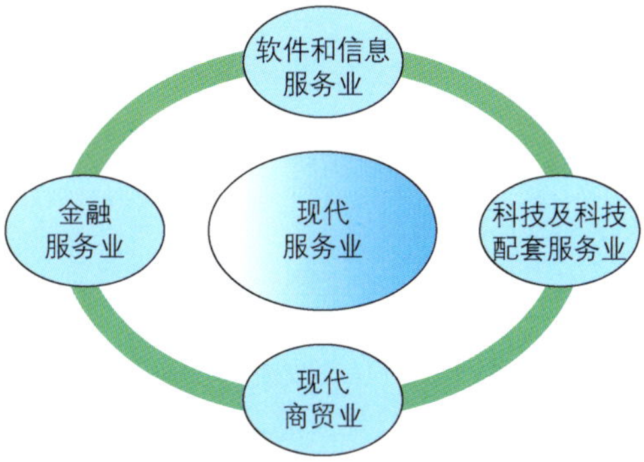

图2-21　漕河泾开发区现代服务业构成

随着产业园区实力的不断壮大，园区内本地成长的、外地迁入的大企业和小企业通过交互促动与合作竞争逐步建立起信任机制，大量存在的正式和非正式关系构成了规模非线性放大效应，以更大的吸附力吸引更多的资源聚集，更多的创新思想在此生态系统中迸发。

3. 聚网：生态系统的完善

产业园区商业生态系统的进一步发展，将产生新产业功能的综合，即不仅可以提供类似“阳光、空气和土壤”的基础配套设施，而且还形成鼓励创新创业的社会文化环境、优良的政策环境、技术环境、市场环境、地理区位环境、娱乐休憩环境等，它们形成园区商业生态系统的大气环境，并反过来为产业园区的发展和壮大提供潜移默化的影响。此时，产业园区从整体上进入生态系统的“聚网”发展阶段。

(1) 园区利用环境扩张。处于成长期的产业园区，随着生存力、发展力、竞争力的逐步提高，能够对外部环境产生较强的辐射力和影响力。园区的盈余资金逐步得到积累，为园区进行系统排列和优化组合、挖掘资源深层潜力和提升竞争优势提供新的内部条件。此时，园区会形成资源结构性规模扩张和空间结构性规模扩张，前者注重各方面生存要素的积累性获得，后者注重高适合度空间的层次性整合。

(2) 环境对园区反作用。随着园区资源规模的扩大和空间规模的扩张，将引起对资源的争夺，造成资源对发展的“瓶颈制约”。同时，园区内部容易出现思想僵化封闭、知识技术趋同、互补性消失、地价人力等成本过高、效率降低，以及市场和技术失去活力和竞争力等问题，原有的“核”逐渐失去聚集功能。在这个阶段，政府如果能够对新的内部要素加以正确引导和自我重组，产业园区可以在吸收原有竞争优势的基础上，促进新“核”的适时更替，使园区再次进入有序发展状态。直至达到新的循环平衡，从业人员和企业数量趋于稳定，横向和纵向协作关系不断完善。

产业园区商业生态系统的产生和演化，是企业之间自我组织、互相协同、适应环境的结果，其中，产业园区内部企业间的相互作用是根本。同时，根据我国现阶段的国情和发展特点，外部环境、政府的积极调控、管理、服务和监督等也是系统有序演化的重要条件。因此，政府“规划引导”，园区“自然生长”能够促进园区更快更高效的发展。但是，政府的行为必须严格遵循产业园区自身的发展规律，其推动力应该转化为园区的自觉行动，只有这样，才能更好地适应外界环境的迅速变化，实现从不平衡到平衡、从无序到有序的发展，使产业园区能够在不断波动和变化中持续发展。

2.3.3 中国产业园区生态系统的联动路径

1. 各园区“三元”联动主体框架

从园区内部协调层面看，在园区整体与园区内企业之间，以职能划分或子园区的形式形成园区的中间层面，即功能区。各功能区有明确的协调职能或者主导产业，并在园区间资源整合与联动中作为一级重要的组织层，从而形成园区内部的“三元”联动主体。从园区间协调层面看，市场、政府、非政府组织(NGO)是管理园区资源整合活动的高层次要素，形成园区外部的“三元”调控主体。从整体框架看，见图 2－22 和图 2－23，本研究所关注的联动主要表现为外部“三元”

主体与各园区间的联动、以内部“三元”主体为基础的园区之间的联动。并且，需要明确目标层、功能层以及过程层三个层面的联动内容。

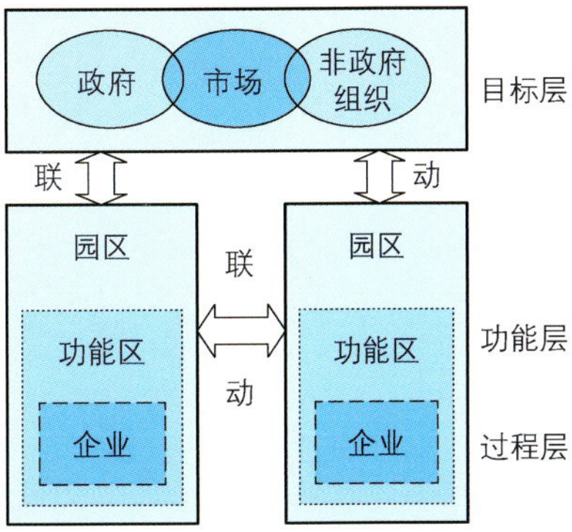

图 2-22　“三元”联动主体框

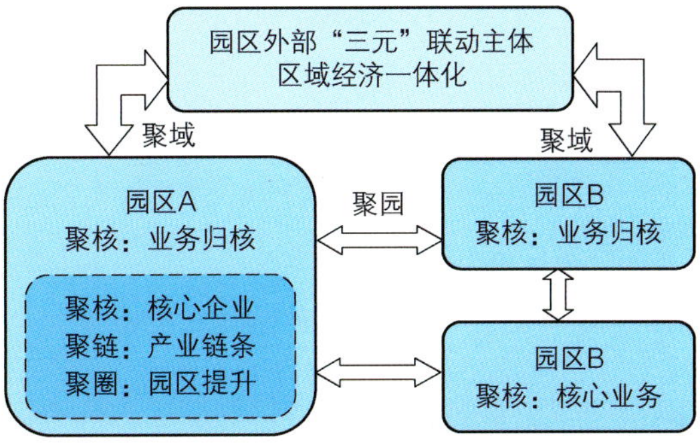

图 2-23　“三聚”资源整合

2. 各园区基于“三聚”模式的联动内容

以系统动力学为研究基础，依据园区生发的成长过程，构建各园区资源整合的主体理论，并演化为“三聚”资源整合模式。从园区联动的视角来看，首先各园区需要在规划的指引下，突出自身的核心业务，即“聚核”；由于园区之间的核心业务具有差异化，从而形成互补联动的关系，即进入“聚园”状态；在园区外部“三元”主体的作用下，形成“大联动”的园区运作框架，完成区域经济一体化，并升迁至“聚域”阶段。在园区聚集核心业务并成长的过程中，园区内部也经历着聚集核心企业的“聚核”、形成产业链与配套服务链的“聚链”、建设园区平台与体系的“聚网”的“三聚”子模式。该子模式是前述“三聚”过程的基础内容，是研究体系中的一个组成部分。

2.4　中国国家级产业园区 30 年政策主题及其演变

回溯 30 年来国务院及有关部委发布的关于国家级产业园区的政策文本，通过知识图谱的方法，从整体上把握和探讨国家级产业园区的政策主题及其演变过程，明晰中国产业园区的发展重点与方向，为今后进一步研究国家级产业园区的政策协调机制奠定基础。

2.4.1 数据搜集及研究方法

政策文本的选择仅限于国家层面，即由国务院以及各部委等单独或联合颁布的各种政策文件，不包括地方政府政策。政策内容主要是针对国家级经开区、高新区、出口加工区、保税区、边境经济合作区；政策形式主要涉及规定、规划、通知、办法、决定、意见、纲要、指南、方案等；政策数据包括北大法律信息网、国家法律图书馆、商务部和科技部网站三个来源。由此，本研究筛选出1984—2013年间国家级经开区政策文本28份、高新区政策文本43份以及其他类型国家级产业园区政策文本31份，并对总计102份政策文本进行整理分析。

本研究采取双盲式编码方式，逐一找出每个政策文本所涉及的主题关键词，然后对其进行编码。对于不一致的关键词和编码，通过专家会议讨论并达成一致；否则，将回溯原政策文本，进行再次编码。对于同义但不同名的关键词进行合并，如“土地集约利用”与“土地利用”合并为“土地利用”，“循环经济”与“绿色园区”合并为“绿色园区”，等等。经讨论后有9篇文本所涉及主题关键词需要回溯原政策文本，一致率达92%，符合基本信度指标的阈值。在此基础上，共生成23个政策主题关键词，最后对政策文本主题关键词编码进行分析。此外，本研究主要采用关键词共现知识图谱的方法，主要借助社会网络分析软件Ucinet6.0中的Netdraw工具。

2.4.2 30年政策文本的主题关键词分析

1. 政策文本的主题关键词及关系

通过内容分析，本研究将102个政策文本的主题关键词编码归类，运用定性的因子分析法将政策文本的主题关键词归纳为23个类别，分别是：基础建设、土地利用、金融支持、吸引外资、进出口与国际化、企业自主创新、高新技术与产业化、创新创业政策、创新投入、知识产权、区域合作与协调、创新合作、产业集聚与结构优化、园区间合作、园内融合、管理体制、平台建设、现代服务业建设、人才队伍建设、和谐园区、绿色园区、创新创业氛围、就业与社会保障。

本研究利用 Ucinet 中的 Netdraw 功能展现高频关键词共现相似矩阵的共现关系。节点为关键词，节点越大表明关键词的出现频次越高；连线为两个关键词之间的共现关系，连线粗细为联系的紧密程度，连线越粗关系越强，关键词越处于中心位置则表示该关键词是网络中最重要的节点，亦即在该领域中占有重要地位。图 2-24 反映了 30 年来我国国家级产业园区政策文本主题关键词及其关系。其中，排名前 10 位的主题关键词分别是：企业自主创新、产业集聚与结构优化、金融支持、区域合作与协调、进出口与国际化、人才队伍建设、高新技术与产业化、创新创业氛围、管理体制、现代服务业建设。它们在图中不仅节点大，占据图的中心位置，且彼此之间以及与其他关键词之间的关联性也强。这说明 30 年来我国国家级产业园区的政策文本的内容比较集中地触及这些层面。

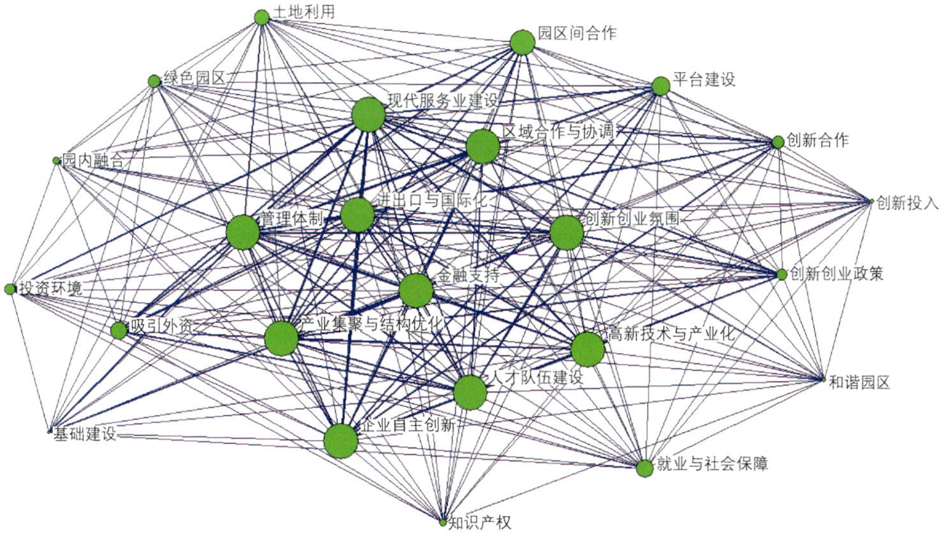

图 2-24　30 年发展政策的主题及其关系

2. 政策文本主题关键词解读

从政策关键词及其具体内容来看，表现为基础建设、土地利用、金融支持、吸引外资、进出口与国际化的相关政策比较关注经济发展，构成产业园区持续发展的基础；表现为企业自主创新、高新技术与产业化、创新创业政策、创新投入、知识产权的相关政策比较关注创新发展，构成产业园区持续发展的源动力；表现为产业集聚与结构优化、园区间合作、园内融合的相关政策比较关注产业合作，构成产业园区持续发展的有效方式；表现为管理体制、平台建设、现代服务业建设的相关政策比较关注公共服务，构成产业园区持续发展的支撑条件；而表现为人才队伍建设、和谐园区、绿色园区、创新创业氛围、就业与社会保障的相关政策则较为关注社会发展，构成产业园区持续发展的外延扩张。可见，所涵盖分析的 23 个主题关键词可以划分为经济发展、创新发展、产业合作、公共服务、社会发展 5 个方面。

其中，关于经济发展的政策数量最多，涉及的政策频数为 86，约占政策总频数的 28%；而创新发展的政策最少，涉及的政策频数为 45，仅占政策总频数的 15%，见图 2－25。其原因可能包括以下几个方面：(1)创新发展包含的内部政策工具分布不平衡，特别是涉及创新投入和知识产权的政策较少，见图 2－26；(2)经开区的建设早于高新区，所以积累的经济发展政策频数要高于创新发展政策频数；(3)科技部制定的高新区发展政策，不仅包含创新发展政策，同样包括经济发展政策。

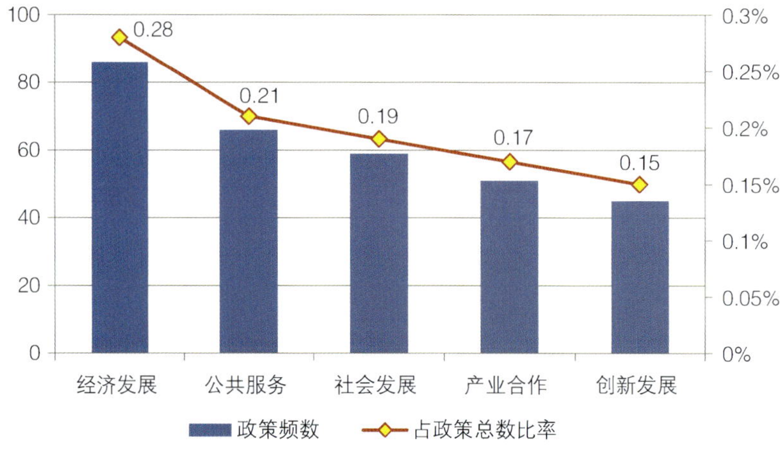

图 2－25　30 年发展政策主题的领域分布

2.4.3 不同阶段政策文本主题关键词分析

1. 初始培育阶段

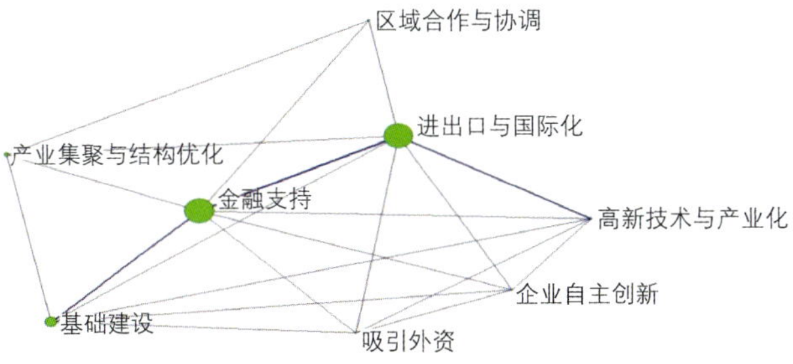

图 2－26　初始培育阶段发展政策主题及其关系

从图 2－26 可以看出，初始培育阶段国家政策主题关键词主要集中在金融支持、进出口与国际化两个方面。初始培育阶段的政策主要比照经济特区，对国家级产业园区的建设实行政策倾斜，普遍采用了税收、人才、土地、金融等方面的各种优惠政策，以吸引国内外资本，促进产业发展和技术进步。从具体政策来看，国务院和中央各部门就金融支持和产品进出口两个主要方面制定了相关法规规章，以促进产业园区初始阶段的建设和发展。例如，1984 年，国务院出台了《关于经济特区和沿海十四港口城市减征、免征企业所得税和工商统一税的暂行规定》；1987 年，中国人民银行、财政部、国务院特区办公室联合发布《关于对经济特区、经济技术开发区开发性贷款实行差别利率和贴息的规定》；1988 年，海关总署发布《对经济技术开发区进出口货物管理规定》；1991 年，国家科委发布《国家高新技术产业开发区高新技术企业认定的条件和办法》、《国家高新技术产业开发区税收政策的规定》；等等。虽然这一阶段政策较少，但这些法规规章成为地方产业园区制定投资优惠、企业登记、劳动管理、土地管理、技术引进等方面的依据。

2. 快速成长阶段

从图 2－27 可以看出，快速成长阶段国家政策主题关键词除了金融支持、进出口与国际化之外，主要集中在管理制度、现代服务业建设、产业集聚与结构优

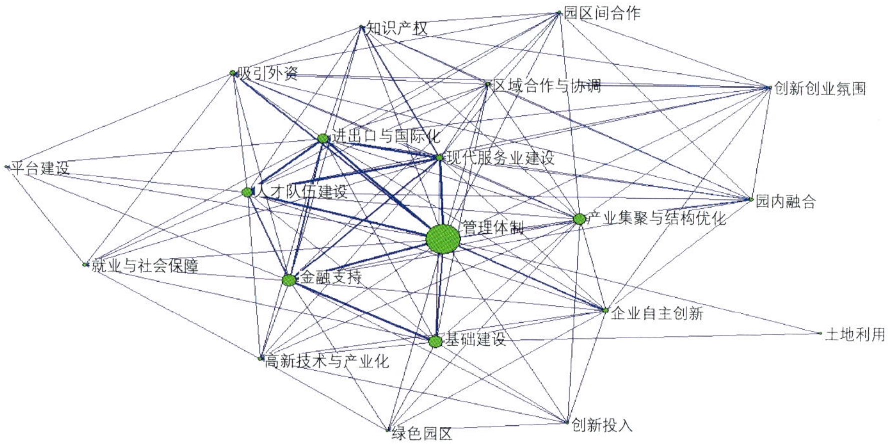

图 2-27　快速成长阶段发展政策主题及其关系

化、基础建设等方面。在园区管理制度方面，由于政策优势的不断弱化，国家在快速发展阶段提出各产业园区要全面推进园区产业创新、体制创新、技术创新和招商创新等方面的提升，例如，1996 年，国家科委颁布《国家高新技术产业开发区管理暂行办法》。因此，这一阶段的关于园区管理制度的主体关键词急剧上升，而现代服务业建设政策主题关键词正是园区管理制度完善的外在体现，所以这一阶段出现频数也较多。在产业集聚与结构优化方面，为防止“开发区热”，国家颁布了严格审批和认真清理各类开发区的相关政策，鼓励吸引外资兴办工业、农业、旅游业和高新技术产业开发项目，例如，1993 年，国家科委颁布《关于严格审批和认真清理高新技术产业开发区的通知》，1998 年，财政部颁发了《关于财政支持建立农业科技推广示范园区的若干意见》；另外，国家要求各地产业园区由单纯注重产业积聚逐步关注产业集群，提出“产业链”招商、集群发展等策略，例如，1999 年，科技部印发《关于加速国家高新技术产业开发区发展的若干意见》。此外，园区基础建设、进出口与国际化仍是此阶段的主题。值得一提的是，这一阶段国家开始重视园区的土地利用，要求在招商引资中要重视土地的集约利用，完善农民失地补偿制度，合理分担失地农民就业责任等，例如，1997 年，国家科委出台了《关于严格控制调整国家高新技术产业开发区规划面积的通知》。同样，国家在本阶段实施调整的相关税收优惠政策，使得产业园区经济资源和相关要素在相对稳定和合理的结构下发挥作用，例如，1997 年，国家计委、国家科委印发《国家高新技术产业开发区基本建设银行贷款投资计划管理暂行规定》，2001 年，财政部关于印发《中西部地区国家级经济技术开发区基础设施项目贷款财政贴息资金管理暂行办法》。

3. 稳定发展阶段

从图 2－28 可以看出，稳定发展阶段延续了金融支持、进出口与国际化以及管理制度等政策，同时，国家政策主题关键词突出了企业自主创新、高新技术与产业化等创新发展政策，严格要求了园区的土地利用，并开始意识到园区间的合作问题。在创新发展政策方面，为顺应国际技术转移新形势的要求，国家出台了支持和鼓励引进先进技术、加强引进消化吸收和再创新、提高企业的自主创新能力和核心竞争力的相关政策。例如，2007 年，科技部、发改委、国资部、建设部印发《促进国家高新技术产业开发区进一步发展增强自主创新能力的若干意见的通知》；2007 年，科技部印发《国家高新技术产业化及其环境建设（火炬）“十一五”发展纲要》。稳定发展阶段针对国内产业园区开始由单一的经济功能向多功能综合型城区转变这一局势，国家出台了《促进国家经济技术开发区发展服务外包产业的指导意见》等相关政策，明确指出应大力发展面向生产、面向民生的服务业，促进现代制造业与服务业有机融合、互动发展；同时要求各园区根据自身需要，大力拓展与新城区配套及产业发展需要的现代服务业，突出物流、商品检验

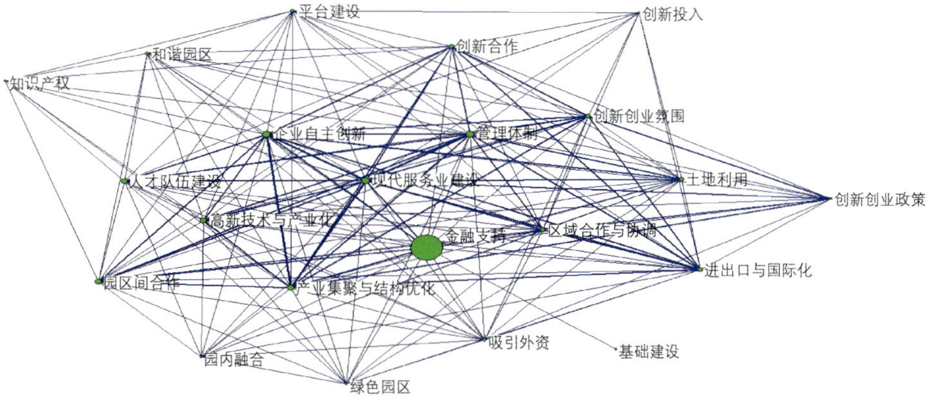

图 2－28　稳定发展阶段发展政策主题及其关系

检测、研发设计等生产性服务业发展，并积极发展服务外包产业，促进产业结构的优化。此外，为缓和土地供需矛盾，切实保护耕地，促进集约化发展，国家实施了最严格的土地保护政策，出台了《关于暂停审批各类开发区的紧急通知》、《关于清理整顿各类开发区加强建设用地管理的通知》、《关于严格按照标准和政策界限抓紧清理整顿现有各类开发区的函》等政策，通过盘活存量、扩大增量等途径缓解土地要素制约，提高土地使用效益，促进产业园区集约化发展。

4. 创新升级阶段

从图 2 - 29 可以看出，创新升级阶段国家产业园区政策主题更加全面、多元化。除延续前几个阶段管理体制、现代服务业建设、产业集聚和结构优化等主题外，这一阶段还特别强调区域合作与协调、绿色园区建设等政策；此外，国家开始重视园区软环境的建设，政策主题涉及创新创业氛围、和谐园区、就业与社会保障等政策。在区域合作与协调方面，由于东中西部区域经济发展不平衡，国务院大量扩容了国家级产业园区，让更多的中西部产业园区享受国家级政策优惠，并要求园区要为国家区域发展战略规划提供战术上的支撑。在绿色园区建设方面，国家要求园区改变传统高消耗、高污染、末端治理的发展方式，推行 ISO14000 国际环境管理体系认证工作，例如，2009 年，环保部发布《关于在国家生态工业示

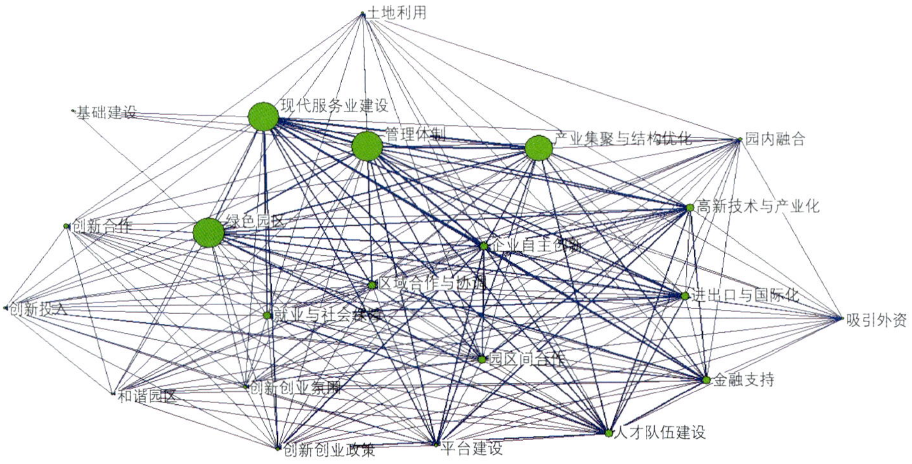

图 2 - 29　创新升级阶段发展政策主题及其关系

范园区中加强发展低碳经济的通知》。在管理体制方面,国家出台多项政策要求园区要不断推进改革创新,持续深化机制体制改革,从根本上加快转变经济发展方式。这一阶段,由于科技创新和新兴产业的发展需要多个部门的系统支持,各部委联合发力制定了大量关于示范区和实验区的试点科技创新政策,截至 2012 年底,中央各部委共出台 93 项政策,包括股权和分红激励、科技成果处置权和收益权管理、支持企业自主创新税收、科研项目经费管理、科技金融、创新型人才等政策,以调动示范区不同创新主体的创新积极性,鼓励特定科技创新政策,积极营造科技创新的条件和环境。此外,这一时期国家开始关注开发区的民生福祉和园区软环境建设,例如,2011 年和 2013 年,商务部、教育部、人保部联合发布了国家经开区高校毕业生网络招聘会的通知,2011 年国家安全监管总局发布《关于开展国家级经济技术开发区职业健康工作现状调查的通知》,等等。

2.4.4 结语

1. 从政策文本发展的内容来看,30 年来我国国家级产业园区发展的政策主题共涉及经济发展、创新发展、产业合作、公共服务、社会发展 5 个领域,具体表现为 23 个政策主题关键词,其中前 10 位主题关键词为:企业自主创新、产业集聚与结构优化、金融支持、区域合作与协调、进出口与国际化、人才队伍建设、高新技术与产业化、创新创业氛围、管理体制和现代服务业建设。

2. 从政策文本演化的趋势来看,30 年来,我国国家级产业园区发展的政策从较为单一经济发展向多元化的政策主题转变,金融支持、管理制度、进出口与国际化等政策都保持了很好的延续性。30 年来,政策发展经历了不同的政策重心。初始培育阶段政策集中在税收、财政优惠和产品进出口方面;快速成长阶段强调园区的产业集聚、结构优化以及内部管理制度;稳定发展阶段突出了园区创新发展政策,延续园区管理制度、金融支持等政策,并规定园区土地的合理利用;创新升级阶段政策主题更加全面、多元化,除延续前几个阶段的政策主题外,这一阶段还特别突出区域合作与协调、绿色园区以及园区软环境建设的政策主题。

2.5 中国产业园区30年学术研究的论文风格与主题分布

引入共词分析方法和知识图谱可视化技术，以中文社会科学引文索引(CSSCI)数据库收录的产业园区文献为分析对象，将中国产业园区发展30年来的研究概貌以知识图谱的形式呈现，以期明晰中国产业园区研究的风格与主题，对此形成系统、全面的认识。

2.5.1 数据搜集及研究方法

本研究的数据来源于CSSCI数据库，选取的学科领域为“经济与管理科学”，检索时间范围为1984—2013年。由于产业园区包括经济技术开发区、高新技术产业开发区、物流园区、化工园区等多种类型，因此本研究以“开发区”、“园区”为篇名进行检索词，分别检索到文献596篇和1 010篇；同时考虑到园区简称的使用，本研究用“经开区”、“高新区”为篇名进行检索，分别得到文献0篇和329篇。通过这些途径，初步检索到中国产业园区研究CSSCI期刊文献共1 935篇。为排除不相关文献的干扰，在检索结果中又进一步剔除了通知、新闻报道、纪实等文献，保证研究的可信度。基于这样的处理，最后保留1 794篇，并将这些样本文献记录下载到本地文件中形成样本文献库，从中提取共词分析所需的主题关键词。

首先，随机抽取100篇文献进行双盲式编码实验，结合每篇文献的关键词和摘要对其主题进行归类，限定每篇文献的主题关键词为1～3个。完成后，对于不一致的主题关键词和编码，几名研究者进行讨论，直到意见达成一致，否则回溯原文献，进行再次编码。对于同义但不同名的关键词进行合并，如“土地集约利用”与“土地利用”合并为“土地利用”，“循环经济”与“绿色园区”合并为“绿色园区与循环经济”，等等。经讨论后有8篇文献所涉及主题关键词需要回溯原文献，一致率达92%，符合基本信度指标的阈值。其次，将剩下的1 694篇文献随机分成几个部分，研究组几个成员按照上述方法进行独立编码。最后，对每篇文献的主题关键词及编码进行归类汇总，最终得到 35 个主题关键词。此外，本研究主要采用词频分析和关键词共现知识图谱的方法，借助社会网络分析软件 Ucinet6.0 中的 Netdraw 工具绘制知识图谱。

2.5.2　30 年来中国产业园区研究的论文风格

1. 中国产业园区研究的总体发文量

图 2－30 所示是 30 年来中国产业园区研究 CSSCI 期刊年度发文量折线图，其中，1993 年为发文量的一个波峰，共发文 78 篇，主要原因是这一时期“开发区热”的现状致使学者们较多思考园区的法律法规、管理制度、产业集群和结构优化等问题；2010 年的发文量为 30 年来的最高峰，共发文 125 篇，此后发文量有所下降，但 2013 年又开始回升。图 2－30 所示符合普赖斯逻辑增长曲线的规律，也说明了中国产业园区研究逐步发展并走向成熟的过程。

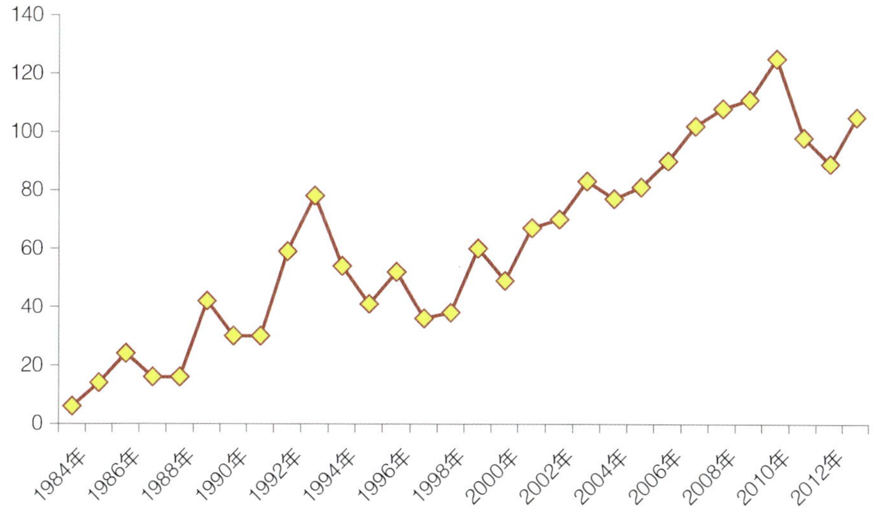

图 2－30　总体发文量的年代分布

2. 中国产业园区研究的作者分布及来源

图 2－31 反映了 30 年来中国产业园区研究 CSSCI 期刊论文的作者分布，其中独立作者文献数量比重最高，为 869 篇；2 个作者、3 个作者、4 个作者及以上合作文献分别为 553 篇、256 篇和 116 篇。可以看出，30 年来该领域论文合著的程

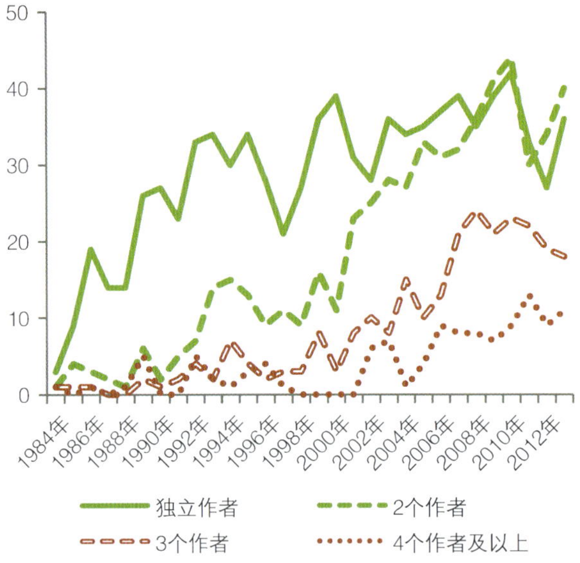

图 2－31　文献作者构成的年代分布

度逐渐提高，特别是 2000 年以后，合著文献的增长速度超过独立作者文献。这在一定程度上反映出国内学术界已逐步认识到合作研究的重要性，也越来越重视合作研究这一科研的最基本、最主要的形式。

图 2－32 所示是 30 年来中国产业园区研究 CSSCI 期刊论文的作者单位来源分布，其中学术机构的作者数目随年代增加呈明显的上升趋势；而非学术机构

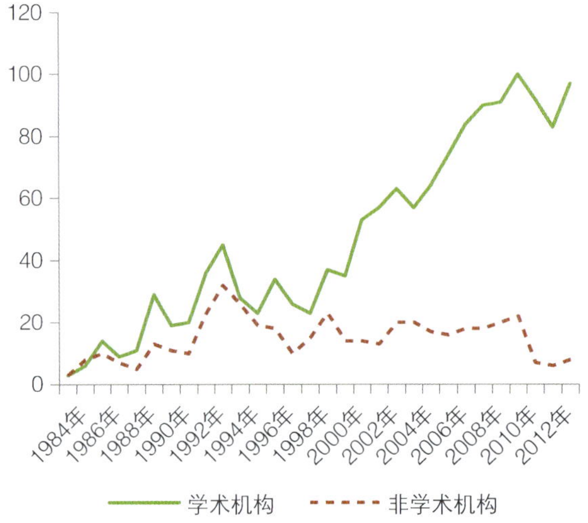

图 2－32　文献作者单位来源的年代分布

的作者数目随年代增加变化不大。2000 年以前，科研机构的作者数与非学术机构的作者数目差别不大，但之后，二者差距逐渐拉大。这说明在早期的研究中，作者很大程度上来自以政府或园区，而随着我国产业园区研究的持续发展，越来越多的学术机构，即高校和研究院(所)占据了研究的主导地位，进一步表明我国产业园区研究在发展中逐步走向科学化、专业化。

3. 中国产业园区研究方式的演变

图 2－33 反映了 30 年来中国产业园区研究方法的演变过程，其中定性研究的文献占总数的 60%，但其比率在逐渐减少，2013 年为最低；定量类文献出现时间较晚，但呈现出明显的持续上升趋势。这说明我国产业园区管理研究在过去 30 年间经历了一段较为迅速的发展期。初始阶段是以理论探讨、个体园区介绍和特殊政策解读为主，而近期则逐渐采用定量的研究范式进行检验和证明。

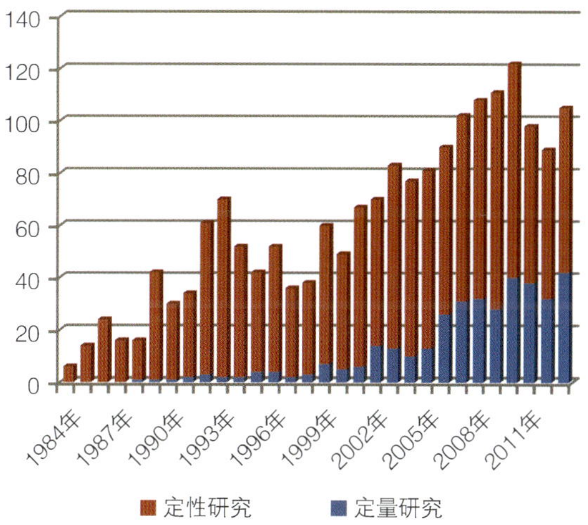

图 2－33　文献写作方法的年代分布

图 2－34 反映了中国产业园区研究层次的演变过程。30 年来，学者们从境外层面、国家层面、地市层面以及个体层面研究的四类文献数目随年代增加均呈现上升趋势；但国家层面和个体层面的文献高于其他两类文献的数目，且在近年来占绝对优势。这说明我国产业园区的研究主要是基于个体园区的案例分析与经验介绍，以及基于国家层面的宏观论证与思考，体现出该领域研究的精细化和专业化。

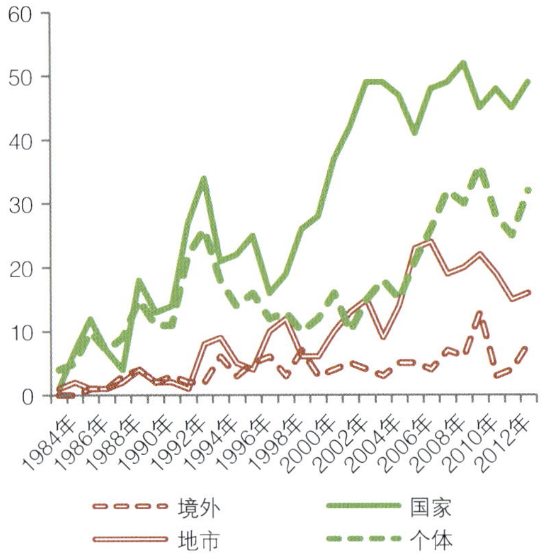

图 2-34　文献写作层次的年代分布

4. 中国产业园区研究的来源期刊

图 2-35 反映了中国产业园区研究 CSSCI 期刊载文数量排名前 15 种 CSSCI 期刊,其刊载的文献数目约占总数的 50%。这 15 种期刊大部分都是科学学,科学管理相关研究的核心期刊,此外还有部分文献发表在宏观经济、城市规划与发

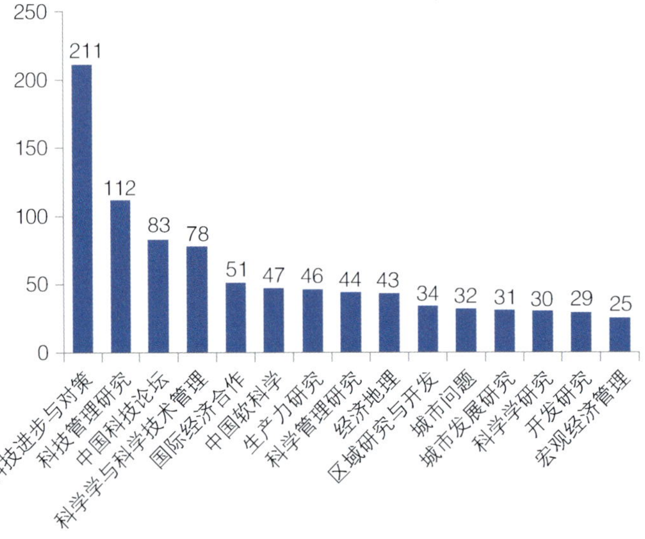

图 2-35　载文数量排名前 15 的 CSSCI 期刊

展有关的核心杂志上。这说明，该领域大多数文献集中发表于少数核心期刊上，表现出布拉德福文献离散规律。

图 2－36 显示了我国产业园区研究 CSSCI 期刊载文数量排名前 10 的发文单位，除中科院外，发文较多的都是国家 985 高校，而且地处北京、上海、天津、南京和武汉等大城市，其属地的产业园区事业相对较发达，彰显出产业园区研究得天独厚的优势。

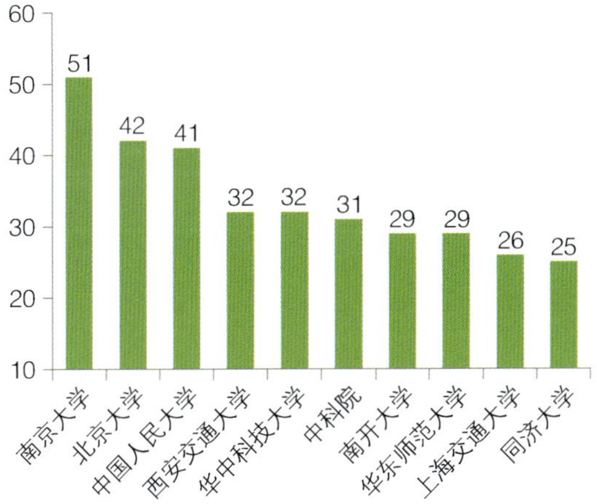

图 2－36　载文数量排名前 10 的发文单位

2.5.3　30 年来中国产业园区研究的主题及其关系

1. 文献主题关键词的解读

通过内容分析，本研究将 1 794 篇文献的主题关键词编码归类，运用定性的因子分析法将文献的主题关键词归纳为 35 个类别。其中，园区法律法规建设、园区内涵与价值、园区发展经验介绍、园区发展思路与对策、指标体系评价的主题关键词主要表现为该领域的基础理论与方法研究，构成该领域学科发展的基石；土地利用、金融支持、经济增长、空间规划、产业规划、招商引资、进出口的主题关键词比较关注产业园区的经济发展，构成产业园区持续发展的基础；创新能力、高新技术与新兴产业、合作创新、创新投入、创新成果、创新环境的主题关键词比较关注创新发展，构成产业园区持续发展的源动力；产业集群、结构优化、区域协调与合作、园区间合作、园内融合的主题关键词比较关注产业合作，构成产业园区持续发展的有效方式；管理体制、现代服务业、平台建设、园内生活服务、人才建设的主题关键词比较关注公共服务，构成产业园区持续发展的支撑条件；绿色园区与循环经济、产城融合、园区文化与软环境建设、农业园区、物流园区、化工园区、文化创意园区的主题关键词比较关注社会发展，构成产业园区持续发展的外延扩张。因此，所涵盖分析的 35 个主题关键词可以划分为理论与方法、经济发展、创新发展、产业合作、公共服务和社会发展 6 个领域。

通过汇总，发现 6 个领域 35 个主题关键词出现的总频次为 3 105 次，每篇平均出现 1.73 次，其中理论与方法领域涉及的频次最多，合计 804 次，占总数的 26%；社会发展涉及的频次最少，合计 333 次，占总数的 11%，见图 2－37。其中，基础理论的研究出现较早且一直是热点，而且近年的研究方法趋于科学化、多元化，因此理论与方法领域涉及频次最多；而公共服务和社会发展这两个领域除园区管理制度主题关键词较早关注外，其余主题关键词的研究出现较晚，有些近年才出现，因此这两个领域涉及的频次相对较少。

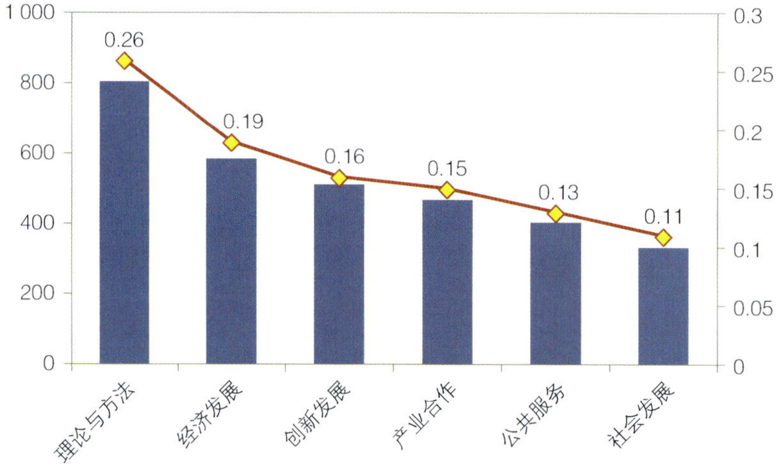

图 2－37　主题关键词涉及的领域分布

2. 文献的主题关键词及其关联性

本研究利用 Ucinet 中的 Netdraw 功能展现高频关键词共现相似矩阵的共现

关系，图 2 - 38 是根据文献主题关键词中心性分析得到的知识图谱。节点为关键词，大小与其在共词网络中出现的频数、在整个网络中的地位作用成正比；节点之间连线表示关键词两两之间的共现关系，连线的粗细表示关键词联系的强弱。网络密度反映的是网络成员联系的紧密程度，密度越大，网络成员之间的关系越密切，通过分析显示，该网络的密度为 0.074，标准差为 0.213，密度水平一般。从图中也可以看出，图谱周围的关键词和图谱中间的关键词连线较多、较粗，而占多数的、分布在图谱边缘的关键词之间的联系则弱得多。图的中心势是对网络整体的聚集度的评价，本研究采用度值中心势描述整体网络的集中程度，分析结果显示共词网络的度值中心势为 0.38，说明该网络具有一定程度的集中趋势。在图谱中，园区发展思路与对策、管理制度、产业集群等在图中处于中心地位，有较多的关键词和其相连。

通过图 2 - 38 分析显示，园区发展思路与对策、管理制度、产业集群、区域协调与合作、园区文化与软环境建设、指标体系评价、绿色园区与循环经济、园区发展经验介绍、合作创新、经济增长、产业规划、创新能力是被集中关注的主题，它们在图中不仅节点圆面积大，占据图的中心位置，且彼此之间以及与其他关键词之间的关联性也强。这说明 30 年来我国产业园区研究的文献内容比较集中地触及这些层面。

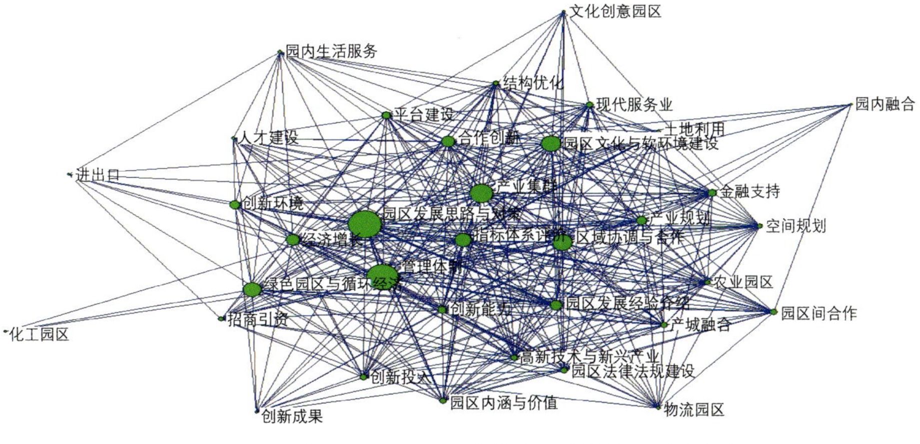

图 2 - 38　中国产业园区研究的主题关键词及其关系

2.5.4　30 年来中国产业园区研究主题的演化

1. 初始培育阶段

初始培育阶段发表文献较少,共计 165 篇,占总数的 9.2%。图 2－39 反映了这一阶段的主题关键词及其关系,可以看出园区发展思路与对策的网络节点最大,处于绝对优势,因此是这一阶段的研究核心。从图 2－39 还可以发现园区内涵价值、管理制度和园区发展经验这三个方面与园区发展思路与对策之间的连线较粗,这说明它们和与园区发展思路与对策的联系较紧密;除此之外,主题关键词进出口、金融支持和园区发展思路与对策也存在一定程度的联系。与核心关键词园区发展思路与对策两种不同程度的关系联结,说明了这一阶段该领域两种不同的研究思路。一是通过园区的理论价值探讨和案例经验总结寻找出路,这符合学者们研究问题的普遍范式;另一个则是通过解读这一阶段国家关于产业园区产品进出口和金融支持的相关优惠政策寻找园区发展的思路与对策,学者们结合当时的政策从税收、人才、土地、金融、出口等方面提出了相关对策。

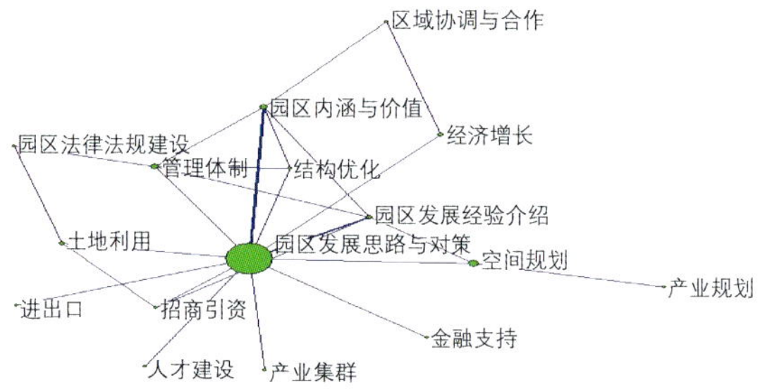

图 2－39　初始培育阶段的主题关键词及其关系

2. 快速成长阶段

快速成长阶段共发表文献 598 篇,占总数的 33.3%。图 2－40 反映了这一阶段的主题关键词及其关系,除园区发展思路与对策、园区内涵与价值和园区发展经验介绍外,还包括管理制度、园区法律法规建设、产业规划、产业集群、结构优化、土地利用以及区域协调与合作等方面。针对这一阶段大量外资涌入产业园区，学者们思考了现有法律法规的不足和传统管理方式的弊端，提出了建设健全的法律法规体系和创新管理方式、管理体制的建议。由于这一阶段园区间招商引资的无序竞争、亚洲金融危机的爆发以及国际形势的改变，学者们提出产业园区应吸引具有产业关联的大量企业入园，形成产业集群，并在此基础上通过产业关联各环节衍生出一批具有分工协作的关联企业，壮大产业集聚，优化产业结构。为防止“开发区热”和促进土地的集约利用，学者们结合国家园区土地政策的要求，利用不同的方法对土地使用进行定量评估分析，并提出了一些产业园区土地集约利用的对策。另外，这一阶段学者们看到了产业园区区域发展不平衡，提出国家应注重园区间区域协调和合作，表现出一定的学术前瞻性。

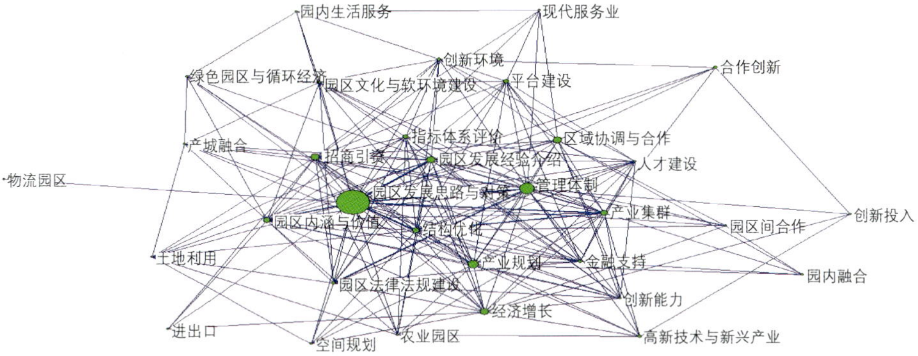

图2-40 快速成长阶段的主题关键词及其关系

3. 稳定发展阶段

稳定发展阶段共发表文献532篇，占总数的29.7%。如图2-41所示，这一阶段延续了园区发展思路与对策、管理制度、区域协调与合作、产业集群等主题，特别突出了合作创新、创新环境、创新投入、创新能力、创新成果等创新发展主题，此外还关注了平台建设、现代服务业、绿色园区与循环经济、园区文化与软环境建设等主题。在创新方面，为顺应国际技术专业新形势的要求，学者们深入思考了先进技术转移、消化吸收和再创新等问题，提出提高企业自主创新、创新合作和知识产权保护的相关措施。在管理制度方面，学者们明确提出了园区平台建设和发展物流、商品检验检测、研发设计等现代生产性服务业的重要性，以促进现代制造业与服务业有机融合、互动发展。在发展方式上，学者们提出应该逐步淘汰园区传统高消耗、高污染、末端治理的生产方式，提出绿色园区和循环经济的发展方式。此外，学者们开始注意到园内软环境建设的重要性，研究主题开始触及园内创新创业氛围、和谐园区、就业与社会保障等方面。

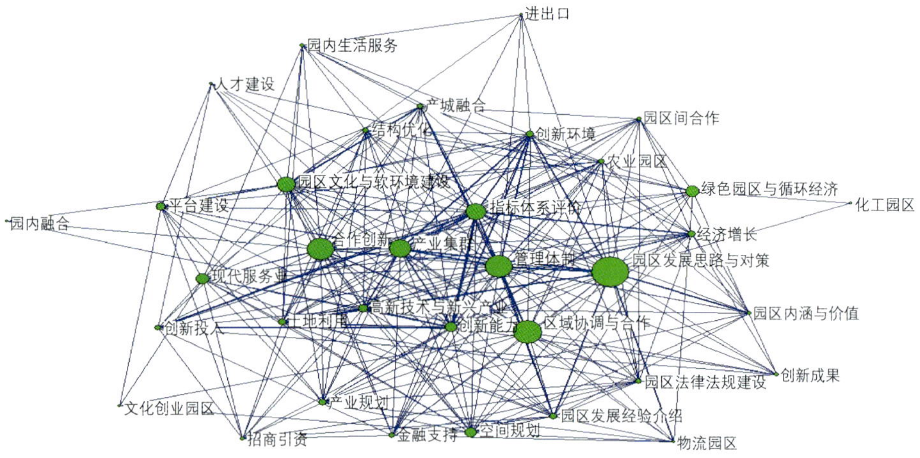

图 2－41　稳定发展阶段的主题关键词及其关系

4. 创新升级阶段

创新升级阶段共发表文献 532 篇，占总数的 27.8%。如图 2－42 所示，这一阶段，除延续前几个阶段园区发展思路与对策、管理制度和园区发展经验介绍等主题外，还特别强调产城融合、园内生活服务等主题。学者们明确指出我国产业园区建设过程中产业发展与城市发展相脱节，提出园区的发展要向多功能综合

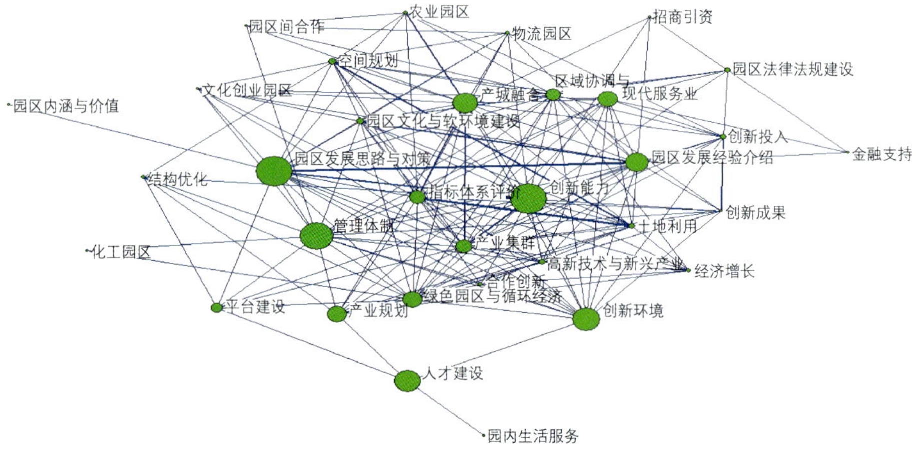

图 2－42　创新升级阶段的主题关键词及其关系

型城区转变，产业新城不仅要注重城市功能的硬环境建设，同时还要强调园区的软环境建设，建设宜工作、宜生活的美丽园区。从图 2－42 还可以看出，这一阶段触及创新能力、管理体制、产业集群、绿色园区与循环经济等主题关键词的频次较多，原因是学者们提出了产业园区应进行“再次创业”，实现新的替代和升级，因而在创新能力、管理制度和产业集群等多方面进行了重新思考。此外，这一阶段触及指标体系评价主题的频次也较多，表明该领域定量研究的文献在增加，体现出研究方法的科学性。

2.5.5　结语

1. 从文献研究的风格来看，30 年来我国产业园区的研究逐步走向合作化、专业化、科学化和精细化。中国产业园区研究多学者合作的文献逐年增多，表明合作研究的现象越来越普遍；文献作者来源由非学术机构向学术机构转变，说明学科建设的规范性和专业性逐步增强；定量研究和特定层次研究的文献逐年增多，表明研究方法趋于科学化，研究领域趋于精细化。

2. 从文献研究的主题来看，30 年来我国产业园区研究共涉及理论与方法、经济发展、创新发展、产业合作、公共服务、社会发展 6 个领域，具体表现为 35 个主题关键词，其中园区发展思路与对策、管理制度、产业集群、区域协调与合作、园区文化与软环境建设、指标体系评价、绿色园区与循环经济、园区发展经验介绍、合作创新、经济增长、产业规划、创新能力是被集中关注的主题。

3. 从文献研究演化的趋势来看，30 年来我国产业园区的研究具有一定的延续性、时代性、前瞻性特征。其中，园区发展思路与对策、管理制度、园区发展经验介绍等主题是各个阶段的研究热点，保持了很好的延续性。同时，不同发展阶段具有不同的研究特色和重心，表现出一定的时代特征和前瞻性。初始培育阶段充分考虑了国家当时政策倾斜的现状。快速成长阶段，针对大量外资涌入产业园区，学者们思考了园区现有管理制度和法律法规的不足，强调园区引进外资时要注意产业集群；还提出了园区的土地利用、区域协调与合作等前瞻性问题。快速发展阶段，为顺应国际技术转移的新形势，学者们提出了园区创新驱动的发展战略;且进一步细化了园区的管理措施和发展方式;同时还注意到园区软环境建设的重要性。创新升级阶段强调了园区建设要注意“产业”和“城市”的融合,延续、升级思考了前几个阶段的研究主题。

第3章

中国产业园区持续发展综合排名分析

本章根据中国产业园区持续发展指标评价体系及 2013 年的采集数据，测算出 2013 年中国国家级产业园区持续发展竞争力总体排名，并对总体排名、均值以上排名、分类指标排名以及 2013 年与 2012 年的排名变动进行分析。

3.1 综合排名与分析

依据产业园区持续发展指标体系及评价工作方法，课题组以中国 482 家国家级园区为对象，针对 20 项指标进行 2013 年数据的搜集与处理，测量其持续发展水平，从而对 2013 年中国国家级产业园区持续发展竞争力进行综合排名，并得到百强榜名单。如表 3－1 所示。

表 3－1　2013 年中国国家级产业园区持续发展竞争力综合排名百强榜

排名	园区	区域	得分	排名	园区	区域	得分
1	北京中关村国家自主创新示范区	东	0.756 4	10	大连经济技术开发区	东	0.414 8
				11	深圳高新技术产业开发区	东	0.412 6
2	上海张江国家自主创新示范区	东	0.598 6	12	漕河泾经济技术开发区	东	0.409 8
				13	成都高新技术产业开发区	西	0.398 3
3	苏州工业园区	东	0.526 6	14	西安高新技术产业开发区	西	0.389 8
4	武汉东湖国家自主创新示范区	中	0.497 7	15	合肥高新技术产业开发区	中	0.386 2
				16	长春高新技术产业开发区	中	0.377 8
5	天津经济技术开发区	东	0.487 8	17	沈阳经济技术开发区	东	0.377 1
6	广州经济技术开发区	东	0.486 1	18	北京经济技术开发区	东	0.377 1
7	青岛经济技术开发区	东	0.444 8	19	烟台经济技术开发区	东	0.374 6
8	武汉经济技术开发区	中	0.437 2	20	长春经济技术开发区	中	0.374 5
9	昆山经济技术开发区	东	0.418 0	21	南京经济技术开发区	东	0.373 6

续表

排名	园区	区域	得分	排名	园区	区域	得分
22	南京国家高新技术产业开发区	东	0.3714	49	温州经济技术开发区	东	0.2926
				50	济宁高新技术产业开发区	东	0.2926
23	广州南沙经济技术开发区	东	0.3606	51	威海火炬高技术产业开发区	东	0.2924
24	长沙高新技术产业开发区	中	0.3603				
25	苏州国家高新技术产业开发区	东	0.3495	52	芜湖经济技术开发区	中	0.2924
				53	沈阳高新技术产业开发区	东	0.2923
26	合肥经济技术开发区	中	0.3477	54	廊坊经济技术开发区	东	0.2917
27	青岛高新技术产业开发区	东	0.3453	55	贵阳高新技术产业开发区	西	0.2913
28	天津滨海高新技术产业开发区	东	0.3449	56	徐州经济技术开发区	东	0.2871
				57	潍坊高新技术产业开发区	东	0.2867
29	西安经济技术开发区	西	0.3404	58	珠海高新技术产业开发区	东	0.2857
30	杭州高新技术产业开发区	东	0.3380	59	乌鲁木齐经济技术开发区	西	0.2840
31	南昌经济技术开发区	中	0.3377	60	佛山高新技术产业开发区	东	0.2832
32	哈尔滨经济技术开发区	中	0.3365	61	保定高新技术产业开发区	东	0.2799
33	宁波经济技术开发区	东	0.3339	62	西宁经济技术开发区	西	0.2799
34	郑州高新技术产业开发区	中	0.3318	63	江阴高新技术产业开发区	东	0.2790
35	惠州仲恺高新技术产业开发区	东	0.3304	64	南宁高新技术产业开发区	西	0.2776
				65	营口经济技术开发区	东	0.2757
36	郑州经济技术开发区	中	0.3288	66	吉林高新技术产业开发区	中	0.2748
37	成都经济技术开发区	西	0.3254	67	昆山高新技术产业开发区	东	0.2742
38	长沙经济技术开发区	中	0.3209	68	扬州经济技术开发区	东	0.2740
39	常州国家高新技术产业开发区	东	0.3188	69	镇江经济技术开发区	东	0.2735
				70	惠州大亚湾经济技术开发区	东	0.2723
40	无锡国家高新技术产业开发区	东	0.3137				
				71	淄博高新技术产业开发区	东	0.2704
41	南通经济技术开发区	东	0.3122	72	连云港经济技术开发区	东	0.2702
42	厦门火炬高技术产业开发区	东	0.3105	73	嘉兴经济技术开发区	东	0.2701
				74	潍坊滨海经济技术开发区	东	0.2672
43	兰州经济技术开发区	西	0.3087	75	绵阳高新技术产业开发区	西	0.2667
44	宁波高新技术产业开发区	东	0.3087	76	南昌高新技术产业开发区	中	0.2662
45	贵阳经济技术开发区	西	0.2990	77	太原高新技术产业开发区	中	0.2658
46	马鞍山经济技术开发区	中	0.2985	78	福州经济技术开发区	东	0.2657
47	中山火炬高技术产业开发区	东	0.2961	79	昆明高新技术产业开发区	西	0.2657
				80	襄阳高新技术产业开发区	中	0.2651
48	济南高新技术产业开发区	东	0.2938	81	湘潭高新技术产业开发区	中	0.2639

续表

排名	园区	区域	得分	排名	园区	区域	得分
82	宝鸡高新技术产业开发区	西	0.263 6	93	上海金桥出口加工区	东	0.250 5
83	哈尔滨高新技术产业开发区	中	0.262 5	94	德阳经济技术开发区	西	0.250 5
84	烟台高新技术产业开发区	东	0.260 7	95	大庆高新技术产业开发区	中	0.250 3
85	芜湖高新技术产业开发区	中	0.257 7	96	包头稀土高新技术产业开发区	西	0.250 1
86	秦皇岛经济技术开发区	东	0.255 9				
87	宁波大榭开发区	东	0.254 1	97	乌鲁木齐高新技术产业开发区	西	0.249 5
88	厦门海沧台商投资区	东	0.253 3				
89	兰州高新技术产业开发区	西	0.253 2	98	威海经济技术开发区	东	0.248 0
90	东营经济技术开发区	东	0.253 1	99	临沂经济技术开发区	东	0.247 8
91	宁波石化经济技术开发区	东	0.252 7	100	上海紫竹高新技术产业开发区	东	0.247 1
92	江宁经济技术开发区	东	0.252 6				

3.1.1　持续发展综合排名总体状况分析

——百强榜中第 1 名北京中关村国家自主创新示范区得分具有绝对优势，其余相邻排名产业园区之间的差距较小。从百强榜单可以看到，前 3 名园区均来自东部地区，北京中关村国家自主创新示范区位居榜首，上海张江国家自主创新示范区位列第 2，苏州工业园区排在第 3 名。从具体得分可知，北京中关村国家自主创新示范区具有绝对优势，高出第 2 名上海张江国家自主创新示范区 0.157 8，是苏州工业园区的 1.44 倍，上海张江国家自主创新示范区与苏州工业园区之间的得分差距较小。除第 1 名与第 2 名之间的总体得分差距较大以外，其余相邻排名产业园区之间的总体得分差距都非常小。

——综合排名百强榜前 10 强中，东部产业园区排名和得分均占绝对优势。综合排名百强榜前 10 强的产业园区中，东部产业园区占据 8 个位置，名列第 4 名和第 8 名的园区分别为中部武汉东湖国家自主创新示范区和武汉经济技术开发区。从前 10 强总体得分情况来看，总得分共为 5.068 1，平均得分为 0.506 8。其中，东部产业园区的总体得分共为 4.133 2，占前 10 强总得分的 81.6%，见图 3 - 1；东部产业园区平均得分为 0.516 6，高于前 10 强的平均得分，而中部园区的平均得分为 0.467 5，低于平均得分，见图 3 - 2。可以看出，综合排名百强榜前 10 强

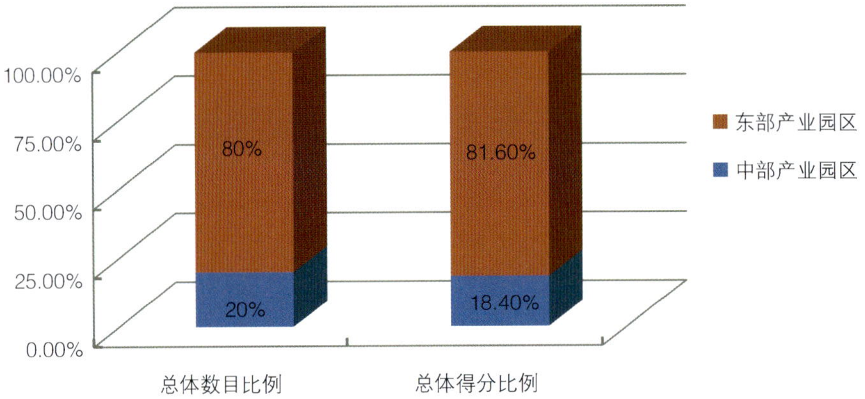

图 3－1　综合排名前 10 强产业园区区域总体数目比例和总体得分比例比较

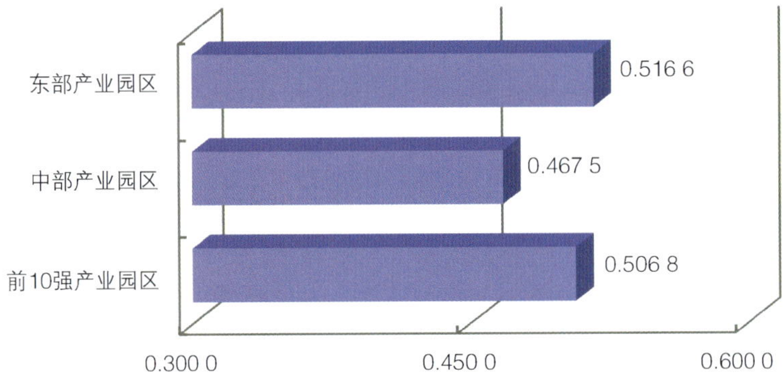

图 3－2　综合排名前 10 强产业园区区域平均得分比较

的产业园区中，东部产业园区排名和得分均占绝对优势。

——综合排名百强榜前 10 强中，经开区具有排名数量优势，高新区具有平均得分优势。从产业园区的类别来看，在综合排名百强榜前 10 强的产业园区中，经开区有 7 个，高新区为 3 个，经开区数量高于高新区；从具体得分来看，在前 10 强产业园区中，经济技术开发区的总体得分占前 10 强总体得分的 63.4%，高新区占 36.6%。可以看出，在 10 强园区中，高新区总体得分所占比例低于经开区所占比例，见图 3－3。前 10 强中，高新区的平均得分为 0.618，高于前 10 强产业园区的平均得分 0.506 8；经开区的平均得分为 0.459 3，低于前 10 强产业园区的平均得分，见图 3－4。这表明，综合排名前 10 强产业园区中，虽然高新区数量少于经开区，但是高新区的平均持续竞争力高于经开区。

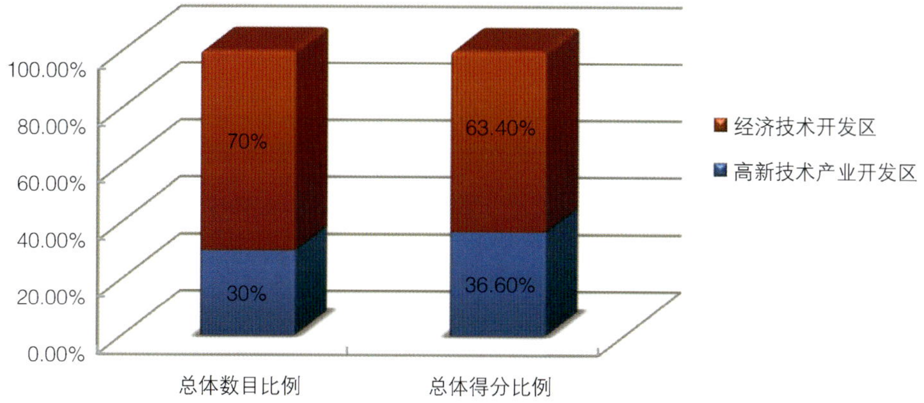

图3-3 综合排名前10强产业园区类别数目比例与得分比例比较

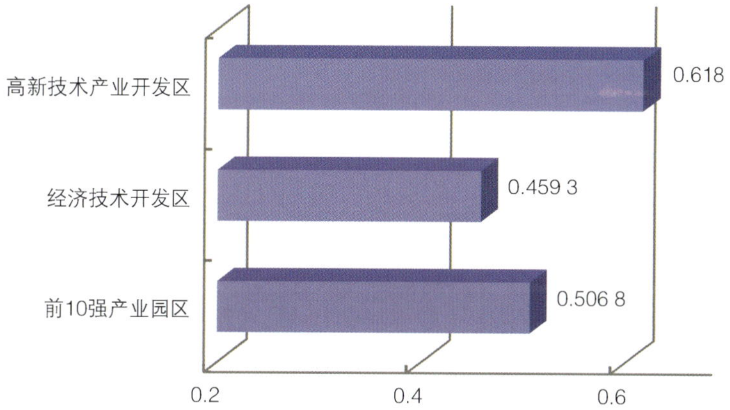

图3-4 综合排名前10强产业园区类别平均得分比较

3.1.2 持续发展综合排名区域状况分析

——**综合排名百强榜中，东部产业园区不仅占据数量优势，而且具有得分优势。**从2013年中国国家产业园区持续发展竞争力百强榜的区域数目分布来看，东部产业园区为61个，中部产业园区22个，西部产业园区17个，东部高于中西部总和。从得分总值来看，东部产业园区为20.038，占总体得分的62.3%；中部产业园区为7.134 3，占总体得分的22.2%；西部产业园区为4.993 7，占总体得分的15.5%。可以看出，区域得分比例的分布与区域数目比例的分布基本相当，见图3-5。从平均得分来看，东部产业园区和中部产业园区平均得分为0.328 5、

0.324 3，均高于百强榜平均值 0.321 7；西部产业园区平均得分为 0.293 7，低于百强榜平均值，见图 3－6。

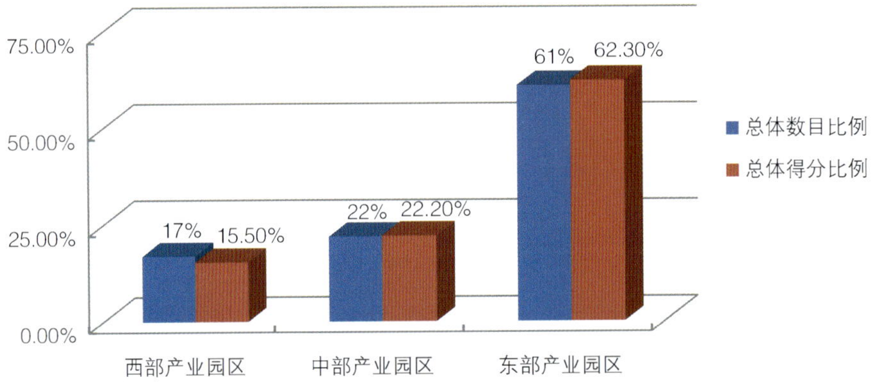

图 3－5　综合排名百强榜产业园区区域数目比例与得分比例比较

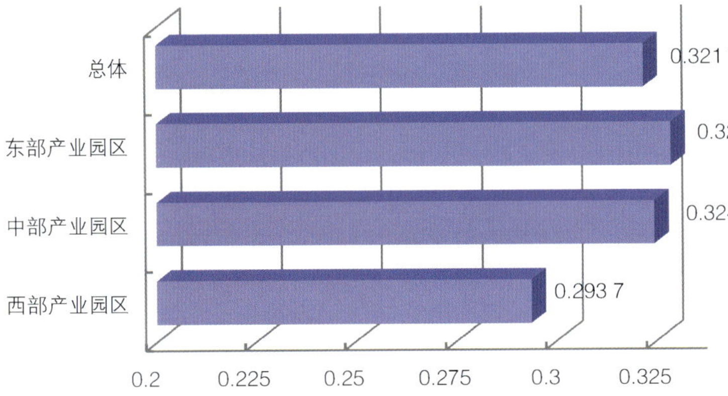

图 3－6　综合排名百强榜产业园区不同区域平均得分比较

——综合排名百强榜中，东部产业园区名次差距和得分差距均大于中西部产业园区。从变异系数来看，东部产业园区得分的变异系数为 0.283 4，高于百强榜总体得分的变异系数 0.253；中部产业园区和西部产业园区得分的变异系数分别为 0.197 3、0.156 8，均低于百强榜总体得分的变异系数，见图 3－7。这说明相比较而言，东部产业园区间的持续发展竞争力差异较大，分布较离散。从百强榜中也可以看出，东部产业园区虽然在前 10 强中占到 8 个，但是在第 91 名到第 100 名的最后 10 名中也有 6 个，其中，第 98、99、100 名均来自东部地区。而西部

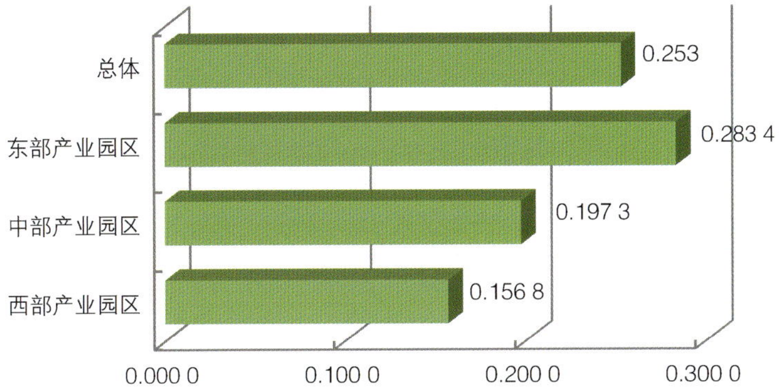

图3-7　综合排名百强榜不同区域产业园区得分的变异系数比较

产业园区得分的变异系数最小，说明西部产业园区之间的持续发展竞争力差异较小，从排行榜中也可以看出，除成都和西安的几个产业园区外，其余西部产业园区排名都比较靠后。

——综合排名百强榜中，东部产业园区持续发展优势高于中西部产业园区。在2013年中国所有国家级产业园区中，经济技术开发区与高新技术产业开发区的总体数目为324个，其中东部150个，占总数的46.3%；中部96个，占总数的29.6%；西部78个，占总数的24.1%。但在百强榜区域数目分布中，东部园区占61%，高于应有的比例；而中部产业园区和西部产业园区在百强榜中所占的比例分别分22%、17%，都低于各自应有的比例，见图3-8。这也进一步说明，东部产业园区的持续发展优势高于中西部产业园区。

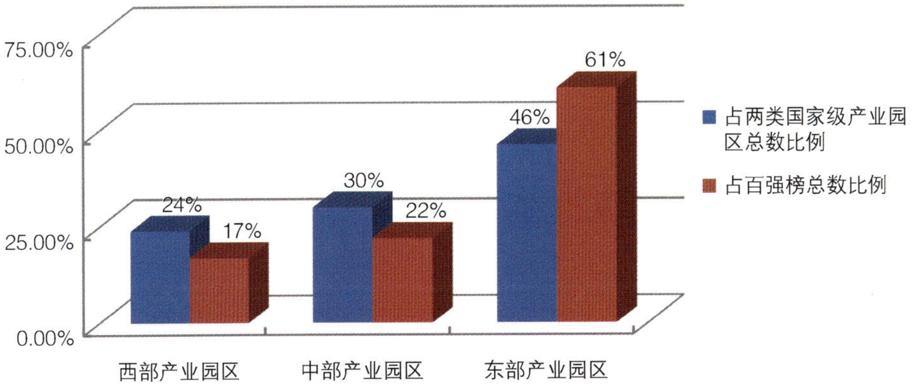

图3-8　2013年中国国家级园区区域数目分布与百强榜分布比较

——产业园区与区域经济增长息息相关。从经济发展总量来看，2013 年，东部地区 GDP 占全国 GDP 总量的 56.4%，中、西部地区 GDP 分别占全国 GDP 总量的 27.5%和 16.1%。在百强榜中，东部产业园区得分占百强榜总体得分的 62.3%，中部产业园区得分占百强榜总体得分的 22.2%，西部产业园区得分占百强榜总体得分的 15.5%，见图 3－9。这表明，产业园区的发展和区域经济发展息息相关。

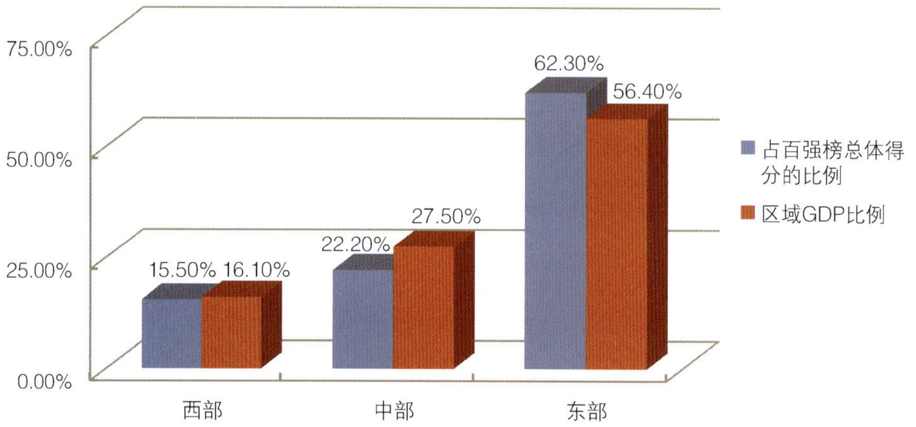

图 3－9　2013 年国家级产业园区区域总体得分比例与区域 GDP 比例比较

3.1.3　持续发展综合排名类别状况分析

——综合排名百强榜中，经开区与高新区百强榜各占 50 家，但经开区的总体得分略高于高新区。从园区类别来看，百强榜产业园区为高新区和经开区两大类。其中高新区为 50 个，经开区也为 50 个，绝对数量上持平。从得分总值来看，高新区 15.998 8，占百强榜总体得分的 49.7%；经开区为 16.167 2，占百强榜总体得分的 50.3%，与两类产业园区数目比例的分布基本相当，见图 3－10。从平均得分来看，高新区平均得分为 0.32，略低于百强榜平均得分 0.321 7；经开区平均得分为 0.323 2，略高于百强榜平均得分，见图 3－11。可以看出，经开区的平均发展优势略高于高新区。

——综合排名百强榜中，高新区的持续发展差异程度大于经开区。从变异系数来看，高新区得分的变异系数为 0.286，高于百强榜总体得分的变异系数

0.253;经开区得分的变异系数为 0.219,低于百强榜总体得分的变异系数,见图 3－12。这表明,相比较而言,百强榜中高新区之间的持续发展水平差异较大,而经开区持续发展水平的差异相对较小。

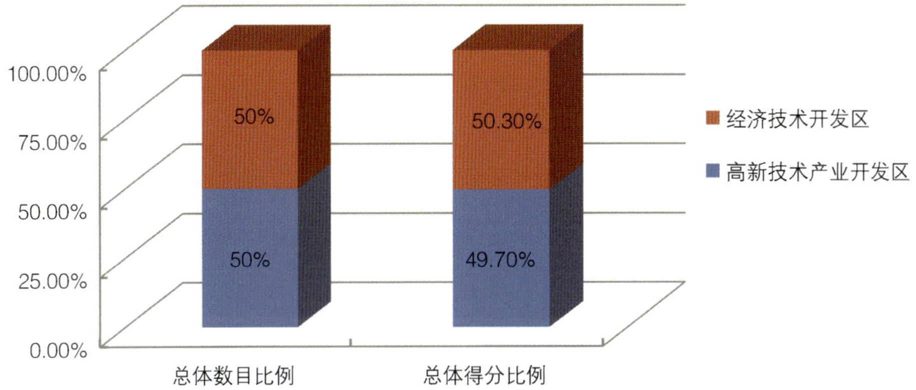

图 3－10　综合排名百强榜产业园区类别数目比例与得分比例比较

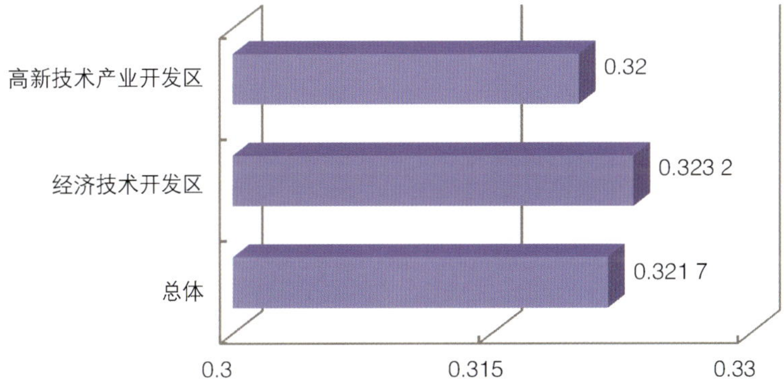

图 3－11　综合排名百强榜不同类别产业园区平均得分比较

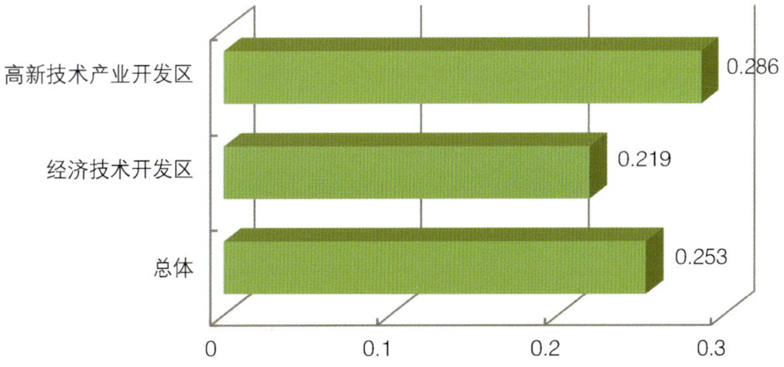

图 3－12　综合排名百强榜不同类别产业园区得分的变异系数比较

3.2 均值以上产业园区分析

3.2.1 总体状况分析

——百强榜产业园区在持续发展竞争力方面具有前位集中的趋势。依据2013年中国国家产业园区持续发展竞争力百强榜信息，测算百强榜产业园区总体得分均值为0.321 7，其中得分在均值以上的园区有37家，得分在均值以下的产业园区有63家。均值以上产业园区的得分总值为14.82，占百强榜得分总值的46.1%；均值以下产业园区的得分总值为17.35，占百强榜得分总值的53.9%，见图3-13。从平均得分来看，均值以上产业园区的平均得分为0.400 5，远高于百强榜总体得分均值；均值以下产业园区的平均得分仅为0.275 4，见图3-14。

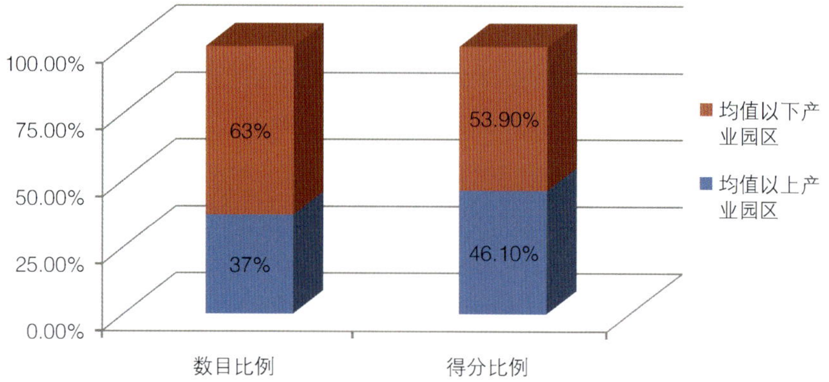

图3-13 均值上下产业园区数目比例和得分比例

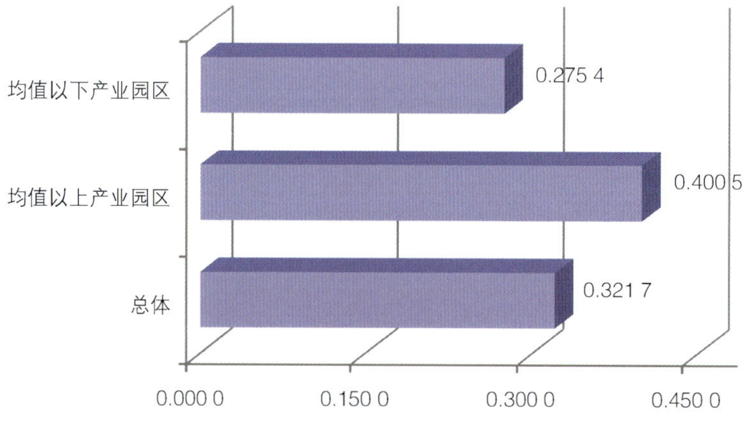

图3-14 综合排名百强榜均值上下产业园区平均得分比较

可以看出，百强榜中的产业园区在持续发展竞争力方面具有前位集中的趋势。

3.2.2　区域状况分析

——百强榜均值以上的产业园区中，东部产业园区仍占据排名数量优势和得分优势。 百强榜得分在均值以上的产业园区为 37 家，其中，东部产业园区为 22 家，占均值以上产业园区总数的 59.5%，与百强榜东部园区占总体园区的比例相当，说明东部园区的排名分布较平均；均值以上中部产业园区占均值以上产业园区的 29.7%，高于百强榜中东部产业园区占总体园区的比例，说明中部地区在高质量产业园区中，数量上具有较高的比重，其中武汉东湖国家自主创新示范区和武汉经济技术开发区，均进入 10 强；而西部园区仅有 4 家，占均值以上园区的比例仅为 10.8%，低于百强榜西部园区占总体园区的比例 18%，表明西部园区的排名集中在均值以下，见图 3 - 15。从具体得分来看，百强榜园区均值以上的东部产业园区的得分均值为 0.419 6，高于均值以上园区的平均得分 0.400 5；中部产业园区与西部产业园区得分均值分别为 0.374 2 和 0.364 5，均低于均值以上园区的平均得分，见图 3 - 16。从这一点也可以看出，在高质量产业园区中，东部园区具有较强的持续发展优势。

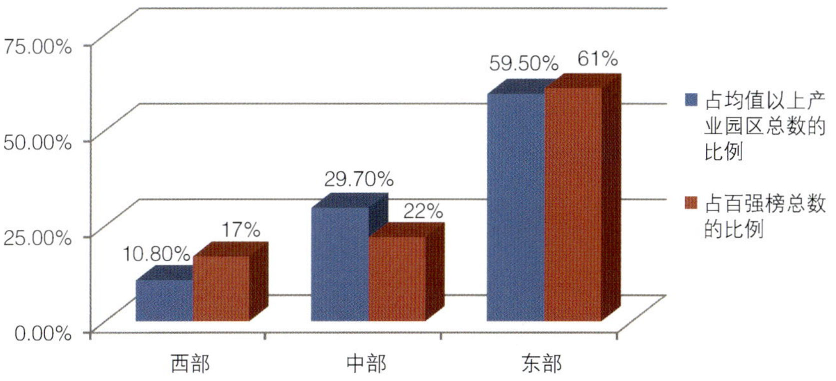

图 3 - 15　得分均值以上产业园区区域分布与百强榜区域分布比较

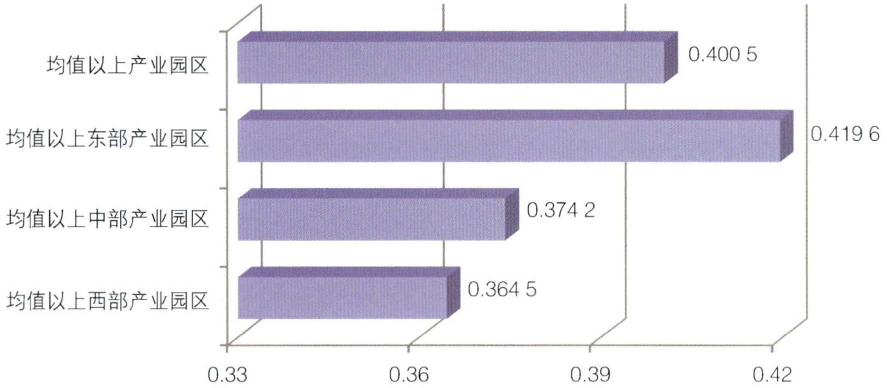

图 3－16　均值以上产业园区不同区域平均得分比较

3.2.3　类别状况分析

——百强榜均值以上的产业园区中，经开区具有排名数量优势，但高新区仍有平均得分优势。百强榜均值以上的产业园区中，经开区为 21 家，占均值以上园区的比例为 56.8%，高于百强榜经开区占总体产业园区的数目比例 50%，这表明在高质量园区中，经开区所占的比例较高；而得分在均值以上的产业园区中，高新区 16 家，占均值以上园区的比例为 43.2%，低于百强榜高新区占总体园区的数目比例 50%，表明在百强榜的均值以上高质量园区中，经开区具有数量优势，见图 3－17。而从具体得分来看，百强榜得分在均值以上的园区中，经开区的得分均值为 0.391 1，低于均值以上园区的平均得分 0.400 5；高新区得分均值为

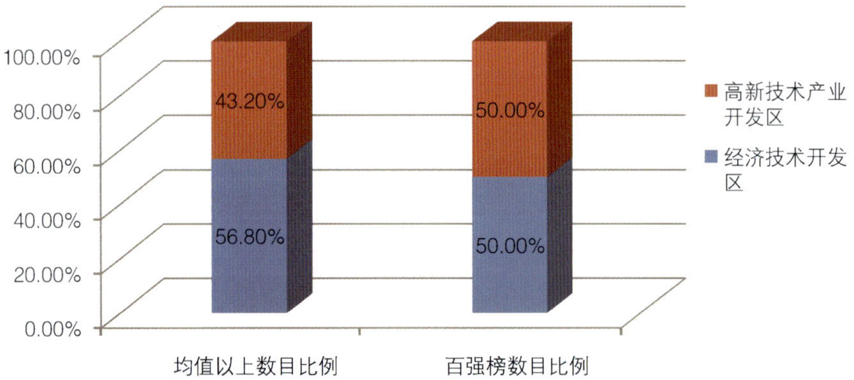

图 3－17　均值以上产业园区类别数目分布与百强榜类别数目分布比较

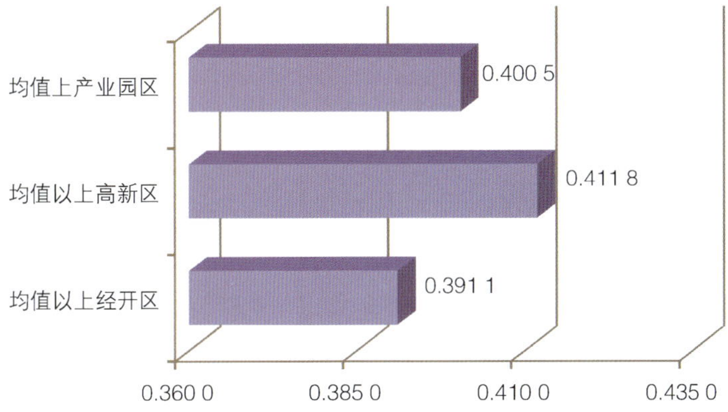

图 3 - 18　均值以上产业园区不同类别平均得分比较

0.4118，高于均值以上园区的平均得分，见图 3 - 18。可见，虽然经开区在高质量园区数目上具有优势，但在具体得分比较上，均值以上高新区得分高于经开区。这也表明，高新区虽然在高质量园区中数目所占的比例相对较小，但质量更高，具有相对较强的持续竞争优势。

3.3　具体指标排名分析

3.3.1　经济发展指标排名分析

——经济发展指标第 1 名北京中关村国家自主创新示范区得分仍具有绝对优势，其余相邻名次间差距较小，呈现连续性分布特征。从经济发展指标前 20 强排名与得分可以看出，经济发展指标前 3 名分别是北京中关村国家自主创新示范区、天津经济技术开发区和武汉经济技术开发区，见表 3 - 2。北京中关村国家自主创新示范区仍以 0.1941 的绝对得分优势雄踞百强第 1 位，是第 2 名天津经济技术开发区的 1.34 倍，而天津经济技术开发区与武汉经济技术开发区之间的差距较少。除第 1 名与第 2 名之间的得分差距较大外，其余相邻名次之间的得分差距非常小，呈现连续性分布特征，见图 3 - 19。

表 3－2　2013 年中国国家级产业园区经济发展持续竞争力前 20 强排名

排名	园区	得分	排名	园区	得分
1	北京中关村国家自主创新示范区	0.194 1	11	青岛经济技术开发区	0.093 3
2	天津经济技术开发区	0.144 5	12	温州经济技术开发区	0.089 3
3	武汉经济技术开发区	0.129 8	13	西安高新技术产业开发区	0.082 5
4	上海张江国家自主创新示范区	0.123 5	14	西安经济技术开发区	0.081 7
5	苏州工业园区	0.114 5	15	武汉东湖国家自主创新示范区	0.080 7
6	广州经济技术开发区	0.105 0	16	江阴高新技术产业开发区	0.079 9
7	昆山经济技术开发区	0.104 9	17	烟台经济技术开发区	0.077 9
8	兰州经济技术开发区	0.096 2	18	大连经济技术开发区	0.071 8
9	昆山高新技术产业开发区	0.096 1	19	惠州仲恺高新技术产业开发区	0.070 5
10	广州南沙经济技术开发区	0.093 6	20	南京经济技术开发区	0.069 4

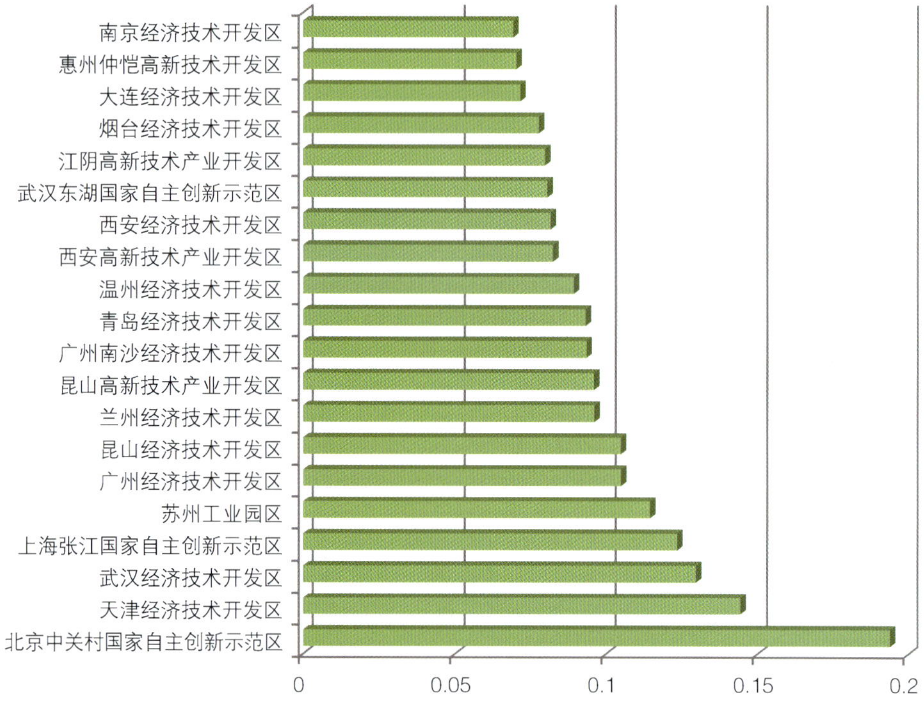

图 3－19　经济发展指标前 20 强产业园区得分

——经济发展指标排名居前的主要原因在于园区经济体量较大、经济增速较快。第 1 名北京中关村国家自主创新示范区经济发展指标不仅经济体量较大，而且也具有较快的增长速度，2013 年实现总收入超过 3.05 万亿元，同比增长 20% 以上；上缴税收 150 6.63 亿元，居第 1 名；工业总产业值为 7 890 亿元，仅次于天津经济技术开发区；出口总额为 336.17 亿美元，仅次于苏州工业园和昆山经济技术开发区。第 2 名天津经济技术开发区 2013 年的工业总产值为 8 069 亿元，位居第 1；园区 GDP、上缴税收分别 2 502 亿元、446 亿元，均位于前列；此外，与 2012 年相关经济指标相比较，工业总产值和上缴税收增速都较快。第 3 名武汉经济技术开发区位于中部，其经济体量虽未居前列，但其指标大幅度增长，其中工业总产值增加 100% 以上。兰州经济技术开发区能够进入经济发展指标排名前 20 名，主要是因为其经济发展指标增长幅度较大，其中工业总产值增加了 67%，出口增加了 100% 以上。从表 2－2 可以看出，百强榜总体排名前 20 位的产业园区中有 7 个园区（深圳高新技术产业开发区、漕河泾经济技术开发区、成都高新技术产业开发区、合肥高新技术产业开发区、长春经济技术开发区、长春高新技术产业开发区、沈阳高新技术产业开发区）没有进入经济发展指标排名前 20 名，其主要原因都可以归为这些产业园区或者经济体量不居前列，或者经济增长幅度较小。在经济发展指标排行前 20 名产业园区中，仅有 4 个园区来自中西部，说明在经济发展指标上，东部产业园区仍具有绝对优势。

3.3.2　创新发展指标排名分析

——创新发展指标第 1 名北京中关村国家自主创新示范区得分仍具有绝对优势，创新发展指标前 20 名得分可以分为三个梯队，其中北京中关村国家自主创新示范区、武汉东湖国家自主创新示范区和上海张江国家自主创新示范区为第一梯队。从创新发展指标前 20 强排名与得分可以看出，创新发展前 3 名分别是北京中关村国家自主创新示范区、武汉东湖国家自主创新示范区和上海张江国家自主创新示范区，见表 3－3。北京中关村国家自主创新示范区仍以 0.168 3 的绝对得分优势雄踞榜首，是第 2 名武汉东湖国家自主创新示范区的 1.45 倍，而第 2 名和第 3 名之间的得分差距较小。图 3－20 将创新发展指标得分划分为 3 个层次，其中前 3 名为第 1 层次；第 4～7 名属于第 2 个层次；第 8～20 名为第 3 个层次。第 1 层次的 3 个园区均为国家自主创新示范区，不仅创新资源雄厚，创新平台较多，而且创新成果丰富。西部南宁高新技术产业开发区和中部南昌高

表 3-3　2013 年中国国家级产业园区创新发展持续竞争力前 20 强排名与得分

排名	园区	得分	排名	园区	得分
1	北京中关村国家自主创新示范区	0.1683	11	沈阳高新技术产业开发区	0.0399
2	武汉东湖国家自主创新示范区	0.1160	12	芜湖经济技术开发区	0.0388
3	上海张江国家自主创新示范区	0.1005	13	漕河泾经济技术开发区	0.0385
4	苏州工业园区	0.0785	14	广州经济技术开发区	0.0368
5	杭州高新技术产业开发区	0.0768	15	长春高新技术产业开发区	0.0346
6	南昌经济技术开发区	0.0700	16	南京国家高新技术产业开发区	0.0325
7	南宁高新技术产业开发区	0.0579	17	合肥经济技术开发区	0.0323
8	大连经济技术开发区	0.0435	18	兰州经济技术开发区	0.0305
9	青岛经济技术开发区	0.0434	19	桂林高新技术产业开发区	0.0274
10	南京经济技术开发区	0.0418	20	哈尔滨利民经济技术开发区	0.0271

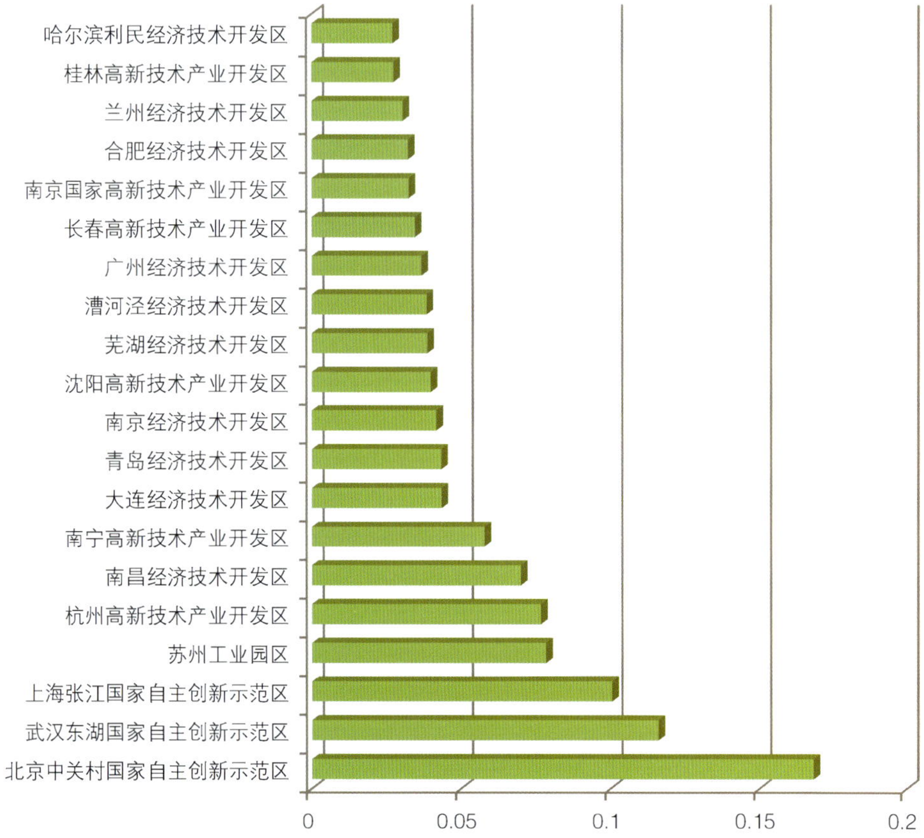

图 3-20　创新发展指标前 20 强产业园区得分

新技术产业开发区能进入第 2 个层次，主要原因是创新资源和创新平台指标排名比较靠前。南宁高新技术产业开发区地处广西科技资源密集区中心，聚集了 37 所大中专院校和科研机构，建有 3 个国家级现代产业示范基地（国家火炬计划软件产业基地、国家 863 计划生物产业基地、国家电子商务示范基地）；拥有国家认可检测（测试）实验室 5 家，国际认证实验室 1 家，国家认定企业技术中心 1 家，国家级工程技术研究中心 1 家；2013 年 2 月，国家科技部正式批复同意南宁高新区创新型特色园区建设方案，标志着南宁高新区建设发展步入新里程，创新型特色园区建设工作正式启动。南昌高新技术产业开发区拥有大中专院校 35 所和近 20 万的技术创新人才，每年都有一大批的科研成果诞生。第 3 层次主要是一些势力雄厚的产业园区，和一些集聚区域创新资源和创新平台较多的产业园区。从产业园区持续发展角度考虑，园区创新发展的持续性不仅取决于园区的创新成果，还依赖于园区的创新资源和创新平台。

——创新发展指标排名居前的主要原因在于园区创新资源和创新平台较多、创新成果较丰富。百强榜总体排名前 20 位产业园区中有 9 个园区（武汉经济技术开发区、昆山经济技术开发区、深圳高新技术产业开发区、成都高新技术产业开发区、西安高新技术产业开发区、合肥高新技术产业开发区、北京经济技术开发区、烟台经济技术开发区、长春经济技术开发区）没有进入创新发展指标排名前 20 位，其主要原因一方面是经济技术开发区偏向经济发展，创新发展薄弱；另一方面是高新技术产业开发区创新发展不均衡，创新资源、创新平台与创新成果之间不能彼此兼顾。

3.3.3　产业合作指标排名分析

——产业合作指标第 1 名仍为北京中关村国家自主创新示范区，但是得分优势不明显，产业合作指标前 20 名得分可以分为两个梯队，其中，北京中关村国家自主创新示范区、上海张江国家自主创新示范区和深圳高新技术产业开发区第 1 梯队。从产业合作指标前 20 强排名与得分可以看出，产业合作前 3 名分别是北京中关村国家自主创新示范区、上海张江国家自主创新示范区和深圳高新技术产业开发区，见表 3－4。在产业合作指标上，虽然北京中关村国家自主创新示范区仍然排名第 1，但得分优势并没有显现，略高于深圳高新技术产业开发区。图 3－21 将产业合作指标排名分成两个层次，前 3 名为第 1 层次，第 4～20 名为第 2 层次。第 1 层次的产业合作指标得分明显优于其余产业园区，其中深圳高新技术产业开发区在产业集聚方面集聚了近 400 家国家高新技术企业和近 300

表 3－4　2013 年中国国家级产业园区产业合作持续竞争力前 20 强排名与得分

排名	园区	得分	排名	园区	得分
1	北京中关村国家自主创新示范区	0.1704	11	郑州经济技术开发区	0.1208
2	上海张江国家自主创新示范区	0.1596	12	威海火炬高技术产业开发区	0.1208
3	深圳高新技术产业开发区	0.1458	13	宁波高新技术产业开发区	0.1204
4	厦门火炬高技术产业开发区	0.1267	14	福清融侨经济技术开发区	0.1204
5	广州经济技术开发区	0.1263	15	青岛高新技术产业开发区	0.1200
6	漕河泾经济技术开发区	0.1254	16	重庆经济技术开发区	0.1189
7	太原高新技术产业开发区	0.1238	17	长沙高新技术产业开发区	0.1169
8	长春经济技术开发区	0.1217	18	烟台经济技术开发区	0.1168
9	马鞍山经济技术开发区	0.1217	19	惠州仲恺高新技术产业开发区	0.1160
10	武汉东湖国家自主创新示范区	0.1215	20	昆山经济技术开发区	0.1155

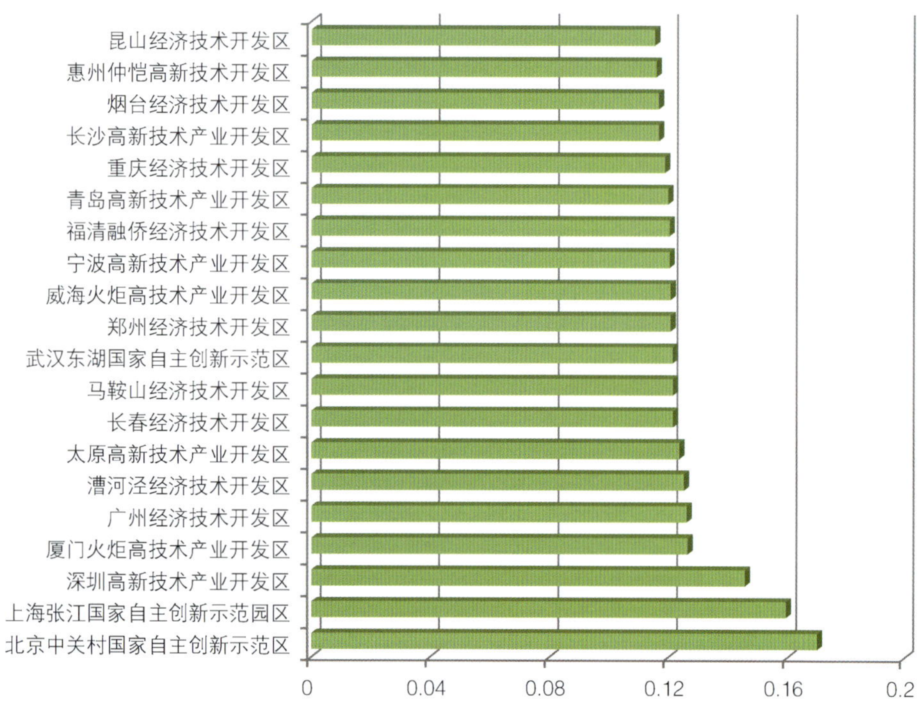

图 3－21　产业合作指标前 20 强产业园区得分

家规模以上企业，有 80 多家上市公司；在产业合作方面，深圳高新技术产业开发区形成了以市场为导向、企业为主体、产学研结合的区域创新体系。第 2 层次的产业合作指标得分差距较少，基本呈连续分布态势。

——产业合作指标排名居前的主要原因在于园区产业集聚度较高，园区内、外部合作频繁。百强榜总体排名前 20 名产业园区中有 11 个园区（苏州工业园区、天津经济技术开发区、青岛经济技术开发区、大连经济技术开发区、成都高新技术产业开发区、西安高新技术产业开发区、合肥高新技术产业开发区、长春高新技术产业开发区、沈阳高新技术产业开发区、北京经济技术开发区、沈阳经济技术开发区）没有进入产业合作指标排名前 20 名，其主要原因一方面可能是由于产业园区企业集聚度不高，园内上市公司数量较少，另一方面，可能是产业园区内外部合作强度不高。

3.3.4　公共服务指标排名分析

——公共服务指标第 1 名为合肥高新技术产业开发区，而且指标得分占据优势，其余相邻名次园区之间的得分差距都较小，呈现连续性分布特征。从公共服务指标前 20 强排名与得分可以看出，公共服务前 3 名分别是合肥高新技术产业开发区、成都高新技术产业开发区和珠海经济技术开发区，见表 3－5。合肥高新技术产业开发区在公共服务指标居第 1 名，而且与第 2 名之间还有一定差距，其得分高出第 2 名 20%，见图 3－22。公共服务指标排名前 20 名的产业园区很多都是一些综合排名较后的产业园区，这说明一些在综合排名相对靠后的产业园区更加注重园区的公共服务，通过提高公共服务质量来弥补园区其他条件的不足。近年来，合肥高新区持续加大对创新型项目和企业的扶持力度，设立科技创新产业化基金、创业投资引导基金，支持企业上市，设立和引进了多家创投机构、担保公司和小额贷款公司，积极争取进入非上市股份公司股份报价转让系统（新三板），深入推进国家科技保险试点园区建设，探索专利权质押融资，建立了以政府投入为引导，企业、社会投入为主体的市场化投融资体系。公共服务指标具体得分除第 1 名和第 2 名之间存在较大差距外，其余相邻名次园区之间的得分差距都较小，呈现连续性分布特征。

表 3-5　2013 年中国国家级产业园区公共服务持续竞争力前 20 强排名与得分

排名	园区	得分	排名	园区	得分
1	合肥高新技术产业开发区	0.1096	11	江门高新技术产业开发区	0.0780
2	成都高新技术产业开发区	0.0914	12	萧山经济技术开发区	0.0773
3	珠海经济技术开发区	0.0905	13	漕河泾经济技术开发区	0.0761
4	深圳高新技术产业开发区	0.0863	14	兰州经济技术开发区	0.0759
5	广州经济技术开发区	0.0805	15	北京经济技术开发区	0.0754
6	北京中关村国家自主创新示范区	0.0804	16	中山火炬高技术产业开发区	0.0743
7	宁波经济技术开发区	0.0791	17	廊坊经济技术开发区	0.0743
8	上海张江国家自主创新示范区	0.0786	18	成都经济技术开发区	0.0734
9	哈尔滨经济技术开发区	0.0784	19	珠海高新技术产业开发区	0.0723
10	广州南沙经济技术开发区	0.0780	20	天津经济技术开发区	0.0721

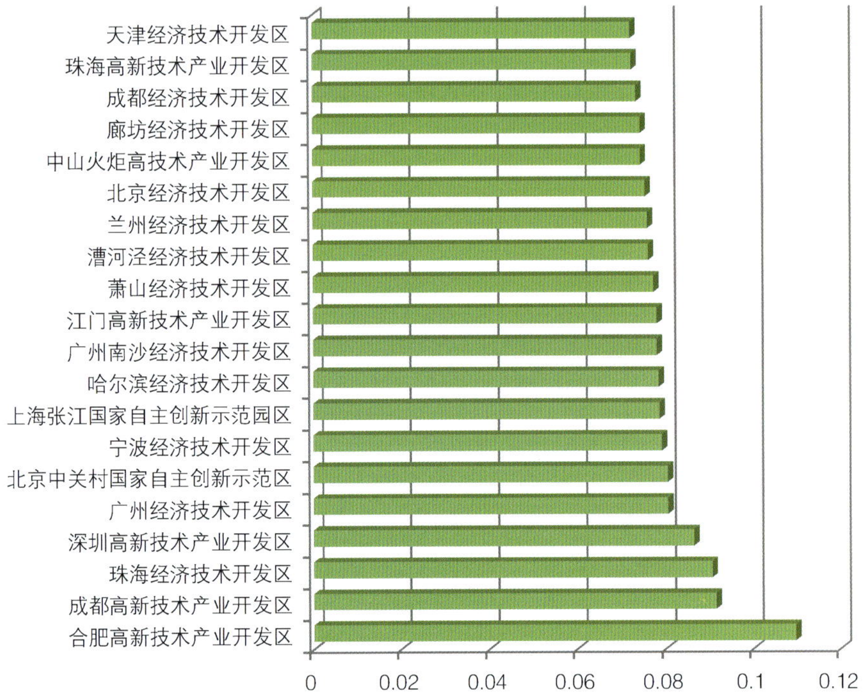

图 3-22　公共服务指标前 20 强产业园区得分

——公共服务指标排名部分知名产业名园区得分不具优势。一些知名园区（苏州工业园区、武汉东湖国家自主创新示范区、青岛经济技术开发区、昆山经济技术开发区、大连经济技术开发区等）在公共服务指标排名上，都不具备优势。一方面是因为这些园区的区域相比较而言不具优势、高质量的认证检测中心较少；另一方面是因为这些知名园区由于规模较大，为园内企业尤其是中小企业提供的平均服务相对较少。

3.3.5　社会发展指标排名分析

——社会发展指标排名前 20 名中，东部园区占有 17 家，具有绝对优势。从社会发展指标前 20 强排名与得分可以看出，社会发展前 3 名分别是苏州工业园区、北京中关村国家自主创新示范区、常州国家高新技术产业开发区，见表 3－6。公共服务指标排名的前 20 名园区中，仅有 3 个为中西部地区产业园区，其余全部是东部产业园区，可见东部产业园区具有更好的发展方式和社会声誉。常州国家高新技术产业开发区之所以能够进入前 3 名，其原因是 2013 年度该园区的新闻曝光率较高，声誉和美誉得到了很大的提高；园区加强城乡环境综合整治，荣获“全国绿化模范单位”称号，并积极申报创建绿色生态城区和智慧城区。公共服务指标得分与经济发展和创新发展指标不同，所有相邻名次产业园区之间的得分差距都较小，呈连续分布态势，见图 3－23。

——社会发展指标排名居前的主要原因在于园区经济发展集约化程度较高，园区美誉度较好。百强榜总体排名前 20 名园区中有 7 个园区（武汉东湖国家自主创新示范区、武汉经济技术开发区、深圳高新技术产业开发区、沈阳高新

表 3－6　2013 年中国国家级产业园区社会发展持续竞争力前 20 强排名

排名	园区	得分	排名	园区	得分
1	苏州工业园区	0.153 5	11	大连经济技术开发区	0.130 5
2	北京中关村国家自主创新示范区	0.143 3	12	合肥高新技术产业开发区	0.129 6
3	常州国家高新技术产业开发区	0.142 5	13	青岛高新技术产业开发区	0.129 3
4	天津经济技术开发区	0.142 3	14	苏州国家高新技术产业开发区	0.129 3
5	青岛经济技术开发区	0.139 3	15	漕河泾经济技术开发区	0.127 9
6	广州经济技术开发区	0.137 5	16	南京经济技术开发区	0.127 1
7	上海张江国家自主创新示范区	0.136 4	17	沈阳经济技术开发区	0.126 9
8	烟台经济技术开发区	0.136 1	18	西安高新技术产业开发区	0.126 1
9	北京经济技术开发区	0.134 6	19	廊坊经济技术开发区	0.124 8
10	昆山经济技术开发区	0.133 7	20	成都高新技术产业开发区	0.124 1

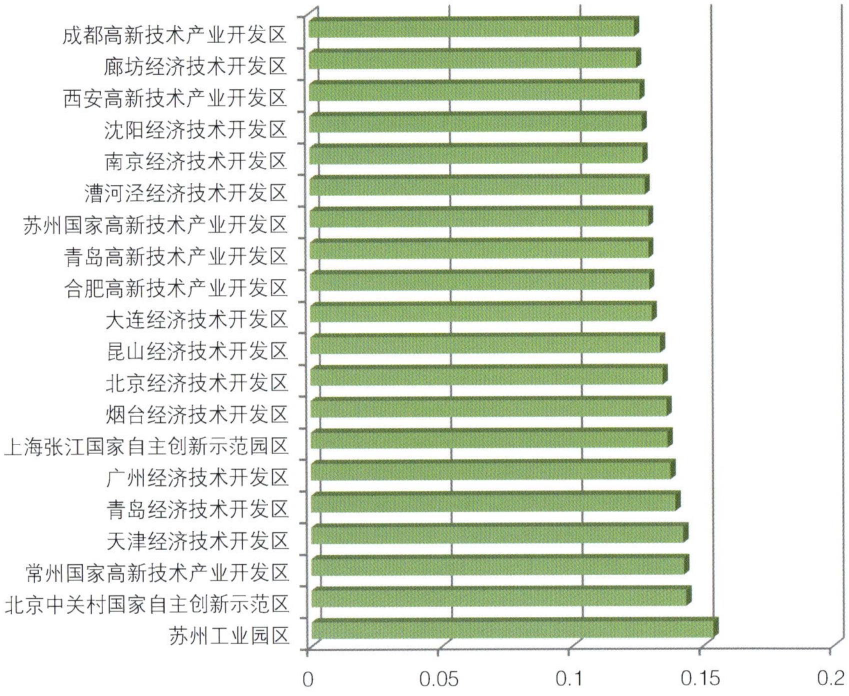

图 3-23　社会发展指标前 20 强产业园区得分

技术产业开发区、长春高新技术产业开发区、烟台经济技术开发区、长春经济技术开发区）没有进入产业合作指标排名前 20 名。其主要原因，一方面是因为这些产业园区不太注重经济发展方式；另一方面是因为不能及时曝光园区相关新闻和宣传园区声誉。

3.3.6　五大类指标得分均值与变异系数比较

——五大类指标中，产业合作平均得分最高，其次为社会发展和公共服务，最后为经济发展和创新发展；而经济发展和创新发展的得分差异程度则较大。根据各项具体指标的排名与得分情况可计算出均值和变异系数，见图 3-24 和图 3-25。可以发现，产业合作指标的得分均值较高，为 0.104 3；其次是公共服务和社会发展指标得分，分别为 0.064 8 和 0.062 6；均值较小的得分指标是经济发展和创新发展，分别为 0.054 1 和 0.021。尽管产业合作、公共服务和社会发展的指标权重相对较低，但其得分却超过经济发展和创新发展指标。经济发展和创

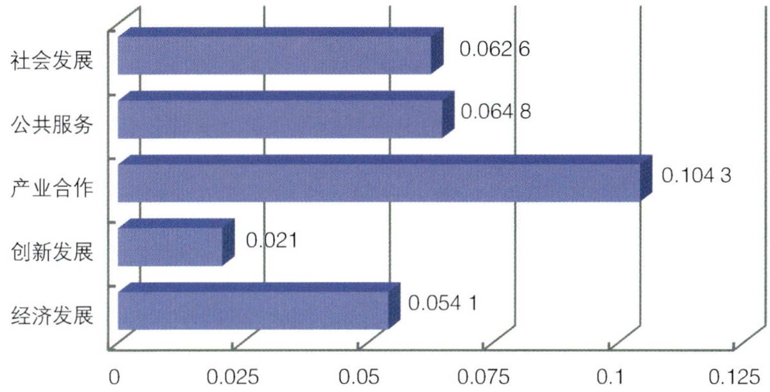

图 3 - 24　五大类指标得分均值比较

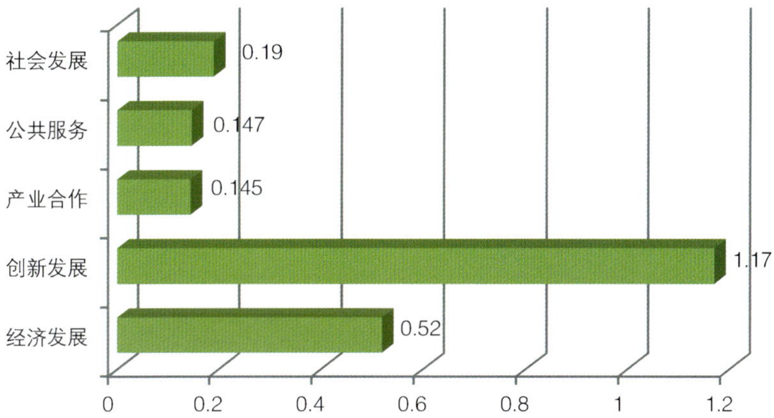

图 3 - 25　五大类指标得分变异系数比较

新发展指标得分不高的主要原因，一方面是由于这两项指标的第 1 名北京中关村国家自主创新示范区的绝对得分值都占有绝对优势，与其他园区之间的差距较大，以至于其余产业园区的相对比较值较小；另一方面是因为园区间在这两个指标的得分差距也较大，最终导致经济发展和创新发展指标得分均值较低。从五大类指标的变异系数来看，创新发展和经济发展指标的变异系数最大，这也说明百强榜产业园区间的经济发展和创新发展差异较大。而产业合作、公共服务和社会发展指标的得分变异系数较小，说明百强榜产业园区这个三个指标的得分差异较小。

3.4 与 2012 年百强榜产业园区的比较分析

与 2012 年相比，2013 年的数据分析指标体系和评价工作方法完全一致。在基础台账上，新增了 47 个国家级产业园区的数据，样本量达到 482 家。

3.4.1 综合排名状况比较

——2013 年百强榜综合排名得分均值指数高于 2012 年。 2013 年百强榜综合得分均值为 0.321 7，较 2012 年增加 0.017，上升 5.58%。

——前 3 强没有变动。 分别为北京中关村国家自主创新示范区(2012 年为中关村科技园)、上海张江国家自主创新示范区(2012 年为上海张江高新技术产业开发区)、苏州工业园区。北京中关村国家自主创新示范区蝉联榜首，上海张江超过苏州工业园区，跃升到第 2 名。从具体得分可知，前 3 强都实现了年度发展，得分高于 2012 年。中关村的优势没有改变，得分继续遥遥领先于其他 9 强。

——百强榜出现前位集中的趋势。 2013 年，综合得分在均值以上的园区有 37 家，较 2012 年减少 2 家，得分在均值以下的产业园区有 63 家，较 2012 年增加 2 家，见图 3－26。从平均得分来看，均值以上产业园区的平均得分为 0.400 5，较

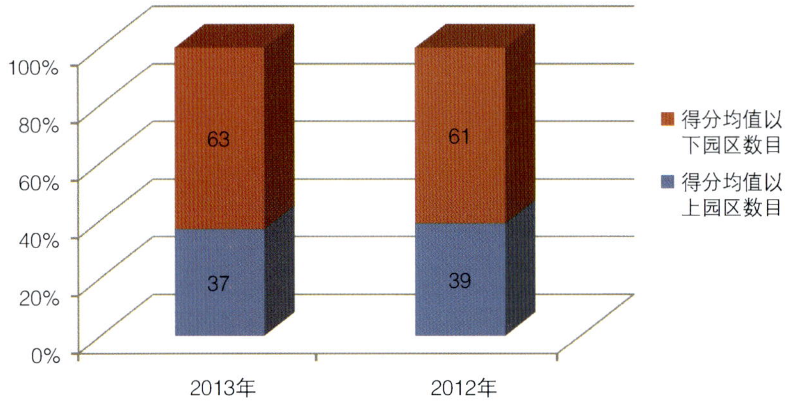

图 3－26　2013 年与 2012 年百强榜得分均值上下园区数目比较

2012 年增加了 0.044 8;而均值以下产业园区的平均得分仅为 0.275 4,与 2012 年基本持平。

——综合得分前 10 强产业园区中,东部优势保持,中部加快进步,西部依然未上榜。与 2012 年相比,前 10 强东部产业园区减少 1 个位置、共占据 8 个位置,中部由 2012 年的 1 位增至 2 位,分别是名列第 4 名的武汉东湖国家自主创新示范区和第 8 名的武汉经济技术开发区。从前 10 强总体得分情况来看,全部得分共为 5.068 1,平均得分为 0.506 8,较 2012 年分别增加 0.727 4 和 0.072 7。其中,东部产业园区平均得分为 0.516 6,较 2012 年增加了 0.107 1。而中部园区的平均得分为 0.467 5,较 2012 年增加了 0.058。

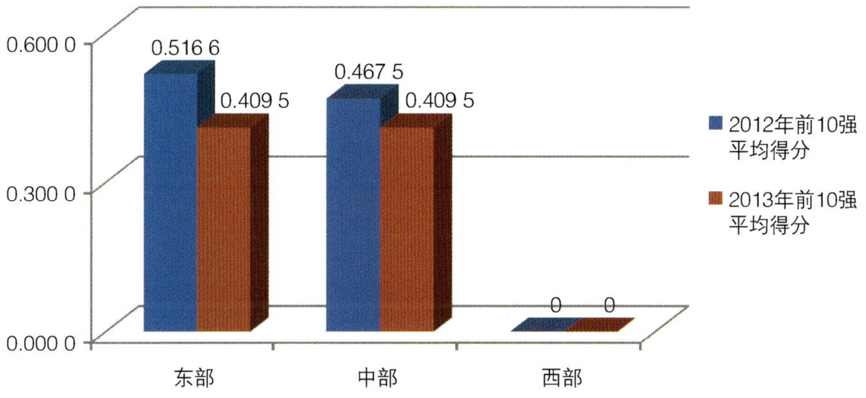

图 3-27　2013 年与 2012 年前 10 强园区平均得分比较

——综合排名得分前 10 强产业园区中,高新区数量少于经开区,但平均得分高于经开区。在前 10 强中,经开区有 7 家,高新区为 3 家,较 2012 年,经开区增加了 1 家,高新区减少了 1 家。与 2012 年一样,高新区的平均得分高于前 10 强产业园区的平均得分,经开区则低于前 10 强产业园区的平均得分。这表明,总体排名前 10 强产业园区中虽然高新区数量少于经开区,但是高新区的平均持续竞争力高于经开区。

3.4.2　综合排名区域状况比较

——区域数目分布没有发生重大变化。与 2012 年相比,2013 年中国国家产业园区持续发展竞争力百强榜的区域数目分布仍然表现为东部占据绝对优势，如图 3－28 所示。

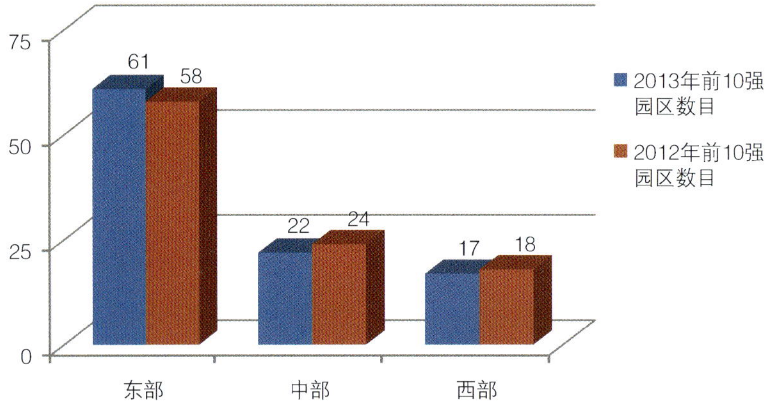

图 3－28　2013 年与 2012 年百强榜园区区域分布比较

——**中部产业园区平均竞争力有所提升**。从平均得分来看，2013 年，东部产业园区和中部产业园区平均得分高于百强榜平均值；而 2012 年，仅有东部产业园区平均得分高于百强榜。中部产业园区实现了一定的跨越。从另一个角度看，37 个均值以上产业园区中，中部产业园区达到 11 个，占比 29.7%，较 2012 年增长了 4.1%。

——**东部产业园区持续竞争力的差异依然较大**。从变异系数来看，2013 年与 2012 年情况类似，东部产业园区得分的变异系数仍然高于百强榜总体得分变异系数；中部产业园区和西部产业园区得分的变异系数仍然低于总体得分变异系数。

3.4.3　综合排名类别状况比较

——**高新区与经开区的持续发展优势发生了逆转**。从园区类别来看，2013 年高新技术产业开发区为 50 家，较 2012 年减少 1 家；经济技术开发区也为 50 家，较 2012 年增加 1 家。从平均得分来看，高新技术产业开发区平均得分从 2012 年的略高于百强榜平均得分变为 2013 年的略低于百强榜平均得分；而经济技术开发区则相反，从略低于变为略高于百强榜平均得分。

——**高质量的经开区加速增加**。这是持续发展优势扭转的主要原因。从均值情况看，在百强榜得分在均值以上的产业园区中，经济技术开发区为 21 家，占均值以上园区的比例为 56.8%，高于 2012 年的 51.3%；而高新技术产业开发区为 16 家，占均值以上园区的比例为 43.2%，低于 2012 年的 48.7%。然而比较上述经开区和高新区的平均得分，发现经开区依然略低于高新区，表明，在最高质量的群体中，经开区的持续竞争力仍然略逊于高新区。

——**高新区发展的差异性仍然高于经开区**。从变异系数来看，高新技术产业开发区得分的变异系数高于百强榜总体得分变异系数；经济技术开发区得分的变异系数低于百强榜总体得分变异系数，与 2012 年保持一致。

3.4.4 单项指标排名比较

经济发展指标变动情况。在 2012 年前 20 强中，只有 9 家留在 2013 年的前 20 强，新晋 20 强的园区大多为经开区且来自东部，另外该指标反映出部分高新区出现了经济负增长。2013 年，百强高新区的工业总产值同比增长率指标较 2012 年平均下滑 10.49%，部分高新技术产业开发区在经济发展方面出现了动力不足、增长放缓甚至衰退的现象，如包头稀土高新技术产业开发区工业总产值同比下降 6%，沈阳高新技术产业开发区税收收入同比下滑 9.37%，长春高新技术产业开发区出口创汇下降 15%等，百强高新区中约有 14%的高新区出口创汇出现了负增长。

创新发展指标变动情况。在 2012 年的 20 强园区中，绝大多数留在 2013 年排行榜，2013 年中西部园区在创新发展前 20 强占有 9 席，说明了中西部园区在创新发展方面正在稳步提升，高新区与经开区在创新发展前 20 强中基本持平，高新区有 9 家，主要位于 20 强的靠前部分，经开区有 11 家。此情形与 2012 年基本类似。

产业合作指标变动情况。在 2012 年 20 强园区中，有 13 家留在 2013 年 20 强。其中，高新区 10 家，经开区 3 家；来自东部 10 家、中部 3 家。中西部以及经开园区逐渐进入产业合作前 20 强。其中高新区 1 家、经开区 6 家；东部 3 家、中部 3 家、西部 1 家。前 20 强中的高新区与经开区比重从一边倒转向基本持平。2012 年有 14 家高新区、6 家经开区；而 2013 年有 11 家高新区、9 家经开区，说明经济技术开发区开始意识到产业合作的重要性，有目的地加大了合作力度。

公共服务指标变动情况。在 2012 年前 20 强园区中，有一半留在 2013 年排行榜。共 11 家园区，其中，高新区 5 家、经开区 6 家，来自东部 7 家、中部 2 家、西部 2 家。中西部园区公共服务的优势在减弱。离开 20 强的有 9 家，其中，高新区 3 家、经开区 6 家，来自东部 7 家、中部 1 家、西部 1 家。可以发现，中西部园区在前 20 强的席位由 2012 年的 8 家减少至 2013 年的 6 家。高新区的公共服务排名稍落后于经开区。高新区在前 20 强的席位由 2012 年的 9 家减少到 2013 年的 8 家，但从排名位置上看，高新区的排名进一步靠前，前 10 强的席位有 6 家为高新区，即在数量减少的同时，质量有所提升。

社会发展指标变动情况。在 2012 年 20 强中，有 12 家留在 2013 年排行榜。其中，高新区 3 家、经开区 9 家，全部来自东部。值得一提的是，2012 年社会发展的 10 强园区全部留在 2013 年 20 强中。社会发展指标的区域分布保持不变。高新区与经开区在社会发展方面基本持平。2012 年和 2013 年，高新区和经开区在社会发展 20 强里各自保持了 8 家和 12 家的席位。从排名上看，基本互有高低。

第4章

中国产业园区持续发展区域排名分析

本章依据 2013 年国家级产业园区持续发展竞争力综合排名百强榜，对东、中、西部不同区域的产业园区进行深入的比较分析。首先对各区域综合排名情况进行分析，进而对各类指标细化分析。前 100 名的国家级产业园区涉及 27 个省份，其中东部园区分布在北京、上海、天津、山东、江苏、广东、辽宁、河北、浙江、福建 10 个省市，中部园区分布在安徽、吉林、河南、湖南、湖北、黑龙江、江西、山西 8 个省份，西部园区分布在四川、陕西、广西、贵州、内蒙古、新疆、云南、甘肃、青海 9 个省市。

4.1　东部地区产业园区持续发展竞争力排名分析

4.1.1　东部产业园区综合排名总体状况分析

根据百强榜中的综合得分情况我们进一步整理出东部园区的持续发展竞争力排名情况如表 4-1 所示。

表 4-1　2013 年东部地区国家级产业园区持续发展竞争力排名

排名	名称	省份	综合得分	百强榜排名
1	北京中关村国家自主创新示范区	北京	0.756 4	1
2	上海张江国家自主创新示范区	上海	0.598 6	2
3	苏州工业园区	江苏	0.526 6	3
4	天津经济技术开发区	天津	0.487 8	5
5	广州经济技术开发区	广东	0.486 1	6
6	青岛经济技术开发区	山东	0.444 8	7

续表

排名	名称	省份	综合得分	百强榜排名
7	昆山经济技术开发区	江苏	0.418 0	9
8	大连经济技术开发区	辽宁	0.414 8	10
9	深圳高新技术产业开发区	广东	0.412 6	11
10	漕河泾经济技术开发区	上海	0.409 8	12

由百强榜单可知，东部地区产业园区共有61家上榜，超过半数，而根据表4-1，东部地区排名前3位的产业园区与整个中国国家级产业园区排名的前3位顺序一致，排行榜的3强园区全部来自东部直辖市和经济强省。本年度中关村自主创新示范区以遥遥领先的得分0.756 4继续蝉联东部第1名，跻身第2名的上海张江国家自主创新示范区比2012年的排名上升一位，苏州工业园区位列第3名，优势明显。自第4名开始，各产业园区得分几乎呈连续分布，差距甚小。

值得一提的是，漕河泾经济技术开发区作为来自上海的第2家园区2013年也一举跻身东部10强，该园区创建30年来，拥有众多中外高科技企业及研发、服务机构，已形成了以电子信息为支柱产业，以新材料、生物医药、航天航空、环保新能源、汽车研发配套为重点产业，以高附加值现代服务业为支撑产业的产业集群框架。园区汇聚中外高科技企业2 500多家，其中外商投资企业500多家，81家世界500强跨国公司在区内设立126家高科技企业。2013年，开发区实现销售收入2 778亿元，工业总产值1 044亿元，地区生产总值(GDP)905亿元，进出口总额154亿美元，单位面积经济效益在全国产业园区中名列前茅。

来自东北地区重工业省份辽宁的大连经济技术开发区仍然是东三省一枝独秀位列10强，与2012年的排名一样。其他10强园区则大多位于长三角和珠三角地区，江苏、上海、广东作为全国经济、贸易、技术最发达的地区分别都有2家园区位列东部地区持续发展竞争力10强榜单。

百强榜东部地区中，来自北京的园区以0.566 8的综合平均分在东部地区各省市中排名第1，并远高于第2名天津市，其余东部各省市综合平均分在0.275 8—0.416 4间呈连续性分布。在东部地区中，江苏省占据的百强榜园区个数最多共

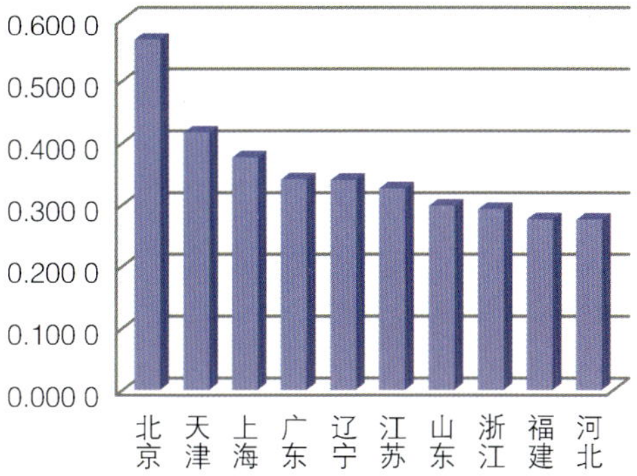

图4-1　东部园区省份综合平均分

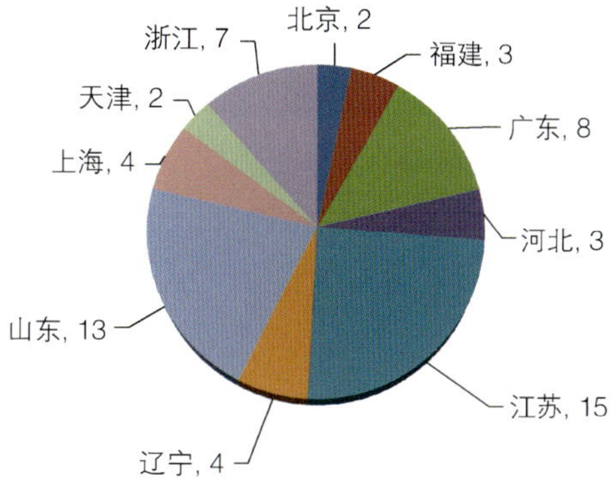

图4-2　东部产业园区省份分布图

有15个，其次为山东省和广东省。具体分布及平均得分情况见图4-1和图4-2。

东部地区持续发展竞争力综合排名前10名产业园区中，经济技术开发区占7个，总得分为3.187 9，均值为0.455 4；高新技术产业开发区占3个，总得分为1.767 6，均值为0.589 2，可见东部10强园区中，虽然经济技术开发区的数目远超高新技术产业开发区，但高新技术产业开发区的均值则比经济技术开发区高出0.133 8分，证明前10强的产业园区中高新技术产业开发区的持续发展竞争力水平明显强于经济技术开发区，见图4-3和图4-4。

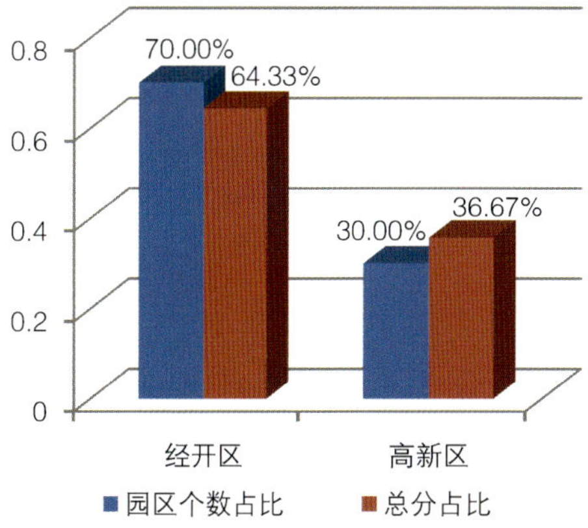

图4-3　东部10强经开区与高新区对比

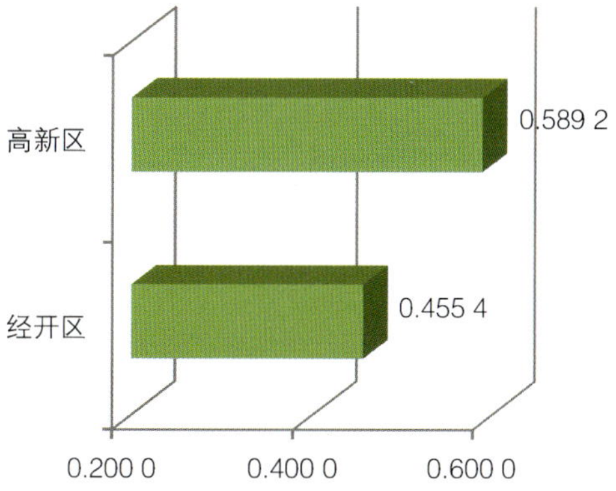

图4-4　东部10强经开区与高新区均值对比

4.1.2 东部产业园区经济发展排名状况分析

在对东部地区产业园区的持续发展竞争力综合排名状况分析之后，进行五大类一级指标的排名分析，首先对国家级产业园区经济发展排名东部园区的得分情况进行整理，得到东部地区国家级产业园区经济发展指标排名数据，详见表4－2。

表4－2 东部地区国家级产业园区经济发展排名

排名	名称	省份	指标得分
1	北京中关村国家自主创新示范区	北京	0.1941
2	天津经济技术开发区	天津	0.1445
3	上海张江国家自主创新示范区	上海	0.1235
4	苏州工业园区	江苏	0.1145
5	广州经济技术开发区	广东	0.1050
6	昆山经济技术开发区	江苏	0.1049
7	昆山高新技术产业开发区	江苏	0.0961
8	广州南沙经济技术开发区	广东	0.0936
9	青岛经济技术开发区	山东	0.0933
10	温州经济技术开发区	浙江	0.0893

由表4－2可以看出，在东部地区经济发展指标的单项排名中，北京中关村国家自主创新示范区依然雄踞榜首，其经济发展指标得分0.1941，无论是经济体量还是增量都展现出具有绝对优势的经济发展水平。天津经济技术开发区由于较高的工业总产值增长率使得其经济发展指标得分略显优势，反超东部地区上海张江国家自主创新示范区跃居经济发展排行第2名。

东部经济发展前10强园区中接近1/3来自江苏省，昆山市2家园区昆山经济技术开发区、昆山高新技术产业开发区以第6和第7名跻身10强，充分显示了此地区的产业园区经济发展水平极具竞争力。昆山高新技术产业开发区是昆山大力实施开放条件下的自主创新、加快高新技术产业集聚发展、推动经济发展方式转变的重要载体，是我国第一个财政总收入突破百亿元的县域国家级高新区，园区内800家模具企业形成的精密机械产业集群，该园区的产值占全国九分之一。依托国家火炬计划模具产业基地，落户了全球最大模具企业鸿准模具和国家精冲模行业标准领军企业嘉华电子，被评为全国百佳产业集群、国家科技兴贸创新基地。另外园区内 30 家太阳能、风能企业形成的可再生能源产业集群，产值已突破 100 亿元。

另外来自同一城市的广州经济技术开发区和广州南沙经济技术开发区也都以其经济实力和发展速度综合水平位列 10 强。

东部地区经济发展指标排名前 10 位的园区中，高新技术产业开发区占 3 个，总得分为 0.413 7，均值为 0.137 9；经济技术开发区占 7 个，总得分为 0.745 1，均值为 0.106 4。东部地区经济发展 10 强园区中，虽然数目上经济技术开发区远高于高新技术产业开发区，但就均值比较，高新技术产业开发区的经济发展指标得分仍然比经济技术开发区更具优势，见图 4－5 和图 4－6。

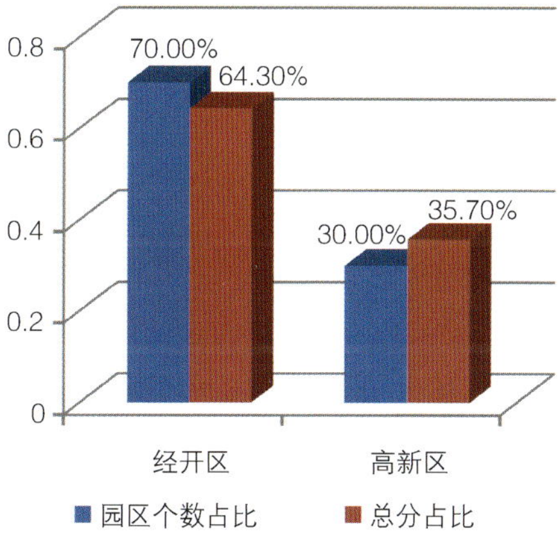

图 4－5　东部地区经济发展指标 10 强经开区与高新区对比

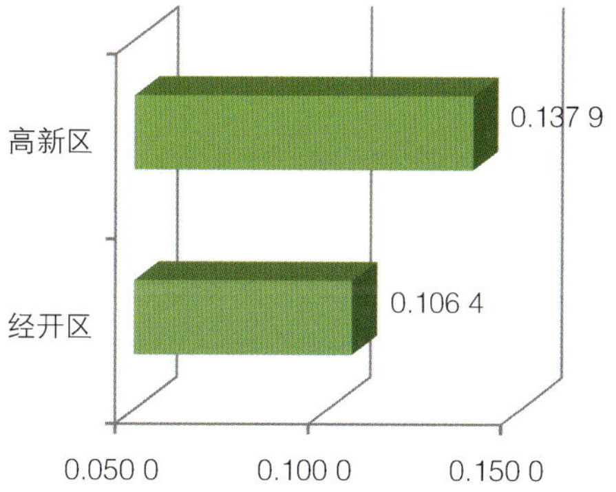

图 4－6　东部地区经济发展指标 10 强经开区与高新区均值对比

4.1.3　东部产业园区创新发展排名状况分析

针对国家级产业园区创新发展排名东部园区的得分情况进行整理，得到东部地区国家级产业园区创新发展指标排名，见表 4－3。

表 4－3　东部地区国家级产业园区创新发展排名

排名	名称	省份	指标得分
1	北京中关村国家自主创新示范区	北京	0.168 3
2	上海张江国家自主创新示范区	上海	0.100 5
3	苏州工业园区	江苏	0.078 5
4	杭州高新技术产业开发区	浙江	0.076 8
5	大连经济技术开发区	辽宁	0.043 5
6	青岛经济技术开发区	山东	0.043 4
7	南京经济技术开发区	江苏	0.041 8
8	沈阳高新技术产业开发区	辽宁	0.039 9
9	漕河泾经济技术开发区	上海	0.038 5
10	广州经济技术开发区	广东	0.036 8

在东部创新发展指标得分及排名表中发现，排在第 1 名的仍然是北京中关村国家自主创新示范区，其依托于北京地区众多的大专以上院校和科研机构，各类国家工程技术中心，以极大的创新资源与创新平台优势获得丰富的创新成果，在此项指标中获得高分 0.168 3，是榜上唯一超过 0.15 分的园区，几乎接近 3 强中另外 2 家园区上海张江国家自主创新示范区（得分 0.100 5）和苏州工业园区（得分 0.078 5）的得分总和。而从第 5 名开始各园区的得分十分接近，呈连续状态排列。

杭州高新技术产业开发区虽在综合排行中未进 10 强，但在创新发展排名中，以其创新平台的大力建设、丰富的创新成果，2013 年园区拥有的专利授权数达到 434 项，大专以上院校 36 所，在此单项指标排名中跻身 5 强，排在第 4 名。杭州高新技术产业开发区自建区以来，围绕杭州市委市政府确定的“构筑天堂硅谷，建设科技新城”目标，坚持“发展高科技，实现产业化”，不断完善区域创新体系，初步形成了软件和服务外包、电子商务、物联网、文化创意、通信设备制造、光伏太阳能、集成电路设计和数字电视等八大产业集群，引领和带动了杭州乃至浙江省转型升级和产业结构的调整，特别是在新兴产业的发展上，在浙江省起到了龙头、领跑和示范作用。

东部地区创新发展指标排名前 10 位的园区中，高新技术产业开发区占 4 个，总得分为 0.385 4，均值为 0.096 4；经济技术开发区占 6 个，总得分为 0.282 5，均值为 0.047 1。虽然经济技术开发区的数目过半，但是从均值上看，高新技术产业开发区的创新发展水平依然明显优于经济技术开发区，见图 4－7 和图 4－8。

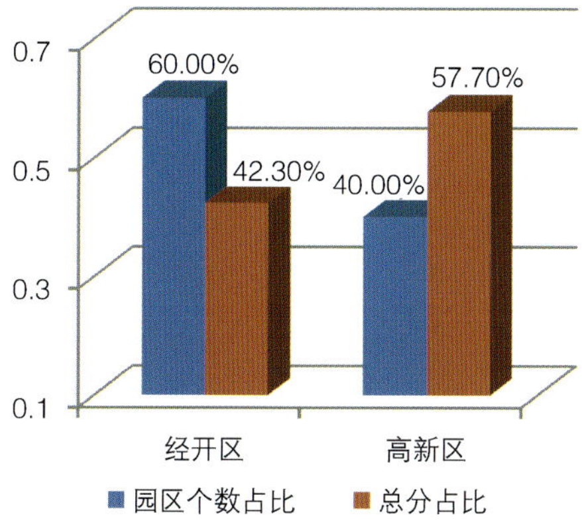

图 4－7　东部地区创新发展指标 10 强经开区与高新区对比

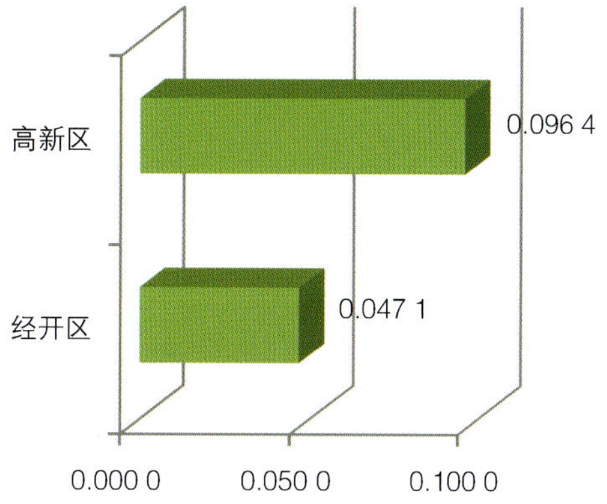

图 4－8　东部地区创新发展指标 10 强经开区与高新区均值对比

4.1.4　东部产业园区产业合作排名状况分析

针对国家级产业园区产业合作排名东部园区的得分情况，整理得到东部地区国家级产业园区产业合作指标排名，见表 4－4。

表 4－4　东部地区国家级产业园区产业合作排名

排名	名称	省份	指标得分
1	北京中关村国家自主创新示范区	北京	0.170 4
2	上海张江国家自主创新示范区	上海	0.159 6
3	深圳高新技术产业开发区	广东	0.145 8
4	厦门火炬高技术产业开发区	福建	0.126 7
5	广州经济技术开发区	广东	0.126 3
6	漕河泾经济技术开发区	上海	0.125 4
7	威海火炬高技术产业开发区	山东	0.120 8
8	宁波高新技术产业开发区	浙江	0.120 4
9	福清融侨经济技术开发区	福建	0.120 4
10	青岛高新技术产业开发区	山东	0.120 0

由表 4－4 可见，在东部地区产业合作状况排名中，北京中关村国家自主创新示范区以其园区外部合作、企业集聚方面遥遥领先的优势，在产业合作指标得分中仍然坐稳第一把交椅；上海张江国家自主创新示范区则以上市公司集中程度和园区内外产业合作状况的均衡发展稳居第二；而深圳高新技术产业开发区以园区内部合作强度的绝对优势提升了自己在产业合作指标的排名，位列 3 强。

深圳高新技术产业开发区作为国际科学园协会成员单位和亚太经合组织科技园区，园区设立了“深圳国际科技商务平台”，深入贯彻实施深圳市委市政府“走出去”战略，目前已有 25 个国家和地区的 36 家海外机构入驻国际平台，在促进深圳对外科技经济交流与合作方面取得了丰硕成果。随着“深港创新圈”合作协议正式签署，深圳高新区与香港科技园共同成立深港互动基地，加强两地企业的交流合作，共同开拓海内外市场，园区正致力于“深港创新圈”的建设，以国际领域有影响、国家战略有地位、区域发展有贡献为定位，借此促进两地资源共享、教育同构和交流便利。

值得一提的是，福建省福清融侨经济技术开发区虽在持续发展竞争力综合排名上未入百强，但该园区以密切的园区外部合作强度和良好的合作水平在此单项指标排名中占据一席。该园区目前已形成“一区多园”（宏路中心区、洪宽工业村、出口加工区、电子信息产业园、光电科技园、大埔工业园）的区域联动发展布局和电子主导、玻璃、铝业、塑胶、食品等多轮驱动的产业联动发展布局，为园区进一步构建外向型经济和打造现代化产业基地提供了坚实载体。另外该园区通过“以侨引台，以台促侨”的措施和办法，形成“侨台港外联合开发”的局面，区内投资者主要来自印尼、新加坡、马来西亚、韩国、日本、美国、澳大利亚、台湾、香港等十几个国家和地区。

东部地区产业合作指标排名前 10 位的园区中，高新技术产业开发区占 7 个，总得分为 0.963 7，均值为 0.137 7；经济技术开发区占 3 个，总得分为 0.372 1，均值为 0.124 0。产业合作前 10 强中高新技术产业开发区无论在数目和均值上都高于经济技术开发区，见图 4－9 和 4－10。

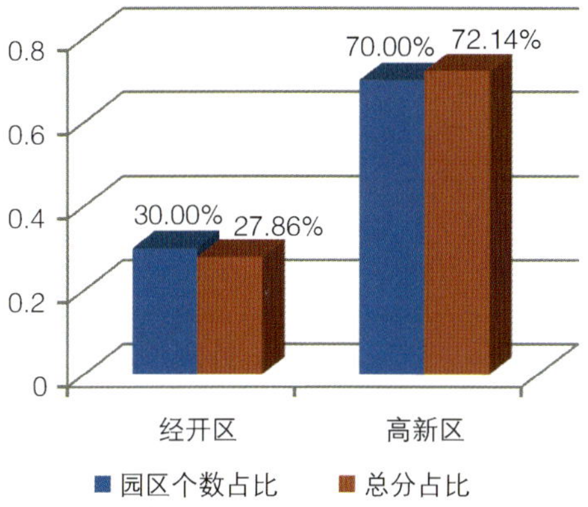

图 4－9　东部地区产业合作指标 10 强经开区与高新区对比

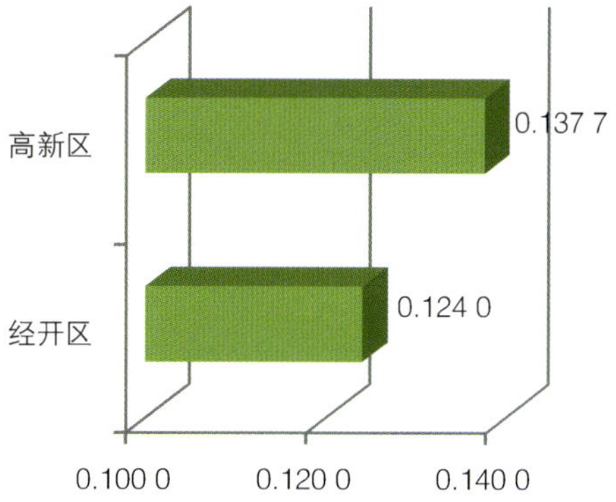

图 4－10　东部地区产业合作指标 10 强经开区与高新区均值对比

4.1.5　东部产业园区公共服务排名状况分析

针对国家级产业园区公共服务排名东部园区的得分情况，整理得到东部地区国家级产业园区公共服务指标排名，见表 4－5。

表 4－5　东部地区国家级产业园区公共服务排名

排名	名称	省份	指标得分
1	珠海经济技术开发区	广东	0.090 5
2	深圳高新技术产业开发区	广东	0.086 3
3	广州经济技术开发区	广东	0.080 5
4	北京中关村国家自主创新示范区	北京	0.080 4
5	宁波经济技术开发区	浙江	0.079 1
6	上海张江国家自主创新示范区	上海	0.078 6
7	广州南沙经济技术开发区	广东	0.078 0
8	江门高新技术产业开发区	广东	0.078 0
9	萧山经济技术开发区	浙江	0.077 3
10	漕河泾经济技术开发区	上海	0.076 1

由表 4－5 可知，珠海经济技术开发区以其区位优势和组织机构的高效设置

获得 0.090 5 的高分而荣登榜首。2012 年 3 月，经国务院批准原高栏港经济区升级为国家级经济技术开发区，定名为“珠海经济技术开发区”，依托华南沿海主枢纽港高栏港而设立的经济功能区成为珠江口西岸首个国家级经济技术开发区，是西江及南中国海走向世界的门户，是广东海洋经济最具活力和潜力的地区之一，更是珠海经济发展的引擎和龙头。高栏港位于珠海市西南端、黄茅海东岸、珠江鸡啼门至虎跳门出海口之间，距离香港、澳门分别为 45 海里和 11 海里，最南端泊位距离国际主航道仅 1 海里。广珠铁路和高栏港高速通车后，高栏港可与珠三角地区形成 2 小时经济圈，辐射珠江口西岸城市群和华南、西南、中南地区，随着集疏运系统的不断完善，特别是广珠铁路、高栏港高速的开通和西江战略的深入推进，可通过江海联运、海铁联运直接参与到西江流域的资源配置中，辐射珠江口西岸城市群和华南、西南、中南地区，使得该园区的区位优势、腹地优势日益凸显。

深圳高新技术产业开发区与广州经济技术开发区也以其较高的组织机构完善水平、高效的园区办事流程位居 3 强之列。北京中关村国家自主创新示范区与上海张江国家自主创新示范区在公共服务单项排名中均有所下降，后退到第 4 位与第 6 位。

另外，一些在综合实力排名中并不卓越的园区如江门高新技术产业开发区和萧山经济技术开发区却在公共服务排名中有不俗成绩位列东部 10 强。值得一提的是，广东省在此单项排名中共有 5 家园区上榜，达到半数之多，且一揽前三名，良好的区位环境，各类公共平台设施建设、颇具效率的园区综合服务已成为广东省各产业园区的共同优势所在。

东部地区公共服务排名 10 位的园区中，高新技术产业开发区占 4 个，总得分为 0.323 2，均值为 0.080 8；经济技术开发区占 6 个，总得分为 0.481 6，均值为 0.080 3。可见，东部地区此单项指标 10 强园区中经济技术开发区的公共服务水平与高新技术产业开发区基本相当，见图 4－11 和图 4－12。

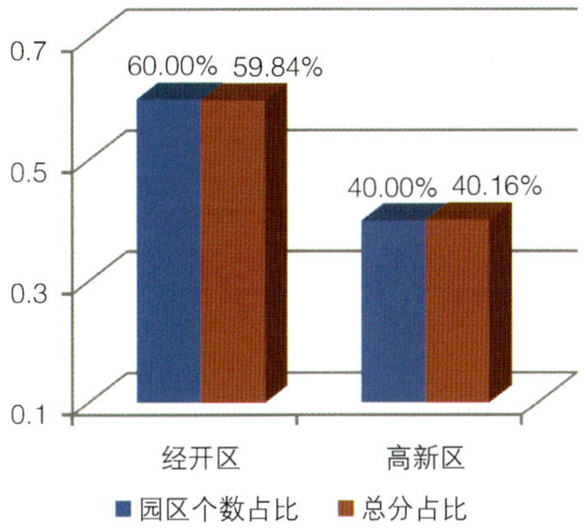

图 4－11　东部地区公共服务指标 10 强经开区与高新区对比

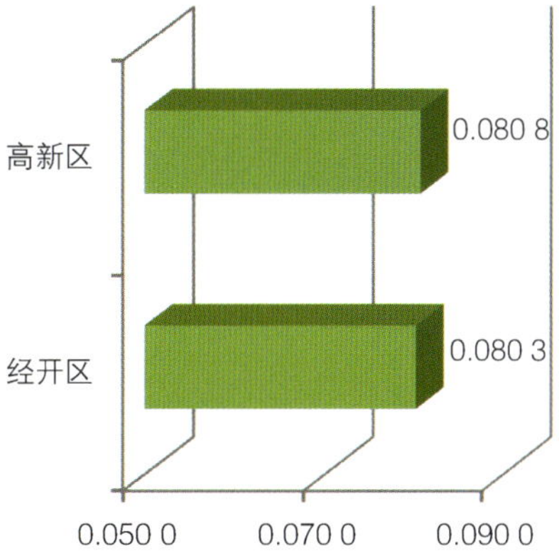

图 4－12　东部地区公共服务指标 10 强经开区与高新区均值对比

4.1.6　东部产业园区社会发展排名状况分析

针对国家级产业园区社会发展排名东部园区的得分情况，整理得到东部地区国家级产业园区社会发展指标排名，见表 4－6。

表 4－6　东部地区国家级产业园区社会发展排名

排名	名称	省份	指标得分
1	苏州工业园区	江苏	0.153 5
2	北京中关村国家自主创新示范区	北京	0.143 3
3	常州国家高新技术产业开发区	江苏	0.142 5
4	天津经济技术开发区	天津	0.142 3
5	青岛经济技术开发区	山东	0.139 3
6	广州经济技术开发区	广东	0.137 5
7	上海张江国家自主创新示范区	上海	0.136 4
8	烟台经济技术开发区	山东	0.136 1
9	北京经济技术开发区	北京	0.134 6
10	昆山经济技术开发区	江苏	0.133 7

在东部地区社会发展指标得分及排名表中发现，苏州工业园区作为生态工业示范园凭借其在媒体正面曝光率方面的优异表现最终脱颖而出，以高于第 2 名北京中关村国家自主创新示范区 0.010 2 的微弱优势在社会发展指标排行中位居第一。苏州工业园区致力优化生态环境，按照“生态宜居、紧凑集约、低碳节

能、智慧智能”的要求，提升城市规划设计、承载能力、建设水准。坚持形象提升与内涵建设并举，推进“退二进三”、“腾笼换鸟”，促进资源精细开发、深度整合、优化配置、高效利用，推动可持续发展。重视生态文明建设，实施水体整治、河道疏浚、扬尘治理、绿化美化等工程，创新城市管理，营造优美环境，积极创建国家生态文明示范园区。

常州国家高新技术产业开发区同样以其突出的媒体正面曝光率赚得较高的社会声誉得分，在此项指标中位列 3 强，其余园区的社会发展指标得分几乎呈连续状态分布。另外，在东部地区社会发展排名前 10 强园区中共有 3 家来自江苏省。

排名前 10 位的园区不仅全数通过 ISO14000 环境保护认证，且大部分都是已经认证或待批的国家生态工业示范园区，10 强园区在经济不断发展壮大的同时也在生态环保方面大力建设，无疑在国家级园区发展建设中起到了表率作用，不再是单纯地以工业实力求进步，而是越发注重绿色环保持续发展。

东部地区社会发展排名前 10 位的园区中，高新技术产业开发区占 3 个，总得分为 0.422 3，均值为 0.140 8；经济技术开发区占 7 个，总得分为 0.977 0，均值为 0.139 6。从社会发展 10 强的数目来看，经济技术开发区远超过高新技术产业开发区，但就均值而言，高新技术产业开发区仍略占优势，见图 4 - 13 和图 4 - 14。

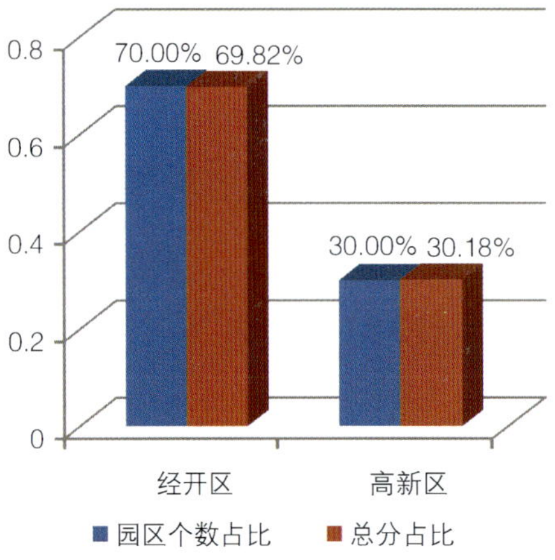

图 4 - 13　东部地区社会发展指标 10 强经开区与高新区对比

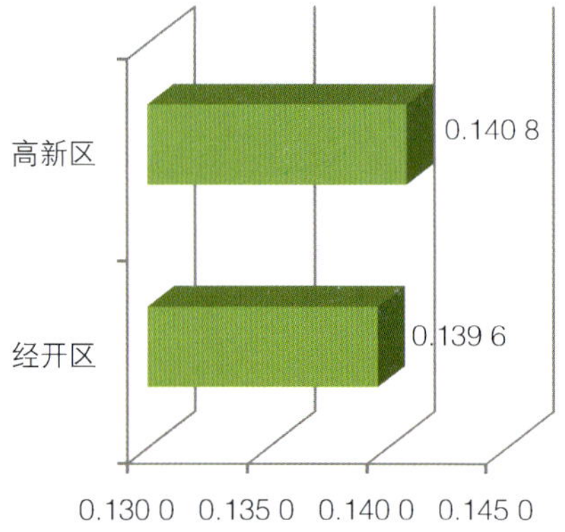

图 4 - 14　东部地区社会发展指标 10 强经开区与高新区均值对比

4.2 中部地区产业园区持续发展竞争力排名分析

4.2.1 中部产业园区综合排名总体状况分析

根据百强榜中的综合得分情况我们进一步整理出中部园区的持续发展竞争力排名情况如表4－7所示。

表4－7　2013年中部地区国家级产业园区持续发展竞争力排名

排名	名称	省份	综合得分	百强榜排名
1	武汉东湖国家自主创新示范区	湖北	0.4977	4
2	武汉经济技术开发区	湖北	0.4372	8
3	合肥高新技术产业开发区	安徽	0.3862	15
4	长春高新技术产业开发区	吉林	0.3778	16
5	长春经济技术开发区	吉林	0.3745	20
6	长沙高新技术产业开发区	湖南	0.3603	24
7	合肥经济技术开发区	安徽	0.3477	26
8	南昌经济技术开发区	江西	0.3377	31
9	哈尔滨经济技术开发区	黑龙江	0.3365	32
10	郑州高新技术产业开发区	河南	0.3318	34

从第3章数据可知，中部地区共有22家产业园区跻身于百强榜，由表4－7可见中部地区排名前5位的产业园区中武汉市和长春市都有2家园区上榜。武汉市的武汉东湖高新技术产业开发区和武汉经济技术开发区以其各项指标的均衡发展，最终以0.4977分和0.4372分位居中部地区前两名，也是中部地区持续发展竞争力综合得分同时超过0.4的产业园区。

合肥高新技术产业开发区借助高水平的公共服务，园区检测及认证中心的数量，生态示范园区的大力建设使得其在中部综合排名中跃入3强行列，长春高新技术产业开发区和长春经济技术开发区以其经济增长优势和相对较高的创新平台建设得分居于中部5强之列，而后续园区的得分以大致连续的状况依次排列。

百强榜中部地区中，来自湖北省的园区以 0.400 0 的综合平均分在中部地区各省市中排名第一，吉林省和河南省均位列 3 强，中部各省市持续发展竞争力综合平均分在 0.400 0～0.265 8 间几乎呈连续分布。安徽省占据的百强榜园区个数在中部地区最多共有 5 个，黑龙江、湖北、湖南、吉林四省均有 3 家园区上榜。具体分布及平均得分情况见图 4－15 和图 4－16。

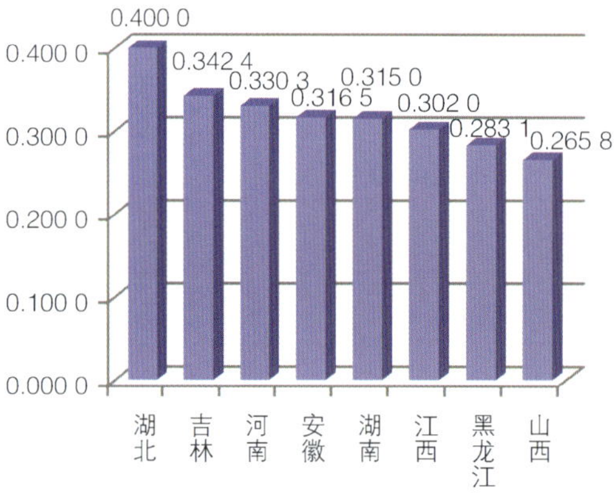

图 4－15　中部产业园区省份综合平均分

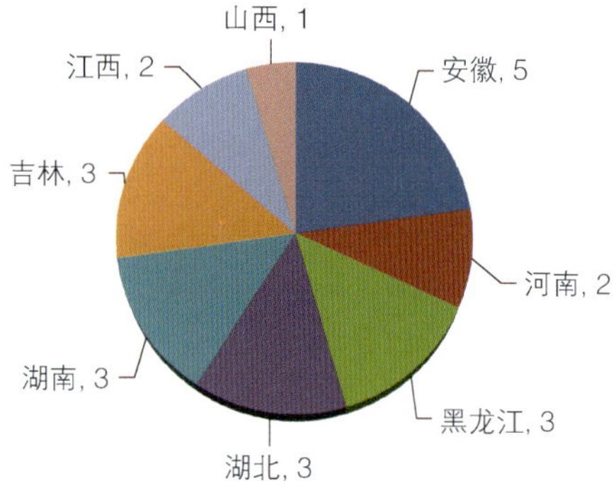

图 4－16　中部产业园区省份分布图

在中部地区持续发展竞争力综合得分前 10 位的园区中，高新技术产业开发区占 5 个，总得分为 1.953 8，均值为 0.390 8；经济技术开发区占 5 个，总得分为 1.833 6，均值为 0.366 7。无论是数量还是得分，中部地区前 10 强的高新技术产业开发区持续发展水平与经济技术开发区不相上下，见图 4－17 和图 4－18。

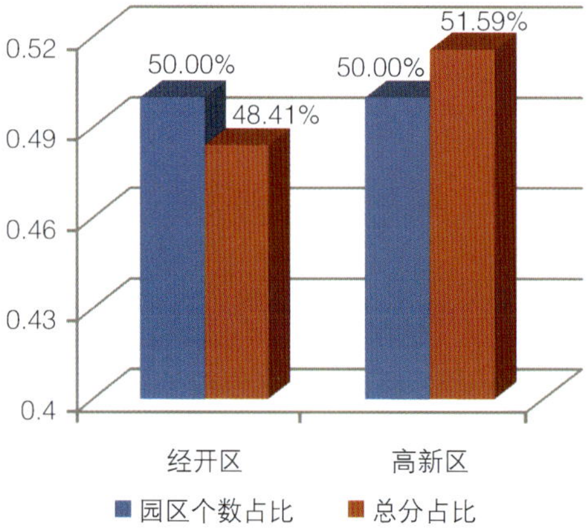

图 4－17　中部 10 强经开区与高新区对比

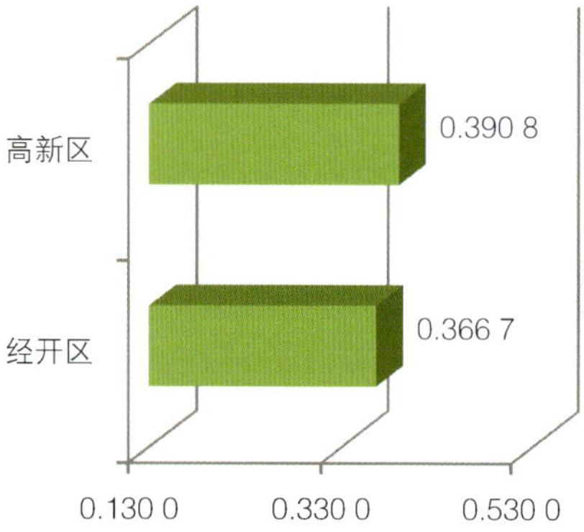

图 4－18　中部 10 强经开区与高新区均值对比

4.2.2　中部产业园区经济发展排名状况分析

对中部地区产业园区的持续发展竞争力综合排名状况分析之后，进行五大类一级指标的排名分析，中部地区国家级产业园区经济发展指标得分经过整理之后，得到经济发展排名前 10 强数据，见表 4－8。

表 4－8　中部地区国家级产业园区经济发展排名

排名	名称	省份	指标得分
1	武汉经济技术开发区	湖北	0.129 8
2	武汉东湖国家自主创新示范区	湖北	0.080 7
3	长春高新技术产业开发区	吉林	0.064 9
4	蚌埠高新技术产业开发区	安徽	0.062 8
5	长沙高新技术产业开发区	湖南	0.056 9
6	哈尔滨经济技术开发区	黑龙江	0.056 4
7	合肥经济技术开发区	安徽	0.055 9
8	合肥高新技术产业开发区	安徽	0.054 5
9	长春经济技术开发区	吉林	0.052 3
10	湘潭经济技术开发区	湖南	0.050 5

由表可见，在中部地区经济发展指标的排名中，武汉经济技术开发区凭借其巨大的工业总产值增长优势以 0.129 8 分反超武汉东湖国家自主创新示范区位居榜首位置，也是中部地区唯一超过 0.1 分的园区。武汉经济技术开发区于 1993 年 4 月经国务院批准为国家级经济技术开发区，2003 年科技部批准建立国家电动汽车研发、产业化及示范运营基地，2006 年 8 月商务部、国家发改委批准在开发区设立“国家级汽车及零部件出口基地”，2011 年 4 月，环保部、科技部、商务部批准开发区建设“国家级生态工业园”。开发区目前规划控制面积 202.7 平方公里，建成区面积近 100 平方公里，园区产业特色鲜明，产业链条完整，形成了汽车、电子电器两大支柱产业和印刷包装、食品饮料、生物医药、新能源新材料四大优势产业。2013 年度园区 GDP 达到 1 622.40 亿元，工业总产值 5 381.55 亿元。

长春高新技术产业开发区以其经济实力和经济增长的均衡发展，最终以

0.0649的经济发展得分在此类指标排名中位列3强。蚌埠高新技术产业开发区也是凭借其出口创汇的巨大增幅使其经济增长得分在中部地区显现出一定优势，虽然在持续发展竞争力综合排名中未入榜，但在经济发展单项排名中却跻身中部5强之列。

来自湖南的湘潭经济技术开发区在综合实力排名中未入百强，但其仍在工业总产值同比增长率的优势下成为此单项排名的中部10强园区。中部园区经济发展前10强中有3家来自安徽省，是进入10强园区最多的省份，作为中部崛起的代表省份，表现出产业园区经济发展水平迅速提升的态势。

中部地区经济发展排名前10位的园区中，高新技术产业开发区占5个，总得分为0.3198，均值为0.0640；经济技术开发区占5个，总得分为0.3449，均值为0.0690。由得分均值水平来看，中部地区经济发展10强园区中经济技术开发区均略高于高新技术产业开发区，见图4-19和4-20。

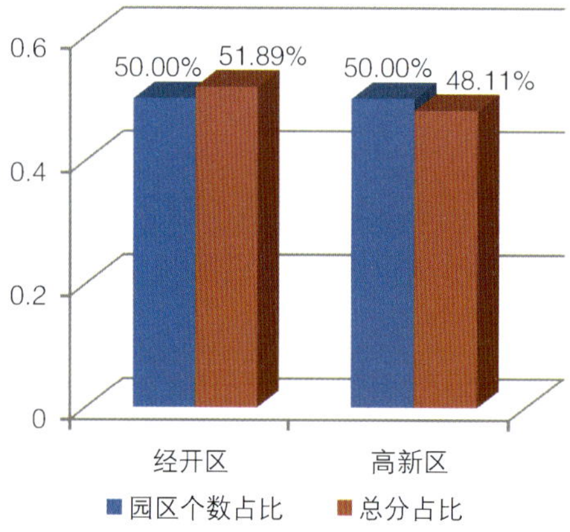

图4-19 中部地区经济发展指标10强经开区与高新区对比

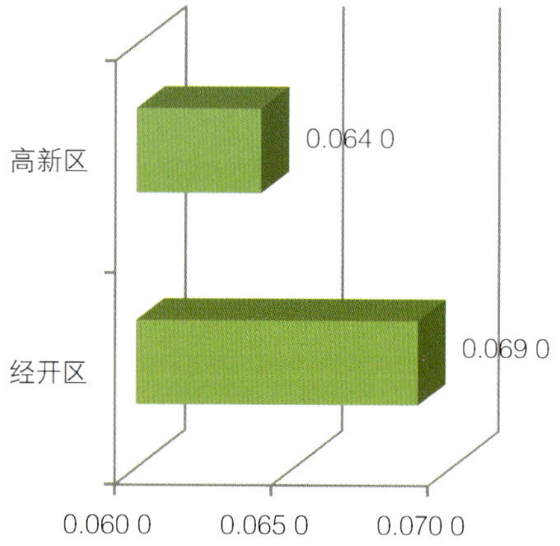

图4-20 中部地区经济发展指标10强经开区与高新区均值对比

4.2.3 中部产业园区创新发展排名状况分析

针对国家级产业园区创新发展排名中部园区的得分情况，整理得到中部地区国家级产业园区创新发展指标排名，见表4-9。

表 4－9　中部地区国家级产业园区创新发展排名

排名	名称	省份	指标得分
1	武汉东湖国家自主创新示范区	湖北	0.116 0
2	南昌经济技术开发区	江西	0.070 0
3	芜湖经济技术开发区	安徽	0.038 8
4	长春高新技术产业开发区	吉林	0.034 6
5	合肥经济技术开发区	安徽	0.032 3
6	哈尔滨利民经济技术开发区	黑龙江	0.027 1
7	武汉经济技术开发区	湖北	0.022 3
8	芜湖高新技术产业开发区	安徽	0.022 2
9	宜昌高新技术产业开发区	湖北	0.019 7
10	合肥高新技术产业开发区	安徽	0.018 1

由表可见，在中部地区创新发展指标的排名中，武汉东湖国家创新自主示范区以其园区企业专利数目、大专以上院校数量的巨大优势使得该园区无论在创新资源方面还是创新成果方面的得分遥遥领先，在此项指标排名中稳居第一。

南昌经济技术开发区凭借其创新资源的优异得分，主要是大专以上的院校数目使其创新发展水平大幅提升，位列第 2 名；南昌经济技术开发区是江西省重要的科教区和高新技术集散转化基地，园区内聚集江西财经大学、江西农业大学等高等院校及科研机构 36 所，高新技术科研成果不断涌现，已经入园落户的清华科技园、北大科技园等全国著名高校园区不仅可以为企业培训人才，而且能为企业的技术孵化和转型升级提供智力支持。

芜湖经济技术开发区则因该园区拥有较多的专利授权数目而使其创新指标得分较高，虽不在中部地区综合排名 10 强之列，但在创新发展排名中跃居第 3 名。值得一提的是，哈尔滨利民经济技术开发区和宜昌高新技术产业开发区在持续发展竞争力排行上均未入百强榜，但在中部地区创新发展排名上均以不俗成绩跻身 10 强之列。另外，安徽省有 4 家园区包括芜湖经济技术开发区、芜湖高新技术产业开发区、合肥经济技术开发区和合肥高新技术产业开发区进入中部地区创新发展的 10 强之列，数量上位居中部各省第一。

中部地区创新发展排名前 10 名的园区中，高新技术产业开发区占 5 个，总得分为 0.210 7，均值为 0.042 1；经济技术开发区占 5 个，总得分为 0.190 5，均值为 0.038 1。中部地区创新发展的 10 强园区中，从数目上来看高新技术产业开发区与经济技术开发区平分秋色，但从均值来看，仍然是高新技术产业开发区的创新发展水平略为优胜，见图 4－21 和图 4－22。

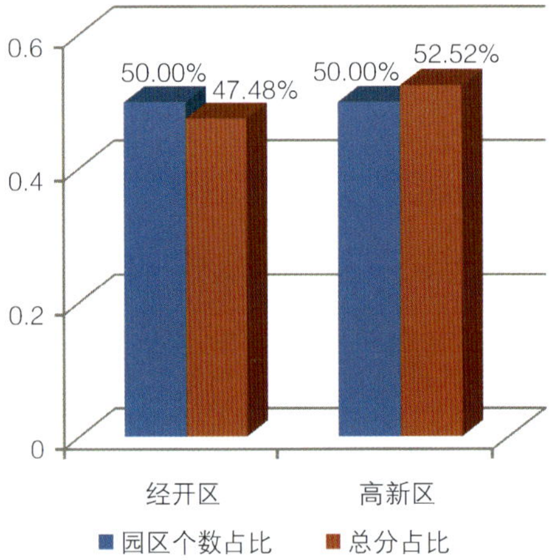

图 4－21 中部地区创新发展指标 10 强经开区与高新区对比

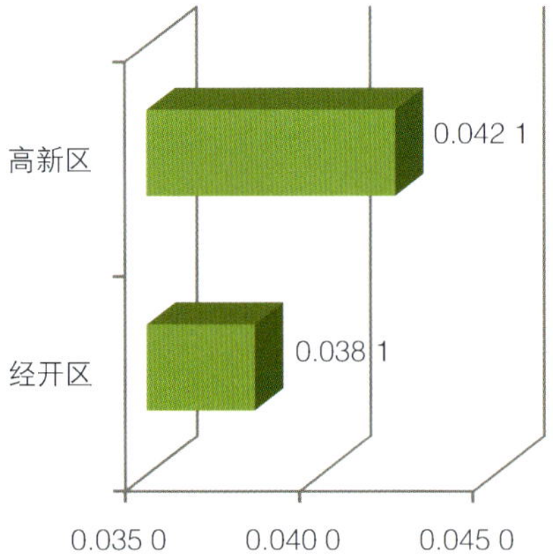

图 4－22 中部地区创新发展指标 10 强经开区与高新区均值对比

4.2.4 中部产业园区产业合作排名状况分析

针对国家级产业园区产业合作排名中部园区的得分情况，整理得到中部地区国家级产业园区产业合作指标排名，见表 4－10。

表 4－10 中部地区国家级产业园区产业合作排名

排名	名称	省份	指标得分
1	太原高新技术产业开发区	山西	0.123 8
2	长春经济技术开发区	吉林	0.121 7
3	马鞍山经济技术开发区	安徽	0.121 7
4	武汉东湖国家自主创新示范区	湖北	0.121 5
5	郑州经济技术开发区	河南	0.120 8
6	长沙高新技术产业开发区	湖南	0.116 9
7	哈尔滨经济技术开发区	黑龙江	0.109 8
8	长沙经济技术开发区	湖南	0.109 5
9	湘潭高新技术产业开发区	湖南	0.109 4
10	郑州高新技术产业开发区	河南	0.105 4

由表 4 - 10 可见，在中部地区产业合作指标的排名中，太原高新技术产业开发区以 0.123 8 分位居中部地区榜首，体现了该园区企业集聚度和园区合作状况的均衡发展。太原国家高新技术产业开发区创建于 1991 年 7 月，1992 年 11 月经国务院批准成为国家级高新区，园区目前已经成为太原市率先发展的先导区，成为山西省发展高新技术产业的重要基地，目前共有入园企业 2 200 余家，其中经认定的高新技术企业 486 家，占山西省高新技术企业总数的近 70%，园区内有各类孵化器和科技园区共 24 个，总面积 90 万平方米。园区初步形成了以电子装备与信息产业园、新材料园、E—制造园、数码港为载体，以电子信息与光机电一体化、新材料新能源、生物医药、环保节能等为代表的富有特色的高新技术产业格局。太原高新区坚持对外开放，影响日趋扩大，与世界上 15 个国家和地区建立了广泛的合作和联系，以国家级留学人员创业园、中国青年留学人员创业基地、中小企业国际合作基地为平台，吸引留学人员 177 人，创办企业 94 家。

来自安徽的马鞍山经济技术开发区凭借较高的园区外部合作强度得分使得该园区在产业合作指标的排名大幅上升，位列中部 3 强。武汉东湖国家自主创新示范区虽在产业合作排名上有所下降，但以 0.121 5 的得分来看仍然颇具实力。

湖南省有 3 家园区分别是长沙高新技术产业开发区、长沙经济技术开发区、湘潭高新技术产业开发区在此项指标中位列 10 强，是中部地区占据数量最多的省份。产业合作排名中部 10 强园区的得分非常接近，大致呈连续状排列。

中部地区产业合作排名前 10 位的园区中，高新技术产业开发区占 5 个，总得分为 0.576 9，均值为 0.115 4；经济技术开发区占 5 个，总得分为 0.583 5，均值为 0.116 7。无论是数目还是均值水平，在中部地区产业合作状况的 10 强园区中，高新技术产业开发区与经济技术开发区产业合作水平大致相近，见图 4 - 23 和图 4 - 24。

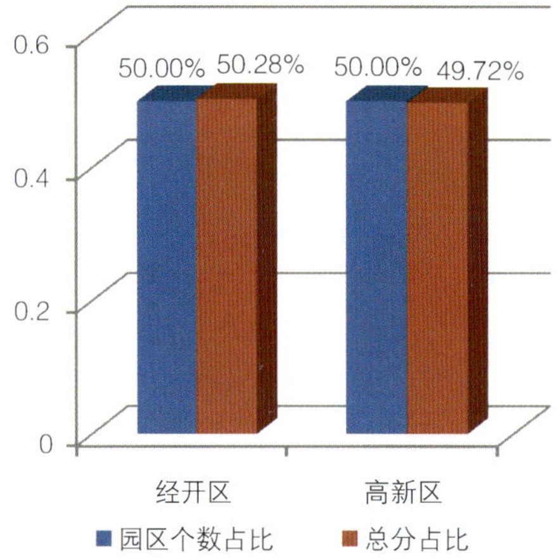

图 4-23　中部地区产业合作指标 10 强经开区与高新区对比

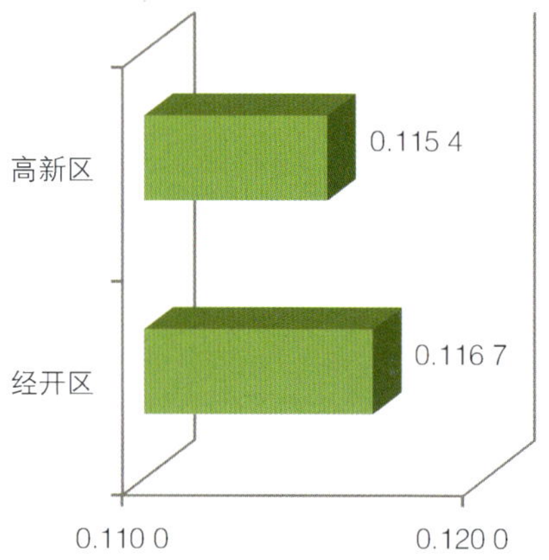

图 4-24　中部地区产业合作指标 10 强经开区与高新区均值对比

4.2.5　中部产业园区公共服务排名状况分析

针对国家级产业园区公共服务排名中部园区的得分情况，整理得到中部地区国家级产业园区公共服务排名，见表 4-11。

表 4-11　中部地区国家级产业园区公共服务排名

排名	名称	省份	指标得分
1	合肥高新技术产业开发区	安徽	0.109 6
2	哈尔滨经济技术开发区	黑龙江	0.078 4
3	长春经济技术开发区	吉林	0.072 1
4	襄阳高新技术产业开发区	湖北	0.068 8
5	武汉经济技术开发区	湖北	0.067 1
6	郑州高新技术产业开发区	河南	0.065 9
7	南昌经济技术开发区	江西	0.065 9
8	长沙经济技术开发区	湖南	0.062 1
9	湘潭经济技术开发区	湖南	0.062 1
10	长春高新技术产业开发区	吉林	0.060 9

由表 4-11 可见，合肥高新技术产业开发区凭借园区检测认证中心数目，相对完善的组织机构，以及较好的区位优势，最终在此单项指标中获得 0.109 6 的

高分，荣登第 1 名，高出中部地区排名第 2 的哈尔滨经济技术开发区 0.031 2 分，不仅如此，合肥高新技术产业开发区在此项指标的得分甚至超过了所有的国家级产业园区，位列全国之冠。

合肥高新技术产业开发区于 1991 年 3 月经国务院批准成为国家级高新区，是合芜蚌自主创新综合试验区核心区和合肥现代化新兴中心城市“空间发展战略”的核心区域，该园区是安徽省最大的高新技术产业化基地，已形成电子信息、光机电一体化、新能源、公共安全、文化创意、生物医药、新材料等高新技术产业集群。高新区通过提供种子基金(天使投资)、孵化资金、创新基金、风险基金等投融资服务，营造适于技术创新、科技成果转化的环境。目前在该园区开展风险投资业务的公司 20 余家，参与各类技术咨询、产权交易、资产评估等中介机构 60 余家，为区内企业提供了良好的创新创业等公共服务平台，建成高新技术创业服务中心、留学人员创业园、软件园、生物医药产业园、大学科技园、民营科技园、科技创业服务中心等 12 家科技企业孵化器，总面积 100 余万平方米，在孵化企业近千家，毕业企业 500 多家。

长春经济技术开发区以园区检测认证中心等配套服务机构的大力建设、和较为合理精简的组织机构设置在此项指标中得分较高，使得该园区在中部产业园区公共服务的排名大幅度上升，跻身 3 强之位。湖北襄阳高新技术产业园区虽然并未在中部地区综合竞争力 10 强之列，但其凭借园区内检测认证中心的数量优势在公共服务的单项指标上得分较高，跃入 5 强。

另外，武汉东湖高新国家自主创新示范区则在此项指标的排名下降明显，未入 10 强，可见其公共服务水平相较于其他指标的发展略显薄弱。自第 2 名之后，多数园区在此类指标的得分中呈现出极小的差距，连续排列。

中部地区公共服务排名前 10 位的园区中，高新技术产业开发区占 4 个，总得分为 0.305 2，均值为 0.076 3；经济技术开发区占 6 个，总得分为 0.407 9，均值为 0.068 0。从均值水平来看，在中部地区公共服务水平的 10 强园区中，高新技术产业开发区的公共服务水平优于经济技术开发区，见图 4－25 和图 4－26。

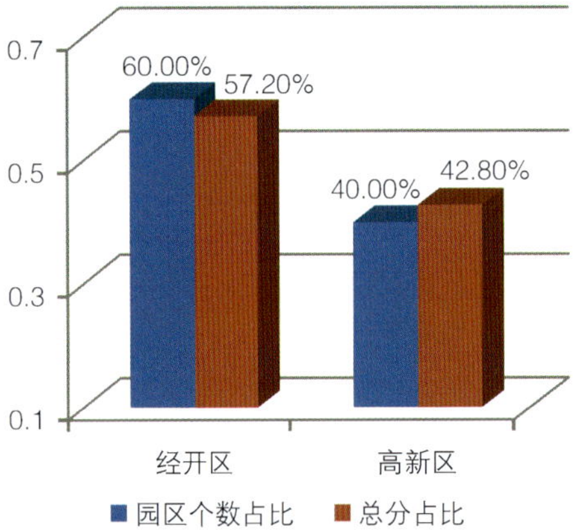

图 4-25　中部地区公共服务指标 10 强经开区与高新区对比

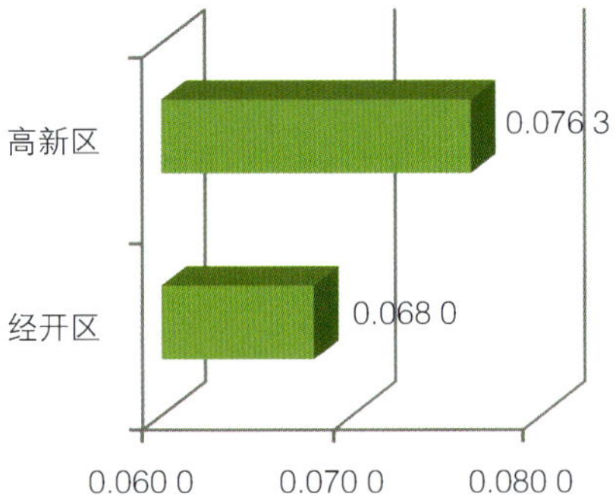

图 4-26　中部地区公共服务指标 10 强经开区与高新区均值对比

4.2.6　中部产业园区社会发展排名状况分析

针对国家级产业园区社会发展排名中部园区的得分情况，整理得到中部地区国家级产业园区社会发展排名，见表 4-12。

表 4-12　中部地区国家级产业园区社会发展排名

排名	名称	省份	指标得分
1	合肥高新技术产业开发区	安徽	0.129 6
2	武汉东湖国家自主创新示范区	湖北	0.123 0
3	武汉经济技术开发区	湖北	0.118 7
4	长春高新技术产业开发区	吉林	0.116 5
5	长春经济技术开发区	吉林	0.112 2
6	长沙高新技术产业开发区	湖南	0.111 6
7	合肥经济技术开发区	安徽	0.111 3
8	南昌经济技术开发区	江西	0.108 3
9	长沙经济技术开发区	湖南	0.102 7
10	郑州经济技术开发区	河南	0.101 1

由表 4-12 可见，合肥高新技术产业开发区在重视社会声誉和环境保护的情况下获得优异的成绩，以 0.129 6 的得分再次排名第 1；来自安徽省的另一家园区合肥经济技术开发区同样位列 10 强。合肥经济技术开发区建立于 1993 年 4

月，1997 年被列为全国首批行政管理体制和机构改革试点单位，2000 年 2 月被国务院批准为国家级经济技术开发区，园区坚持“大项目立区、高新技术强区、优化环境兴区”的方针，努力构建“投资环境最佳，创业环境最佳，人居环境最佳”的国家级生态工业示范区，成功获得国家新型工业化家电产业示范基地、国家住宅产业化示范基地等国家级荣誉并获准创建国家生态工业示范园区，综合投资环境不断优化。

社会发展指标排名前 3 强中湖北省的园区占了 2 家，均来自武汉，武汉东湖国家自主创新示范区的社会发展指标以 0. 123 0 得分紧随合肥高新技术产业开发区排在第 2 名，而武汉经济技术开发区作为在建的国家生态工业示范园和较高的媒体正面曝光率在社会发展指标上获得较高得分排在第 3 名。河南省郑州经济技术开发区也因其在环境保护和媒体正面曝光率的不俗表现，由中部地区持续发展竞争力综合排名的 10 名以外成为社会发展排名的中部 10 强园区之一。

中部地区社会发展排名前 10 的园区中，高新技术产业开发区占 4 个，总得分为 0. 480 7，均值为 0. 120 2；经济技术开发区占 6 个，总得分为 0. 654 4，均值为 0. 109 1。虽然经济技术开发区的数目较多，但从得分的均值水平来看，中部地区社会发展的 10 强园区中高新技术产业开发区社会发展水平比经济技术开发区略高，见图 4－27 和图 4－28。

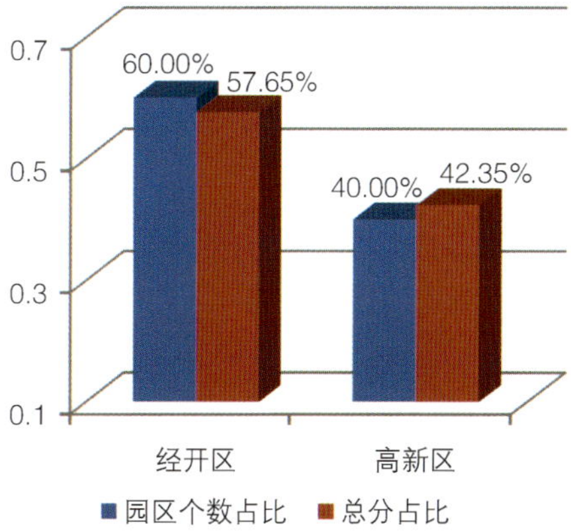

图 4－27　中部地区社会发展指标 10 强经开区与高新区对比

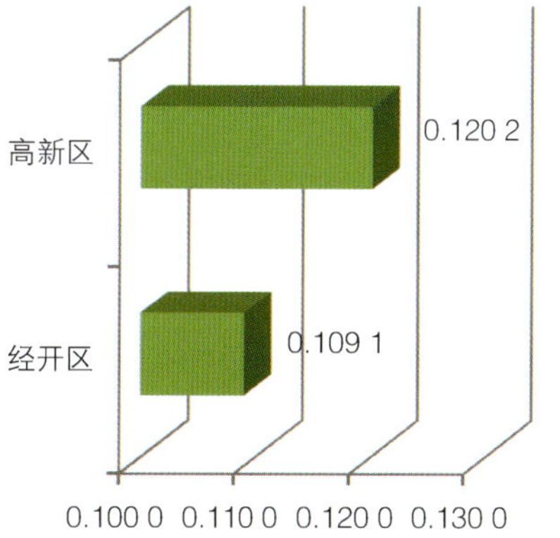

图 4－28　中部地区社会发展指标 10 强经开区与高新区均值对比

4.3 西部地区产业园区持续发展竞争力排名分析

4.3.1 西部产业园区综合排名总体状况分析

根据百强榜中的综合得分情况我们进一步整理出西部园区的持续发展竞争力排名情况，如表 4 - 13 所示。

表 4 - 13 2013 年西部地区国家级产业园区持续发展竞争力排名

排名	名称	省份	综合得分	百强榜排名
1	成都高新技术产业开发区	四川	0.398 3	13
2	西安高新技术产业开发区	陕西	0.389 8	14
3	西安经济技术开发区	陕西	0.340 4	29
4	成都经济技术开发区	四川	0.325 4	37
5	兰州经济技术开发区	甘肃	0.308 7	43
6	贵阳经济技术开发区	贵州	0.299 0	45
7	贵阳高新技术产业开发区	贵州	0.291 3	55
8	乌鲁木齐经济技术开发区	新疆	0.284 0	59
9	西宁经济技术开发区	青海	0.279 9	62
10	南宁高新技术产业开发区	广西	0.277 6	64

在百强榜单中，西部地区产业园区数目不到 1/5，共有 17 家园区上榜。成都高新技术产业开发区以 0.398 3 的得分居于榜首，作为西部地区最早被批准的国家级高新技术产业开发区之一，该园区秉持“发展高科技、实现产业化”的宗旨，统筹经济社会持续快速健康发展，在产业发展、科技创新、改善民生等方面均取得了长足的进步。另外一家来自四川成都的园区成都经济技术开发区也凭借各项指标的均衡发展在持续竞争力排行中跻身西部 5 强之列。

与此同时，作为西部最重要的城市之一陕西西安的两家园区西安高新技术产业开发区和西安经济技术开发区，经济基础和经济增长速度稳步前进，园区创新实力、公共服务水平不断提高，在西部综合排名中分别占据第 2 名和第 3 名。

而兰州经济技术开发区作为甘肃省今年上榜的园区，2012 年，甘肃省并无一家园区入围百强榜，其主要优势体现在经济发展指标的较高得分，数据显示该园区经济水平的快速增长主要体现在工业总产值的极高增长率，2013 年约为 2012 年的一倍，出口总额和 GDP 的同比增长幅度也相当大。

在百强榜西部地区中，来自陕西省的园区以 0.331 3 的综合平均分在西部地区各省市中排名第一，四川省和贵州省均位列 3 强，西部各省市持续发展竞争力综合平均分在 0.250 1～0.331 3 间大致呈连续分布，差距较小。四川省占据的百强榜园区个数在西部地区最多共有 4 个，其次为陕西省。具体分布及平均得分情况见图 4－29 和图 4－30。

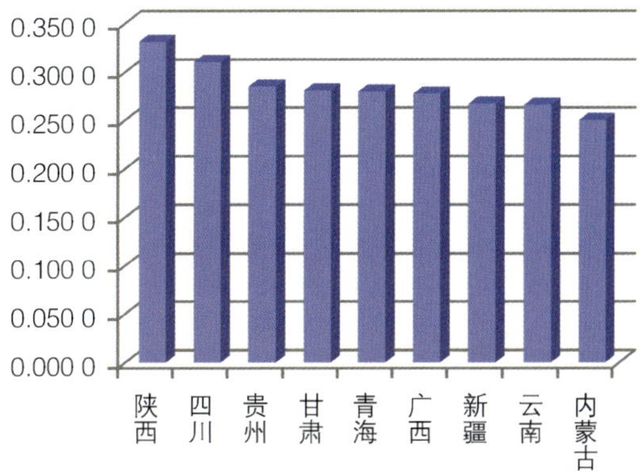

图 4－29　西部产业园区省份综合平均分

在西部地区持续发展竞争力综合得分排名前 10 强园区中，高新技术产业开发区占 4 个，总得分为 1.357 0，均值为 0.339 3；经济技术开发区占 6 个，总得分为 1.837 4，均值为 0.306 2。虽然经济技术开发区的数目较多，但从均值看来，西部地区前 10 强的高新技术产业开发区持续发展水平优于经济技术开发区，见图 4－31 和图 4－32。

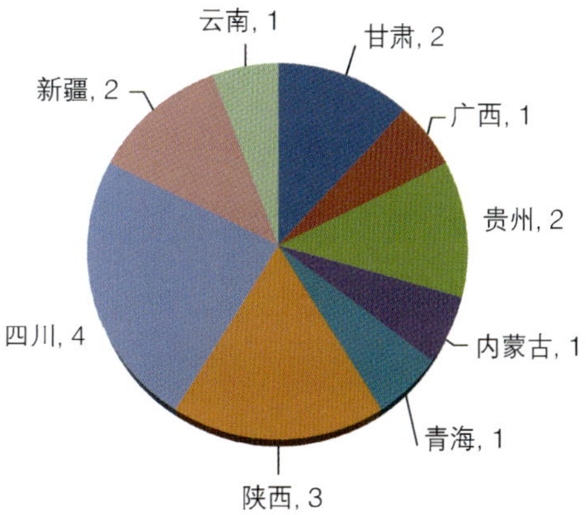

图 4－30　西部产业园区省份分布图

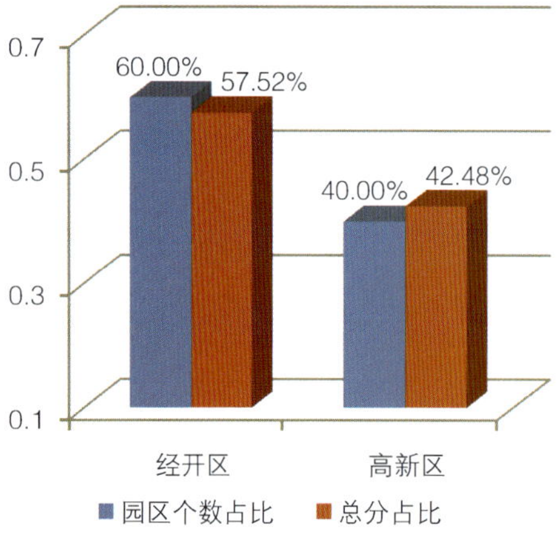

图4-31　西部10强经开区与高新区对比

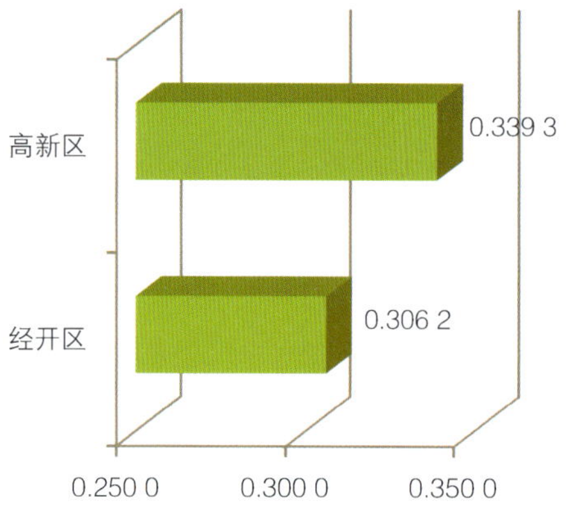

图4-32　西部10强经开区与高新区均值对比

4.3.2　西部产业园区经济发展排名状况分析

对西部地区产业园区的持续发展竞争力综合排名状况分析之后，进行五大类一级指标的排名分析，针对西部国家级产业园区经济发展指标得分，整理得到西部园区经济发展前10强排名，见表4-14。

表4-14　西部地区国家级产业园区经济发展排名

排名	名称	省份	指标得分
1	兰州经济技术开发区	甘肃	0.096 2
2	西安高新技术产业开发区	陕西	0.082 5
3	西安经济技术开发区	陕西	0.081 7
4	成都高新技术产业开发区	四川	0.060 0
5	成都经济技术开发区	四川	0.055 7
6	乌鲁木齐经济技术开发区	新疆	0.047 3
7	贵阳经济技术开发区	贵州	0.044 9
8	乌鲁木齐高新技术产业开发区	新疆	0.035 2
9	西宁经济技术开发区	青海	0.034 2
10	贵阳高新技术产业开发区	贵州	0.032 8

由表4-14可见，在西部地区经济发展指标的排名中，兰州经济技术开发区以0.096 2的得分居于榜首，这主要得益于其较快的经济增长速度，体现在突出的工业总产值增长率，实际使用外资增长率等方面，并且，兰州经济技术开发区

在这一指标上的得分情况，与东部地区经济发展的 10 强园区相比也毫不逊色。

兰州是黄河上游最大的工业城市和重要的原材料基地，形成了以石油化工、有色冶金、机械电子、医药、轻纺、建材为主体，门类齐全的工业体系，是全国重要的石油化工和机械装备工业基地。兰州经济技术开发区是我国航天器材、电子仪表、信息产品的主要生产基地之一，大批国有大中型企业及高科技企业陆续入驻发展，已形成以航天器材、电子仪表和信息产品为主，建材、食品、机械和医药工业共同发展、具有一定规模和相当基础的工业体系，同时现代仓储、物流业发展迅速。2010 年，兰州市委提出以兰州新区、高新区和经济区“3 区”为依托，以 8 个县区为载体，构建“3 + 8”的板块经济发展新体系，兰州经济技术开发区作为“3 + 8”发展模式中的重要一极，已成为推动全市乃至全省经济跨越发展的强力引擎，由此可见，兰州经济技术开发区已经成为西部经济发展的代表之一。

五强之中西北中心城市西安的两家园区，即西安高新技术产业开发区和西安经济技术开发区均以经济实力的较大优势上榜，同样来自西南中心城市成都的两家园区也位列 5 强。从第 4 名开始，园区的得分开始以几乎连续的状态分布，上下两名的得分差距都不超过 0.01。

西部地区经济发展排名前 10 位的园区中，高新技术产业开发区占 4 个，总得分为 0.210 4，均值为 0.052 6；经济技术开发区占 6 个，总得分为 0.359 9，均值为 0.060 0。无论是数量还是均值水平，西部地区经济发展的 10 强园区，经济技术开发区都高于高新技术产业开发区，见图 4 - 33 和图 4 - 34。

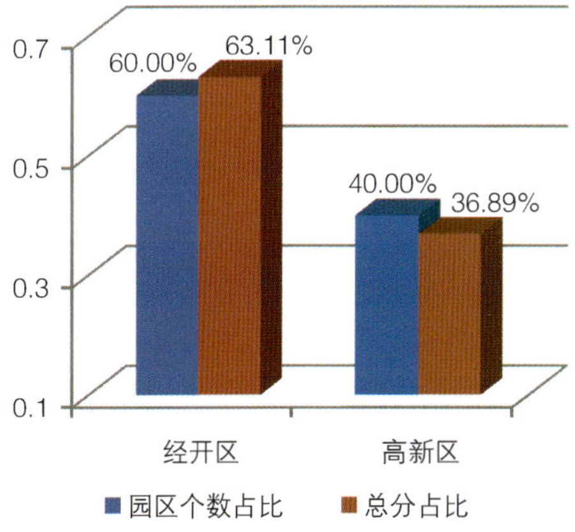

图 4 - 33　西部地区经济发展指标 10 强经开区与高新区对比

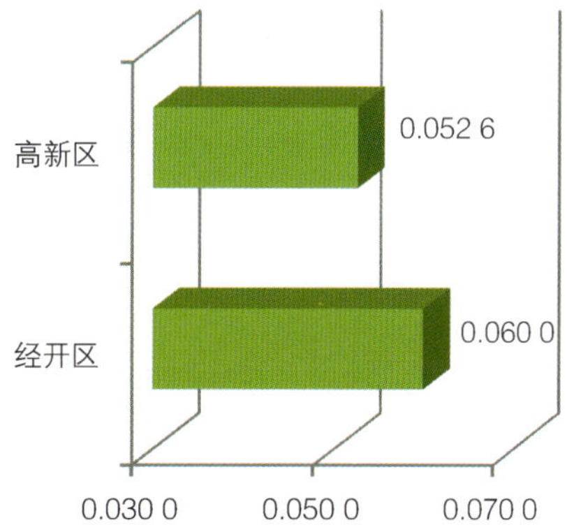

图 4 - 34　西部地区经济发展指标 10 强经开区与高新区均值对比

4.3.3 西部产业园区创新发展排名状况分析

对国家级产业园区创新发展指标西部园区的得分情况，整理得到西部地区国家级产业园区创新发展指标排名，见表 4－15。

表 4－15 西部地区国家级产业园区创新发展排名

排名	名称	省份	指标得分
1	南宁高新技术产业开发区	广西	0.057 9
2	兰州经济技术开发区	甘肃	0.030 5
3	桂林高新技术产业开发区	广西	0.027 4
4	绵阳高新技术产业开发区	四川	0.023 5
5	兰州高新技术产业开发区	甘肃	0.020 3
6	呼和浩特经济技术开发区	内蒙古	0.019 9
7	杨凌农业高新技术产业示范区	陕西	0.018 4
8	成都经济技术开发区	四川	0.018 1
9	成都高新技术产业开发区	四川	0.014 1
10	西安高新技术产业开发区	陕西	0.010 2

由表 4－15 可见，在西部地区创新发展指标的排名中，坐落于广西省会的南宁高新技术产业开发区凭借园区创新资源和创新平台优势以 0.057 9 的得分排名第一，远超其他园区，也是西部创新发展指标得分唯一超过 0.05 分的园区。兰州经济技术开发区和桂林高新技术产业开发区以园区内较多的大专以上院校优势，均位居此项指标的 3 强之列。除前 3 名以外，西部地区创新发展的总体水平还是比较落后，但西部园区在国家政策的支持下，已经逐步加强创新平台的发展建设力度，创新发展水平具有较大的上升空间。

杨凌农业高新技术产业示范区作为农业科技园区的代表，虽在持续竞争力综合排名上未入百强，但是该农业示范区在创新发展排名中晋升西部 10 强。杨凌是中华农耕文明的发祥地，在这里建立了中国西北地区第一所农业高等专科学校——国立西北农林专科学校，即现在西北农林科技大学的前身，特别是新中国成立后，国家和陕西省在这里又陆续布局建设了一批农林水方面的科教单位，被誉为中国“农科城”。该示范区推进产学研结合，以农牧良种、环保农资、绿色食品、生物工程(制药)为主导的农业高新技术产业初具规模。这些优势都是该园区位列西部园区创新发展 10 强的重要原因。

西部地区创新发展排名前 10 的园区中,高新技术产业开发区占 7 个,总得分为 0.171 9,均值为 0.024 6;经济技术开发区占 3 个,总得分为 0.068 5,均值为 0.022 8。无论是数目还是均值水平,西部地区创新发展的 10 强园区中高新技术产业开发区比经济技术开发区创新发展水平更具优势,见图 4－35 和图 4－36。

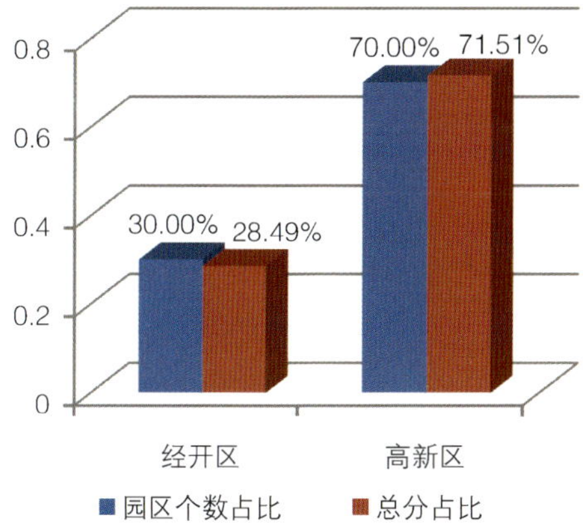

图 4－35　西部地区创新发展指标 10 强经开区与高新区对比

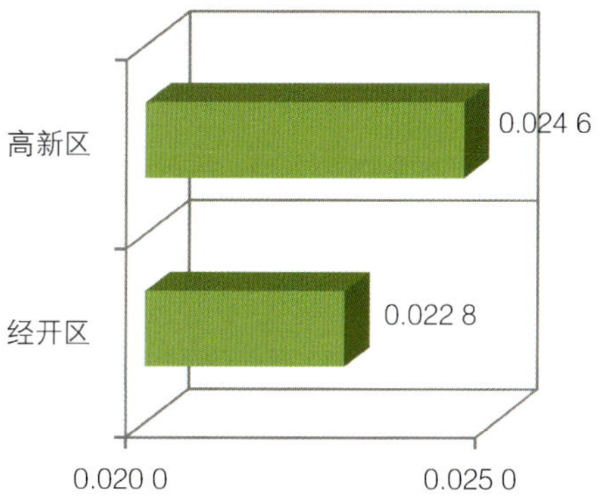

图 4－36　西部地区创新发展指标 10 强经开区与高新区均值对比

4.3.4　西部产业园区产业合作排名状况分析

针对国家级产业园区产业合作指标西部园区的得分情况,整理得到西部地区国家级产业园区产业合作指标排名,见表 4－16。

表 4－16　西部地区国家级产业园区产业合作排名

排名	名称	省份	指标得分
1	重庆经济技术开发区	重庆	0.118 9
2	成都高新技术产业开发区	四川	0.108 7
3	西安高新技术产业开发区	陕西	0.105 9
4	包头稀土高新技术产业开发区	内蒙古	0.104 9
5	贵阳高新技术产业开发区	贵州	0.104 5

续表

排名	名称	省份	指标得分
6	贵阳经济技术开发区	贵州	0.103 7
7	宝鸡高新技术产业开发区	陕西	0.099 2
8	西宁经济技术开发区	青海	0.098 8
9	德阳经济技术开发区	四川	0.098 4
10	绵阳高新技术产业开发区	四川	0.098 0

由表 4 - 16 可见,在西部地区产业合作指标的排名中,重庆经济技术开发区在此项指标排名榜首,得分 0.118 9,坐落于内陆地区开放高地之一的重庆市,重庆经济技术开发区的园区内部合作水平、上市公司数量都在西部地区颇具优势。重庆经济技术开发区自 1993 年经国务院批准设立以来,明确“高新技术产业基地、内陆港口开放基地”两大定位,致力打造西部地区重要增长极、长江上游地区经济中心的高端产业集聚地,形成了高端装备制造、现代信息技术和现代服务业三大主导产业,汇聚了和记黄埔、嘉陵—本田、长安铃木、长安福特、爱立信、可口可乐、顶益集团等 40 余家世界 500 强和国际知名企业,香港嘉单集团、融侨实业、融科国际、民生实业、伟联股份等近年来也相继入驻。

成都高新技术产业开发区聚集世界 500 强企业及国际知名企业 100 余家,主导产业的集约集群发展态势明显,这些优势都使得该园区在产业合作指标得分较高,稳居西部第 2 名。西安高新技术产业开发区再度位列 3 强,作为西北地区的中心城市,城市基础和历史优势使西安高新技术产业开发区的企业集聚度,内外产业合作状况,园区内部服务都发展较好。

西部地区产业合作排名前 10 的园区中,高新技术产业开发区占 6 个,总得分为 0.621 3,均值为 0.103 6;经济技术开发区占 4 个,总得分为 0.419 8,均值为 0.105 0。虽然高新技术产业开发区数量较多,但从该项指标的均值水平来看,在西部地区产业合作状况的 10 强园区中,经济技术开发区比高新技术产业开发区的水平略高,见图 4 - 37 和图 4 - 38。

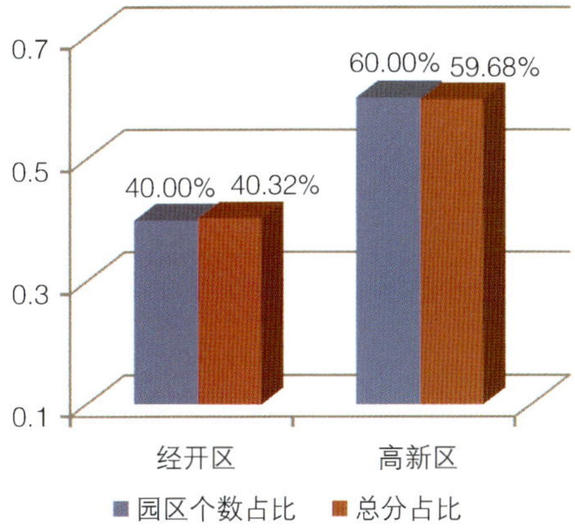

图 4-37　西部地区产业合作指标 10 强经开区与高新区对比

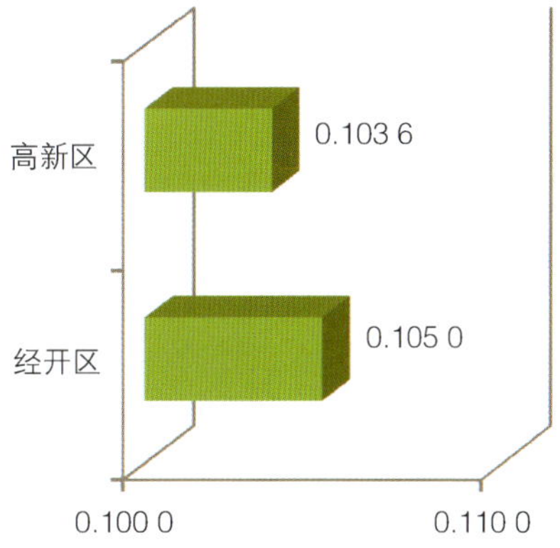

图 4-38　西部地区产业合作指标 10 强经开区与高新区均值对比

4.3.5　西部产业园区公共服务排名状况分析

针对国家级产业园区公共服务指标西部园区的得分情况，整理得到西部地区国家级产业园区公共服务指标排名，见表 4-17。

表 4-17　西部地区国家级产业园区公共服务排名

排名	名称	省份	指标得分
1	成都高新技术产业开发区	四川	0.091 4
2	兰州经济技术开发区	甘肃	0.075 9
3	成都经济技术开发区	四川	0.073 4
4	呼和浩特经济技术开发区	内蒙古	0.068 4
5	西安高新技术产业开发区	陕西	0.065 2
6	贵阳高新技术产业开发区	贵州	0.063 9
7	重庆高新技术产业开发区	重庆	0.063 4
8	南宁高新技术产业开发区	广西	0.062 7
9	西安经济技术开发区	陕西	0.062 1
10	长寿经济技术开发区	重庆	0.060 9

在表 4-17 中发现，成都高新技术产业开发区以 0.091 4 分继西部地区持续发展竞争力综合排名后再次荣登榜首，成都高新技术产业开发区高度重视服务体系建设，形成了一批电子信息、生物医药领域的公共技术服务平台，与此同时

构建了天使投资、风险投资、股权融资等"梯形融资"服务体系，另外，该园区致力于打造与国际接轨的服务环境，建立了小政府、大社会的特色行政管理体制，再造政务服务流程。

同样来自西南中心城市的成都经济技术开发区也一举进入前3名，体现了其区位优势与组织机构的完善设置；另外，来自西安的2家产业园区西安高新技术产业开发区和西安经济技术开发区也凭借区位优势，名列10强。从第2名开始，西部园区在此项指标的得分中依次十分接近。

西部地区公共服务排名前10位的园区中，高新技术产业开发区占5个，总得分为0.346 6，均值为0.069 3；经济技术开发区占5个，总得分为0.340 7，均值为0.068 1。无论是数目上还是均值上，在西部地区公共服务的10强园区中，经济技术开发区与高新技术产业开发区水平相当，见图4-39和图4-40。

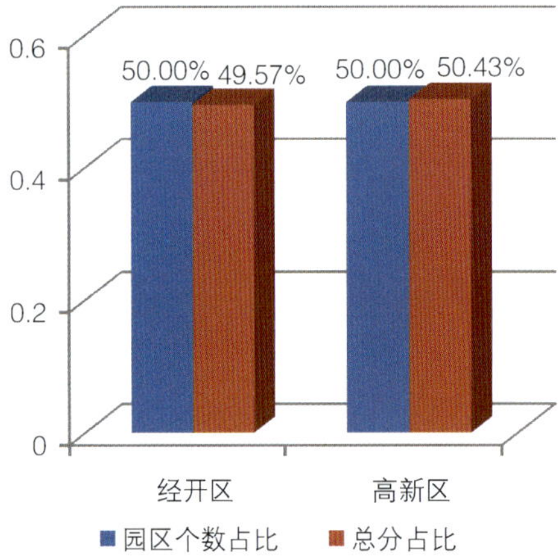

图4-39　西部地区公共服务指标10强经开区与高新区对比

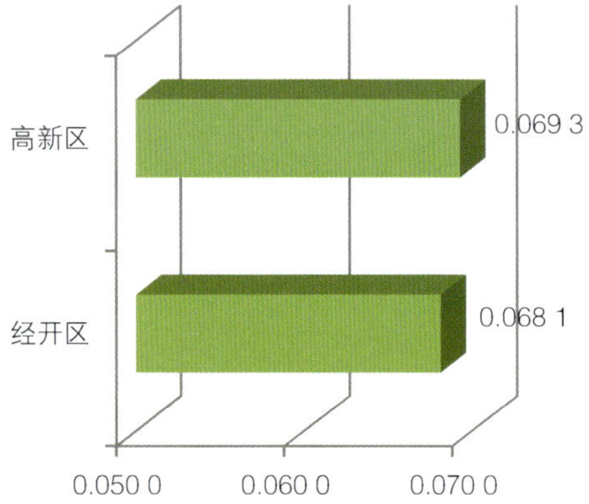

图4-40　西部地区公共服务指标10强经开区与高新区均值对比

4.3.6　西部产业园区社会发展排名状况分析

针对国家级产业园区社会发展指标西部园区的得分情况进行整理，得到西部地区国家级产业园区社会发展指标排名，见表4-18。

表4-18 西部地区国家级产业园区社会发展排名

排名	名称	省份	指标得分
1	西安高新技术产业开发区	陕西	0.1261
2	成都高新技术产业开发区	四川	0.1241
3	乌鲁木齐经济技术开发区	新疆	0.1107
4	昆明高新技术产业开发区	云南	0.1040
5	成都经济技术开发区	四川	0.1040
6	西宁经济技术开发区	青海	0.1001
7	西安经济技术开发区	陕西	0.0965
8	宝鸡高新技术产业开发区	陕西	0.0936
9	贵阳经济技术开发区	贵州	0.0931
10	乌鲁木齐高新技术产业开发区	新疆	0.0922

由表4-18可见,社会发展指标排名的西部10强园区得分几乎以连续状态依次排开。西安高新技术产业开发区以0.1261的最终得分反超成都高新技术产业开发区,成为此项指标的第1名。

作为西北地区的代表性园区,西安高新技术产业开发区较高的媒体正面曝光率使得社会声誉利好,作为在建的国家生态工业示范园体现了园区对环境保护愈加重视。园区内的西安国家环保科技产业园于2001年经国家环保部同意设立,采用一园三区的形式规划建设,其中示范区面积1平方公里,主要为现有环保企业的集中区域,以培育环保企业和园区的品牌形象为主;发展区面积3平方公里,主要以科技服务产业为核心,积极发展包括环境友好型产品和环保设备材料生产在内的环保科技产业,将形成环保科技、产品、信息、资金、人才的集散地,并辐射带动包括西安高新区和政策区在内的虚拟区产品的绿色化和经济体系环境友好化。目前已构建了完整的环境质量管理体系和环保政策体系,形成了以西电集团、陕鼓动力、西安开米、艾默生科技为核心的环保产业集群。

乌鲁木齐经济技术开发区不仅通过了ISO14000环境保护认证,同时也是西部在建的国家生态工业示范园区之一,在西部地区各项指标的排名中首次跻身3强之列。昆明高新技术产业开发区作为云南省唯一的百强园区,在此单项指标排名中因微弱差距位列第4名。

西部地区社会发展排名前 10 位的园区中，高新技术产业开发区占 5 个，总得分为 0.539 9，均值为 0.108 0；经济技术开发区占 5 个，总得分为 0.504 4，均值为 0.100 9。无论是数目还是均值水平，在西部地区社会发展的 10 强园区中，高新技术产业开发区与经济技术开发区社会发展水平大致相近，见图 4－41 和图 4－42。

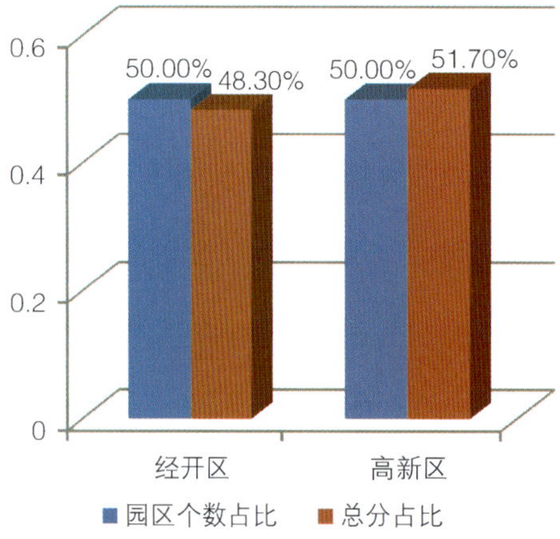

图 4－41　西部地区社会发展指标 10 强经开区与高新区对比

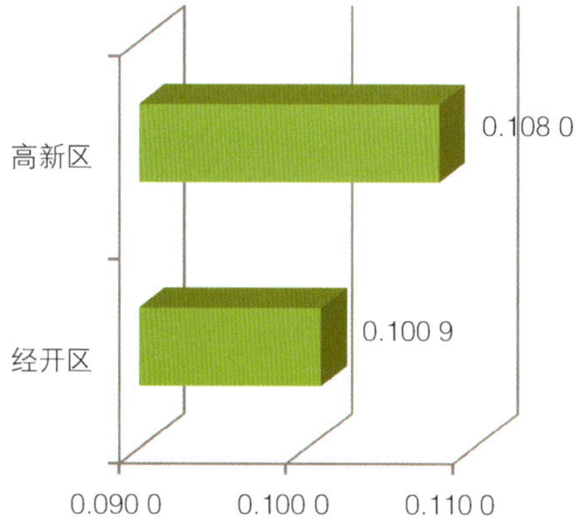

图 4－42　西部地区社会发展指标 10 强经开区与高新区均值对比

4.4　各省份国家级产业园区排名展示

4.4.1　各省份百强榜产业园区个数与总得分排名

将各省份入围百强榜产业园区的个数和综合得分进行分析，得出表 4－19，图 4－43。

表 4－19　各省份百强榜产业园区个数与总得分排名

省份	百强榜园区个数	总得分	省份	百强榜园区个数	总得分
江苏	15	4.894 4	安徽	5	1.582 5
山东	13	3.877 4	上海	4	1.506 0
广东	8	2.727 0	辽宁	4	1.359 9
浙江	7	2.050 1	四川	4	1.240 9

续表

省份	进入百强榜园区个数	总得分	省份	进入百强榜园区个数	总得分
湖北	3	1.200 0	江西	2	0.603 9
吉林	3	1.027 1	贵州	2	0.590 3
陕西	3	0.993 8	甘肃	2	0.561 9
湖南	3	0.945 1	新疆	2	0.533 5
黑龙江	3	0.849 3	青海	1	0.279 9
福建	3	0.829 5	广西	1	0.277 6
河北	3	0.827 5	山西	1	0.265 8
天津	2	0.832 7	云南	1	0.265 7
北京	2	1.133 5	内蒙古	1	0.250 1
河南	2	0.660 6			

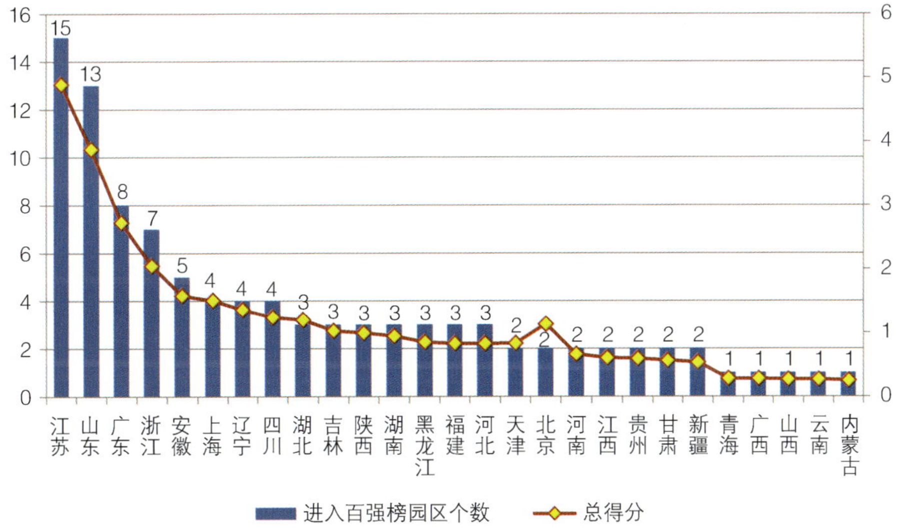

图 4-43　各省份百强榜产业园区个数及总得分

4.4.2　各省份产业园区持续发展竞争力平均得分排名

根据各省份进入百强榜的园区总得分与园区个数之比得到的平均得分状况，得出各省份的平均得分排名，见表 4-20。为更形象地显示各省份进入百强榜的产业园区的平均得分差异，见图 4-44。

表 4-20　各省份百强榜产业园区平均得分排名

排名	省份	平均得分	排名	省份	平均得分
1	北京	0.566 8	15	山东	0.298 3
2	天津	0.416 4	16	贵州	0.295 2
3	湖北	0.400 0	17	浙江	0.292 9
4	上海	0.376 5	18	黑龙江	0.283 1
5	吉林	0.342 4	19	甘肃	0.281 0
6	广东	0.340 9	20	青海	0.279 9
7	辽宁	0.340 0	21	广西	0.277 6
8	陕西	0.331 3	22	福建	0.276 5
9	河南	0.330 3	23	河北	0.275 8
10	江苏	0.326 3	24	新疆	0.266 8
11	安徽	0.316 5	25	山西	0.265 8
12	湖南	0.315 0	26	云南	0.265 7
13	四川	0.310 2	27	内蒙古	0.250 1
14	江西	0.302 0			

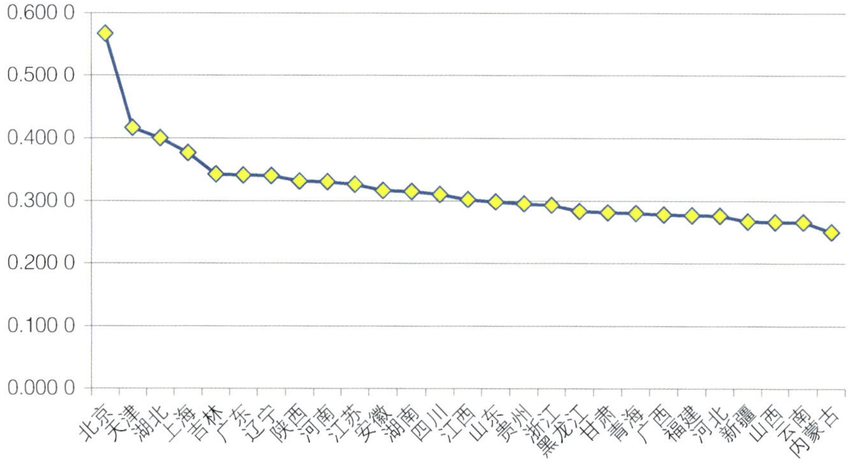

图 4-44　各省份百强榜产业园区平均得分曲线图

4.5　区域排名 2012—2013 年度对比分析

4.5.1　东部产业园区排名 2012—2013 年度对比分析

1. 百强榜东部地区总体数值对比

由百强榜单可知，东部地区 2013 年共有 61 家园区上榜，其中高新技术产业开发区共有 27 家，经济技术开发区共有 34 家，而 2012 年百强榜东部地区共有 58 家园区，其中高新技术产业开发区 28 家，经济技术开发区 30 家，相比得知百强榜中东部园区总数量增加了 3 家，而入榜园区中经济技术开发区 2013 年较 2012 年占比更大。

东部地区的持续发展竞争力综合得分情况：2012 年产业园区总得分为 18.229 5，2013 年总得分为 20.038 0，同比增长 9.92%，远超百强园区总得分的平均增长率 5.58%。另外，东部园区平均得分由 2012 年的 0.314 3 上升到 2013 年的 0.328 5，也增长了 4.52%，东部地区 10 强园区总得分的增长率是接近 15%，大大超过东部地区平均增长率。具体见表 4-21 和图 4-45。

表 4-21　2012—2013 东部园区持续发展竞争力总指标得分对比

东部园区	2012 年	2013 年	增长率
园区个数	58	61	—
总得分	18.229 5	20.038 0	9.92%
平均得分	0.314 3	0.328 5	4.52%
10 强总得分	4.312 1	4.955 5	14.92%
10 强总分占比	23.65%	24.73%	—

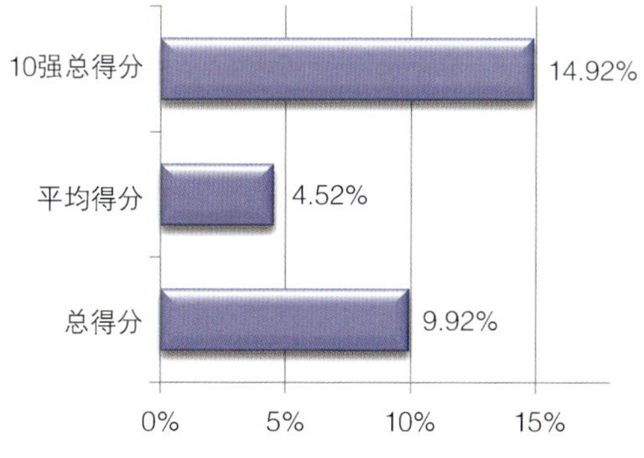

图 4-45　东部园区总指标增长率

2. 单项指标对比分析

分析东部地区五大类单项指标 2012—2013 年度 10 强园区平均得分情况可知，东部地区的各单项指标 10 强园区的平均得分均有不同程度的增幅，其中以经济发展指标和创新发展指标的增幅最大，经济发展指标 10 强园区平均得分的增幅接近 40%，而创新发展指标平均得分增幅也超过了 20%。产业合作、公共服务和社会发展指标的增幅相对较为平缓。具体情况见表 4－22 和图 4－46。

表 4－22　2012—2013 东部园区单项指标 10 强园区平均得分对比

东部单项指标 10 强平均分	2012 年	2013 年	增长率
经济发展	0.083 6	0.115 9	38.64%
创新发展	0.053 8	0.066 8	24.16%
产业合作	0.123 9	0.133 6	7.83%
公共服务	0.074 4	0.080 5	8.20%
社会发展	0.132 5	0.139 9	5.58%

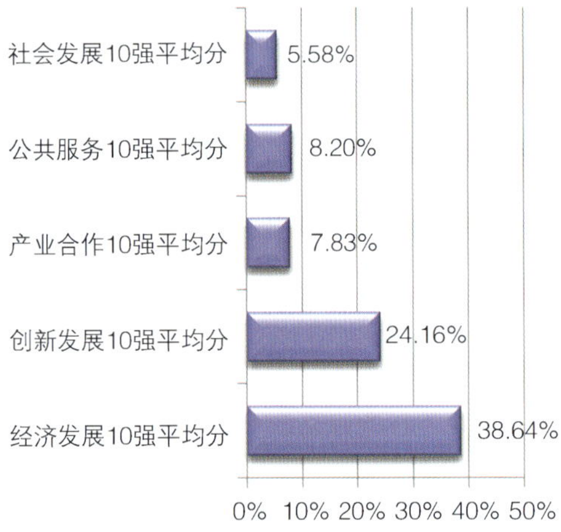

图 4－46　东部园区单项指标 10 强增长率

4.5.2　中部产业园区排名 2012—2013 年度对比分析

1. 百强榜中部地区总体数值对比

由百强榜单可知，中部地区产业园区 2013 年共有 22 家园区上榜，其中高新技术产业开发区有 13 家，经济技术开发区有 9 家，而 2012 年百强榜中部地区共有 24 家园区入围，其中高新技术产业开发区 14 家，经济技术开发区 10 家，相较于 2012 年，2013 年度入围百强的中部园区总数量略有减少，入榜的园区中高新技术产业开发区占比更大。

中部地区产业园区的持续发展竞争力综合得分情况 2012 年产业园区总得分为 7.168 7，2013 年总得分为 7.134 3，虽然总得分略有下降主要源于数量的减少，但平均得分由 2012 年的 0.298 7 上升到 0.324 3，增长率达到 8.57%，几乎接近东部地区平均得分增长率的两倍，也高于百强园区平均得分的增长率 5.29%。而中部地区 10 强园区总得分的增长率是超过了 10%，远高于中部地区平均增长率。具体情况见表 4－23 和图 4－47。

表 4－23　2012—2013 中部园区持续发展竞争力总指标得分对比

中部园区	2012 年	2013 年	增长率
园区个数	24	22	—
总得分	7.168 7	7.134 3	－0.48%
平均得分	0.298 7	0.324 3	8.57%
十强总得分	3.362 9	3.787 4	12.62%
10 强总分占比	46.91%	53.09%	—

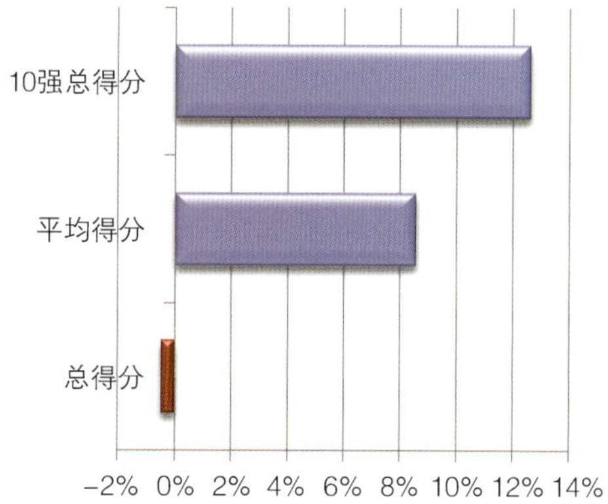

图 4－47　中部园区总指标增长率

2. 单项指标对比分析

分析中部地区五大类单项指标 2012—2013 年度 10 强园区平均得分情况，可以发现中部地区的各单项指标 10 强园区的平均得分均有不同程度的增幅，和东部地区一样，以经济发展指标和创新发展指标的增幅最大，经济发展指标 10 强平均分的增幅超过 20%，而创新发展指标平均得分增幅也接近 20%。产业合作、公共服务和社会发展指标的增幅相对较为平缓。具体情况见表 4－24 和

图 4－48。

表 4－24　2012—2013 中部园区单项指标 10 强园区平均得分对比

中部单项指标 10 强平均分	2012 年	2013 年	增长率
经济发展	0.0539	0.0665	23.38%
创新发展	0.0338	0.0401	18.64%
产业合作	0.1084	0.1160	7.01%
公共服务	0.0673	0.0713	5.94%
社会发展	0.1043	0.1135	8.82%

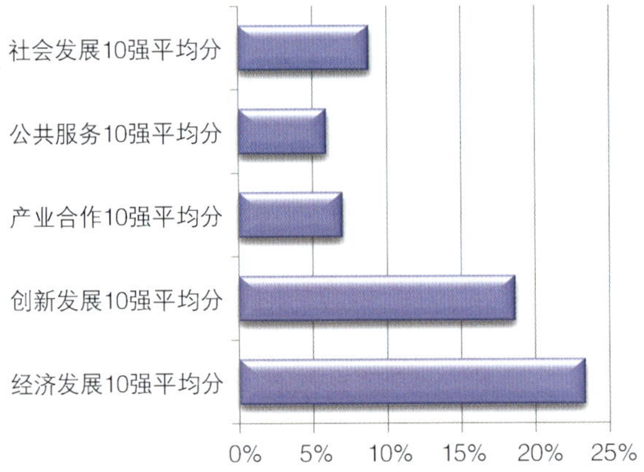

图 4－48　中部园区单项指标 10 强增长率

4.5.3　西部产业园区排名 2012—2013 年度对比分析

1. 百强榜西部地区总体数值对比

由百强榜单可知，西部地区产业园区 2013 年共有 17 家上榜，其中高新技术产业开发区有 10 家，经济技术开发区有 7 家，而 2012 年百强榜西部地区共有 18 家，其中高新技术产业开发区 9 家，经济技术开发区 9 家，总数量几乎没有变化，只减少了 1 家园区，与中部地区一样，西部入榜的园区中高新技术产业开发区占比更大。

西部地区的持续发展竞争力综合得分情况：2012 年产业园区总得分为 5.0670，2013 年总得分为 4.9937，微有下降，平均得分由 2012 年的 0.2815 上升到 0.2937，上升了 4.33%，与东部地区的平均得分增长率基本持平。西部地区 10 强园区总得分的增长率达到 6.35%，超过了西部地区平均增长率。具体见表 4－25 和图 4－49。

表 4－25　2012—2013 西部园区持续发展竞争力总指标得分对比

西部园区	2012 年	2013 年	增长率
园区个数	18	17	—
总得分	5.067 0	4.993 7	－1.45%
平均得分	0.281 5	0.293 7	4.33%
十强总得分	3.003 8	3.194 4	6.35%
10 强总分占比	59.28%	63.97%	—

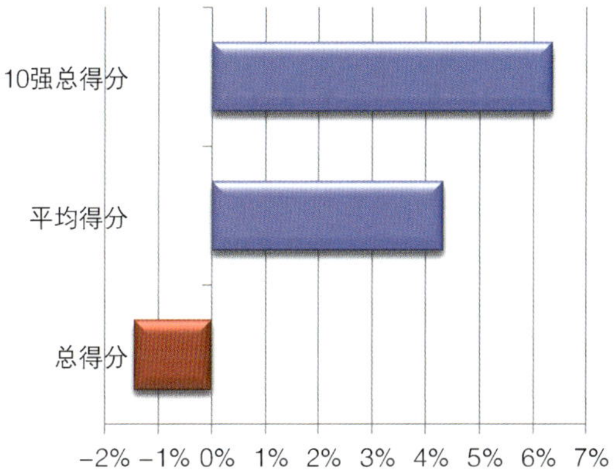

图 4－49　西部园区总指标增长率

2. 单项指标对比分析

分析西部地区五大类单项指标 2012—2013 年度 10 强园区平均得分情况，可以发现西部地区的各单项指标 10 强园区的平均得分均有不同程度的增幅，但与东部和中部地区不同的是，西部经济发展 10 强园区的平均得分增幅甚微，不到 1%，与 2012 年度几乎没有差别，但创新发展指标的增幅巨大，达到 63.27%，远远超过东部和中部地区，同时，西部公共服务 10 强园区的平均得分增幅也超过了 20%，产业合作、社会发展指标的增幅相对较为平缓。具体情况见表 4－26 和图 4－50。

表 4-26　2012—2013 西部园区单项指标 10 强园区平均得分对比

西部单项指标 10 强平均分	2012 年	2013 年	增长率
经济发展	0.056 6	0.057 0	0.71%
创新发展	0.014 7	0.024 0	63.27%
产业合作	0.095 1	0.104 1	9.46%
公共服务	0.056 8	0.068 7	20.95%
社会发展	0.102 6	0.104 4	1.75%

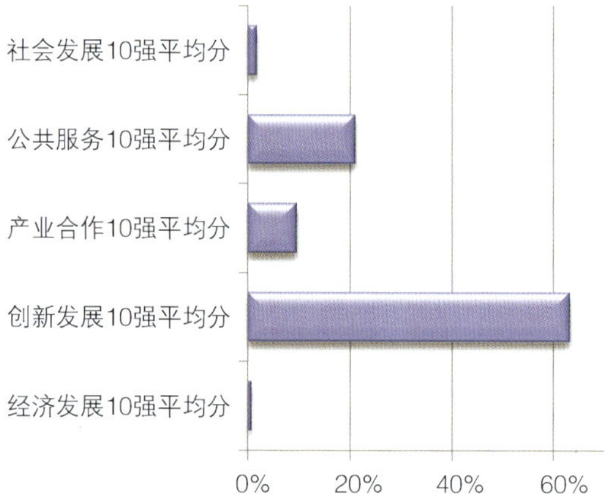

图 4-50　西部园区单项指标 10 强增长率

4.5.4　各省份排名 2012—2013 年度对比分析

1. 各省份园区持续发展竞争力总得分对比

由百强榜各省份产业园区总得分对比分析可知，浙江省的园区总得分 2012 至 2013 年度增幅最大，达到 75.19%，主要源于 2013 年度浙江省进入百强榜园区的个数较其他省份比较有大幅度增加，由 2012 年 4 个上升为 7 个，新入榜的有温州经济技术开发区、嘉兴经济技术开发区、宁波大榭开发区和宁波石化经济技术开发区。尤其是温州经济技术开发区的综合得分增幅较大，主要由于该园区 2012—2013 年度工业总产值、税收收入、出口总额以及专利授权数目的大幅增加。

湖北、山东、江苏、广东、天津、北京等各省及直辖市的园区总得分都有较大的增长，均超过了百强园区总得分的平均增长率，不论是百强榜的园区个数还是园区得分的总体水平都有一定幅度的上升。

值得一提的是，西部地区甘肃省在2012年度并未有园区跻身百强榜，今年凭借省内两家园区兰州经济技术开发区、兰州高新技术产业开发区在经济发展的快速增长带动下跃入百强之列。而重庆市2013年无园区上榜，2012年入榜的重庆经济技术开发区2013年在持续发展竞争力综合排名上下降到第109位，究其原因，数据显示该园区2012—2013年度的经济发展指标呈现负值，工业总产值、税收收入和实际使用外资同比负增长，导致其排名下降无缘榜单。各省市的具体变化情况见表4-27和图4-51。

表4-27 2012—2013各省市园区持续发展竞争力总得分对比

	总分排名		园区个数		总得分		增长率
省份	2013	2012	2013	2012	2013	2012	
江苏	1	1	15	13	4.8944	4.1451	18.08%
山东	2	2	13	11	3.8774	3.2754	18.38%
广东	3	3	8	7	2.7270	2.3416	16.46%
浙江	4	10	7	4	2.0501	1.1702	75.19%
安徽	5	6	5	5	1.5825	1.4923	6.04%
上海	6	5	4	5	1.5060	1.5450	-2.53%
辽宁	7	4	4	5	1.3599	1.5781	-13.83%
四川	8	9	4	4	1.2409	1.1782	5.32%
湖北	9	13	3	3	1.2000	0.9768	22.85%
北京	10	12	2	2	1.1335	1.0247	10.62%
吉林	11	8	3	4	1.0271	1.1994	-14.36%
陕西	12	15	3	3	0.9938	0.8947	11.08%
湖南	13	14	3	3	0.9451	0.9209	2.63%
黑龙江	14	17	3	3	0.8493	0.8443	0.59%
天津	15	18	2	2	0.8327	0.7248	14.88%
福建	16	7	3	5	0.8295	1.3595	-38.99%
河北	17	11	3	4	0.8275	1.0649	-22.29%
河南	18	16	2	3	0.6606	0.8451	-21.83%
江西	19	19	2	2	0.6039	0.6232	-3.10%
贵州	20	20	2	2	0.5903	0.5726	3.09%
甘肃	21	—	2	0	0.5619	—	—
新疆	22	22	2	2	0.5335	0.5406	-1.32%

续表

	总分排名		园区个数		总得分		增长率
省份	2013	2012	2013	2012	2013	2012	
青海	23	24	1	1	0.2799	0.2829	-1.06%
广西	24	21	1	2	0.2776	0.5540	-49.89%
山西	25	26	1	1	0.2658	0.2666	-0.30%
云南	26	27	1	1	0.2657	0.2642	0.57%
内蒙古	27	23	1	2	0.2501	0.5007	-50.05%
重庆	—	25	0	1	—	0.2792	—

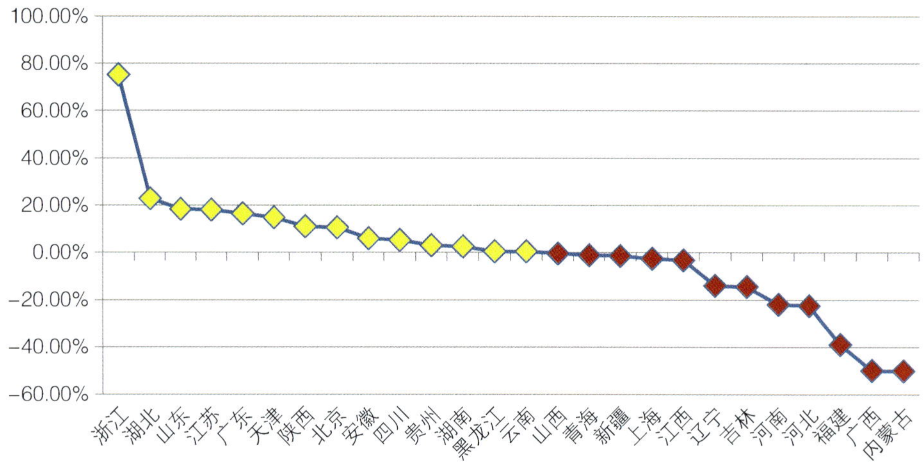

图 4-51　各省市百强园区总得分增长率

2. 各省份园区持续发展竞争力平均得分对比

由百强榜各省份产业园区平均得分对比分析可知，2012 年度至 2013 年度各省入围百强榜园区的平均得分变化较总得分变化相对平缓，平均得分增幅最大的是湖北省，达到了 22.85%，湖北省本年度百强园区虽然数量上没有增加，但是总体质量上升。

其次是上海市百强园区的平均得分同比上年的增幅也超过 20%，虽然数量上减少了 1 家园区（闵行经济技术开发区以微弱的差距排在 104 名），但是上榜园区整体的持续发展竞争力水平有所增强，主要源于上海张江国家自主创新示范区和漕河泾经济技术开发区持续发展竞争力综合得分的大大提升。

另外河南、吉林、天津等各省直辖市园区平均得分水平都有一定程度的提高，其园区的持续发展竞争力水平逐步上升。浙江省的入榜园区虽然在总得分和数目上增幅不少，但是平均得分水平的增幅很小，主要由于 2012 年浙江省入榜的 4 家园区，其中 3 家(包括杭州经济技术开发区、宁波经济技术开发区、宁波高新技术产业开发区)均排名在前 40 名，平均得分水平已经较高。各省市的具体变化情况见表 4－28 和图 4－52。

表 4－28　2012—2013 各省市园区持续发展竞争力平均得分对比

	平均得分排名		平均得分		增长率
省份	2013	2012	2013	2012	
北京	1	1	0.566 8	0.512 4	10.61%
天津	2	2	0.416 4	0.362 4	14.90%
湖北	3	4	0.400 0	0.325 6	22.85%
上海	4	8	0.376 5	0.309 0	21.84%
吉林	5	10	0.342 4	0.299 8	14.19%
广东	6	3	0.340 9	0.334 5	1.91%
辽宁	7	6	0.340 0	0.315 6	7.73%
陕西	8	12	0.331 3	0.298 2	11.09%
河南	9	18	0.330 3	0.281 7	17.25%
江苏	10	5	0.326 3	0.318 9	2.34%
安徽	11	11	0.316 5	0.298 5	6.04%
湖南	12	9	0.315 0	0.307 0	2.62%
四川	13	14	0.310 2	0.294 6	5.31%
江西	14	7	0.302 0	0.311 6	－3.08%
山东	15	13	0.298 3	0.297 8	0.18%
贵州	16	16	0.295 2	0.286 3	3.11%
浙江	17	15	0.292 9	0.292 6	0.12%
黑龙江	18	19	0.283 1	0.281 4	0.59%
甘肃	19	—	0.281 0	—	—
青海	20	17	0.279 9	0.282 9	－1.06%
广西	21	21	0.277 6	0.277 0	0.22%
福建	22	22	0.276 5	0.271 9	1.69%
河北	23	25	0.275 8	0.266 2	3.60%
新疆	24	23	0.266 8	0.270 3	－1.30%
山西	25	24	0.265 8	0.266 6	－0.30%
云南	26	26	0.265 7	0.264 2	0.57%

续表

	平均得分排名		平均得分		增长率
省份	2013	2012	2013	2012	
内蒙古	27	27	0.250 1	0.250 3	-0.09%
重庆	—	20	—	0.279 2	—

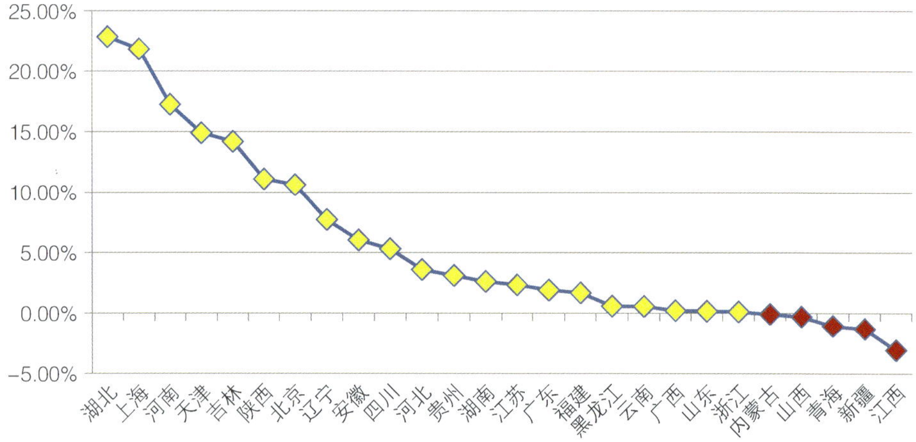

图 4-52　各省市百强园区平均得分增长率

第5章

中国产业园区持续发展类别分析

根据 2013 年国家级产业园区持续发展竞争力综合排名百强榜，进入百强榜的园区主要为高新技术产业开发区和经济技术开发区，本章将进一步以这两类园区为研究对象，就总体排名以及单项指标排名进行整理与分析，并与 2012 年排名进行对比。

5.1　高新技术产业开发区持续发展排名分析

5.1.1　高新技术产业开发区总体状况分析

1. 数值总体分布

2013 年高新技术产业开发区进入综合排名百强榜的有 50 家，占国家级高新技术产业开发区总数的 43.48%。百强中的高新区平均得分为 0.320 0，略低于百强产业园区总体得分均值 0.321 7。可以看出，2013 年高新技术产业开发区持续发展竞争力低于百强产业园区的平均水平。

从综合指标得分分布情况来看，北京中关村国家自主创新示范区得分为 0.756 4，远远超出其他高新区，上海张江国家自主创新示范区得分为 0.598 6，武汉东湖国家自主创新示范区得分为 0.497 7，略高于其他高新区，其他高新区综合得分在 0.247 1～0.412 6 之间呈连续分布形态。如图 5 - 1 所示。

与 2012 年相比，2013 年高新技术产业开发区进入综合排名百强榜平均得分有所提高，平均得分从 0.306 4 上升到 0.320 0，说明高新技术产业开发区持续发展竞争力有所提升；从综合指标得分增速来看，百强高新区综合指标得分均值增长率为 4.43%，而百强产业园区综合指标得分均值的增长率为 5.68%，见图 5-2。

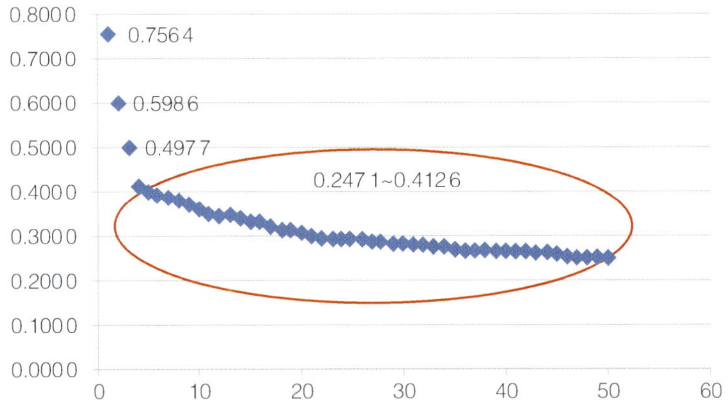

图 5-1 高新区综合得分分布

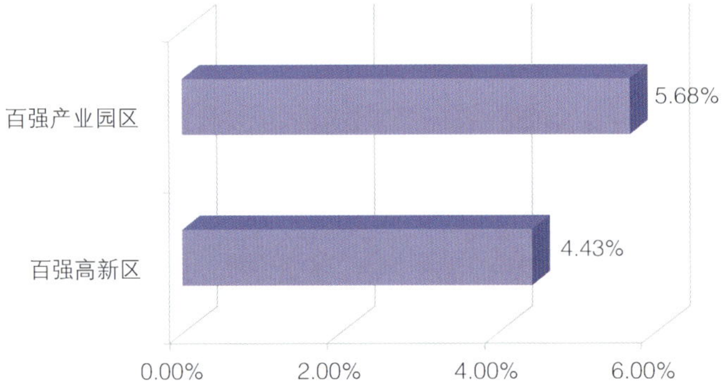

图 5-2 百强高新区与百强产业园区得分均值增长速度比较

与 2012 年相比，2013 年进入综合排名百强榜的高新技术产业开发区变异系数从 0.2275 提高到 0.2859，且远高于 2013 年百强产业园区的变异系数，说明百强高新区持续发展竞争力的差距在进一步拉大和分化，发展不均衡的态势进一步加剧。

与 2012 年相比，2013 年珠海高新技术产业开发区、江阴高新技术产业开发区、兰州高新技术产业开发区进入百强榜，而石家庄高新技术产业开发区、福州高新技术产业开发区、洛阳高新技术产业开发区、辽阳高新技术产业开发区则退出百强榜榜单。

珠海高新技术产业开发区进入百强榜是因为其经济指标和创新指标得分均较高，经济指标得分为0.057 3，创新指标得分0.009 7。面对国内外经济增速放缓、外需仍然疲弱的复杂形势，珠海高新区坚持扩增量、活存量、调结构、提质量，各项经济指标保持平稳增长，2013年其工业总产值同比增长50%，税收收入同比增长率51%，园区所拥有的专利授权数大幅增加。江阴高新技术产业开发区进入百强榜亦是因为其经济指标得分较高为0.080 0，其2013年经济增速较快，工业总产值同比增长34%，税收收入由45.48亿元上升到101.77亿元，同比增长率高达124%。兰州高新技术产业开发区进入百强榜主要是因为其创新指标得分有所增加，一方面园区周边拥有丰富的教学科研机构资源，另一方面园区拥有的专利授权数增多，近年来兰州高新区坚持以科技创新为动力，以完善创新创业环境为核心，以项目建设为重点，在园区建设、招商引资、成果转化、产业发展等方面取得了长足发展。

石家庄高新技术产业开发区退出百强榜是因为2013年经济发展指标得分较大幅度下降，多项经济指标出现大幅度下滑，工业总产值同比下跌27%，税收收入同比下跌33%，出口创汇同比下跌6.05%；创新指标上得分亦有所下降，2013年园区拥有的专利授权数有所减少。福州高新技术产业开发区在2012年榜单中排名并不靠前，2013年该园区经济发展、创新发展指标得分均有所下降，工业总产值增长率、税收收入增长率、出口创汇增长率均低于2012年水平，园区所拥有的专利授权数也有所减少，因此其综合得分下降退出百强榜。洛阳高新技术产业开发区退出百强榜主要原因是其经济指标增长速度相对缓慢，且产业合作指标得分大幅度下降。辽阳高新技术产业开发区退出百强榜，仍然是因为2013年经济发展指标得分较大幅度下降，工业总产值同比下跌16%，税收收入同比下跌25%。

2. 区域总体分布

从综合排名前百强的高新技术产业开发区的区域分布来看，东部拥有27家，占百强榜高新区总数的54.00%，中部拥有13家，占26.00%；西部拥有10家，占20.00%。可见东部地区仍然是高新技术产业开发区发展的主要区域。

从百强榜中各地区高新技术产业开发区综合得分总值来看，东部高新区为9.0329，占百强榜高新区的56.46%；中部高新区为4.0601，占25.38%；西部高新区为2.9058，占18.16%。

从百强榜高新区东中西数量比例和综合得分比例来看，东部综合得分比例略高于数量比例，中部和西部综合得分比例略低于数量比例，见图5-3。这表明，东部高新区在综合水平上仍具有明显优势。

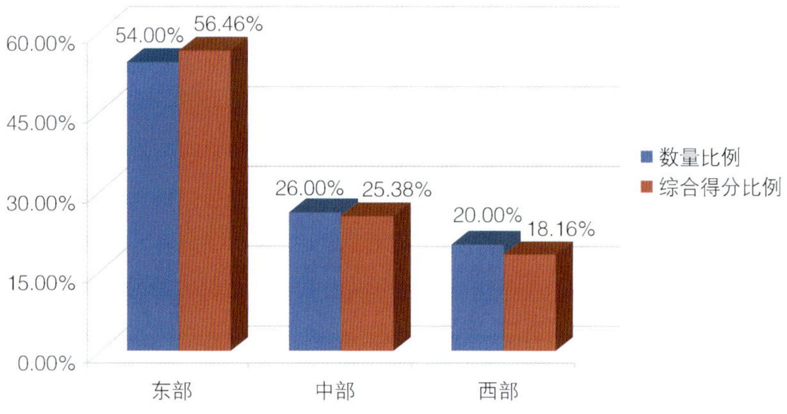

图5-3　高新区各区域数量比例及综合得分比例

从百强榜中各地域高新技术产业开发区综合得分的均值来看，如图5-4所示。东部高新区平均得分为0.3346，高于百强高新区的平均值0.3200；中部高新区和西部高新区平均得分分别为0.3123、0.2906，均低于百强高新区的平均

图5-4　高新区各区域得分均值对比

值，说明东部高新区在持续发展竞争力的平均水平仍然高于中部和西部地区，中西部与东部尚有一定差距。

与 2012 年相比，2013 年综合排名进入百强榜的高新区各区域得分均值均有所上升，其中东部上升幅度为 5.14%，中部上升幅度为 5.78%，西部上升幅度为 1.22%，整体平均增幅为 4.43%，如图 5－5 所示。中部得分均值增幅最高，已经略超过东部，远远超过西部，这说明中部高新区持续发展的潜力较大，未来还有较大的发展空间。东部地区进入新一轮突破和转型的拐点；而中部地区凭借得天独厚的土地资源、地理位置、基础设施、人力资源、气候及人文环境等方面的优势，依然还有较大的发展空间。

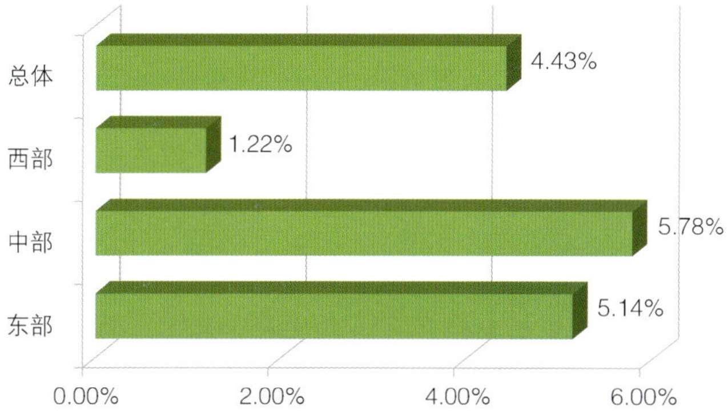

图 5－5　高新区各区域得分均值增长速度对比

3. 单项指标对比

从综合排名百强的高新区五个单项指标的均值来看，如图 5－6 所示：产业合

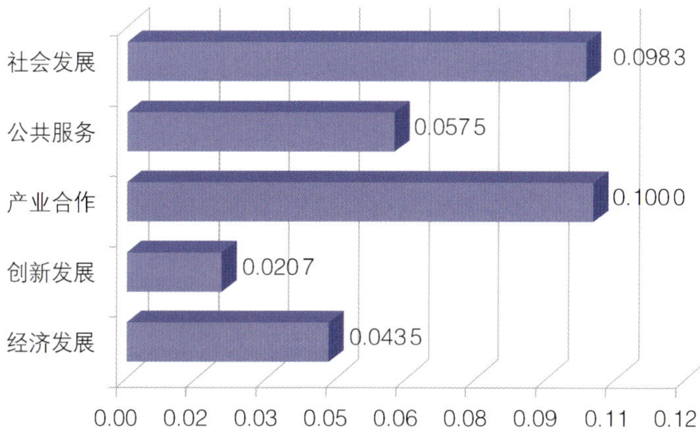

图 5－6　高新区各指标得分的均值对比

作和社会发展指标的均值相对较高，分别为 0.100 0 和 0.098 3；公共服务和经济发展指标均值居中，得分分别为 0.057 5 和 0.043 5；创新发展指标均值位居最后，得分为 0.020 7。经济发展和创新发展指标虽然权重较高，但是得分并不占优势，相对较低，主要原因仍然是北京中关村国家自主创新示范区经济发展和创新发展指标过于强大，导致其余园区的相对比较值较小，以至于该项指标最后得分均值不高。

5.1.2 高新技术产业开发区前 10 强排名分析

根据综合排名百强的高新技术产业开发区综合得分情况，高新技术产业开发区前 10 强如表 5－1 所示。

表 5－1 高新技术产业开发区前 10 强排名与得分

排名	高新区	地区	区域	综合得分	百强榜排名
1	北京中关村国家自主创新示范区	北京	东	0.756 4	1
2	上海张江国家自主创新示范区	上海	东	0.598 6	2
3	武汉东湖国家自主创新示范区	湖北	中	0.497 7	4
4	深圳高新技术产业开发区	广东	东	0.412 6	11
5	成都高新技术产业开发区	四川	西	0.398 3	13
6	西安高新技术产业开发区	陕西	西	0.389 8	14
7	合肥高新技术产业开发区	安徽	中	0.386 2	15
8	长春高新技术产业开发区	吉林	中	0.377 8	16
9	南京国家高新技术产业开发区	江苏	东	0.371 4	22
10	长沙高新技术产业开发区	湖南	中	0.360 3	24

1. 总体分析

前 3 名仍然是北京中关村国家自主创新示范区、上海张江国家自主创新示范区、武汉东湖国家自主创新示范区，有两家位于东部。北京中关村国家自主创新示范区以 0.756 4 绝对得分优势位居榜首，第 2 名上海张江国家自主创新示范区得分为 0.598 6，第 3 名武汉东湖国家自主创新示范区得分为 0.497 7。北京中关村国家自主创新示范区得分是第 3 名武汉东湖国家自主创新示范区得分的 1.52 倍，而第 2 名上海张江国家自主创新示范区是第 3 名武汉东湖国家自主创新示范区得分的 1.20 倍。

高新区前 10 强综合得分合计为 4.549 1，占百强榜中高新区总体得分的 28.43%，比 2012 年均有所上升，说明高新区前 10 强的持续发展竞争力有所提升。

高新区前 10 强的得分均值为 0.454 9，比百强榜高新区的平均得分 0.320 0 高 42.16%，说明 10 强高新技术产业开发区的持续发展水平要高出平均水平很多。与 2012 年相比，高新区前 10 强得分均值增速为 12.74%，远远超过百强高新区以及百强产业园区得分均值增速，如图 5－7 所示。这说明 10 强高新区得分均值增长速度很强劲，是中国高新技术产业区中的标杆和领军园区。

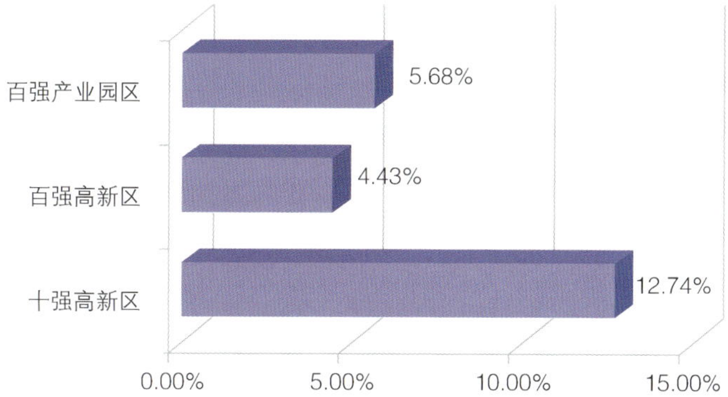

图 5－7　十强高新区得分均值增长速度比较

2013 年西安高新技术产业开发区进入 10 强，而青岛高新技术产业开发区则退出 10 强。西安高新技术产业开发区进入 10 强榜是因为经济发展指标得分较高为 0.082 5，工业总产值同比增长 20%，税收收入同比增长 22%，总收入同比增长 25.44%，出口创汇同比增长 19.54%。近几年来，西安高新技术产业开发区按照“两带四区七园(基地)”战略布局，坚持“经济发展与社会发展、现有产业与新兴产业、园区拓展与集约用地、企业引进与自主培育”统筹协调发展，不断提升综合发展能力、科技创新能力、规模经济能力、要素聚集能力、国际竞争能力和辐射带动能力，取得了较好的成绩。青岛高新技术产业开发区退出 10 强是因为其经济发展指标得分较低。

2013 年 10 强园区综合指标得分与 2012 年相比较均有所上升，增长比例见图 5－8，上海张江国家自主创新示范区综合得分增长 27.99%，武汉东湖国家自

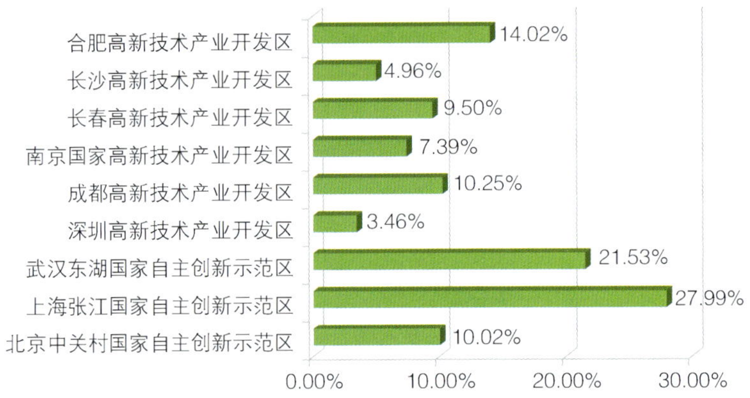

图 5-8　高新区前 10 强综合得分增长比例

主创新示范区综合得分增长比例为 21.53%，合肥高新技术产业开发区综合得分增长比例为 14.02%。

2013 年上海张江国家自主创新示范区在经济发展、产业合作及公共服务指标上均有较大幅度的增长，工业总产值同比增长率达 37%，税收收入同比增长率达 25%，总收入同比增长率达 38.41%；园区内聚集上市公司数量高达 200 多家，较好发挥了产业集群内核心企业聚“核”作用。为增强张江示范区示范带动作用，经上海市政府批准，2011 年、2012 年和 2014 年先后三次将张江示范区面积从 296 平方公里扩大到 470 余平方公里，再到 531 平方公里，将上海 17 个区县内知识经济集聚区域基本纳入张江高新区管理范围。武汉东湖国家自主创新示范区和合肥高新技术产业开发区亦在经济发展指标上有较大幅度的增长，与 2012 年相比，武汉东湖国家自主创新示范区工业总产值同比增长 27%，税收收入同比增长 24%，总收入同比增长率达 30.16%，出口创汇同比增长 18.84%；合肥高新技术产业开发区工业总产值同比增长 19%，税收收入同比增长 20%，总收入同比增长率达 26.11%，出口创汇同比增长 22.87%。

2. 区域分布

从高新区前 10 强的区域分布来看，东中部各占 4 家，西部 2 家，可以看出，在高质量高新区群体中，西部高新区仍有一定数量上的差距。

从综合得分的总和来看，在高新区前 10 强中，东部高新区得分总和为 2.139 0，占高新区前 10 强总体得分的 47.02%；中部高新区得分总和为 1.622 0，占高新区前 10 强总体得分的 35.66%；西部高新区得分总和为 0.788 1，占高新区前 10 强总体得分的 17.32%，见图 5－9。这表明，高新区前 10 强东部高新区在综合水平上更具优势。

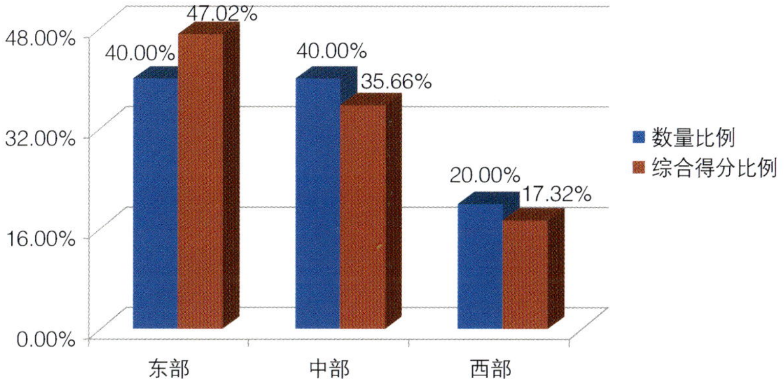

图 5－9　高新区前 10 强各区域数量比例与综合得分比例

从综合得分的均值来看，在高新区前 10 强中，东部高新区平均得分为 0.534 8，高于高新区前 10 强的平均值 0.454 9；中部高新区平均得分为 0.405 5，低于高新区前 10 强的平均值；西部高新区平均得分为 0.394 1。可以看出，虽然高新区前 10 强东中部数量差异不明显，但东部高新区在持续发展竞争力的平均水平上高于中部地区，见图 5－10。

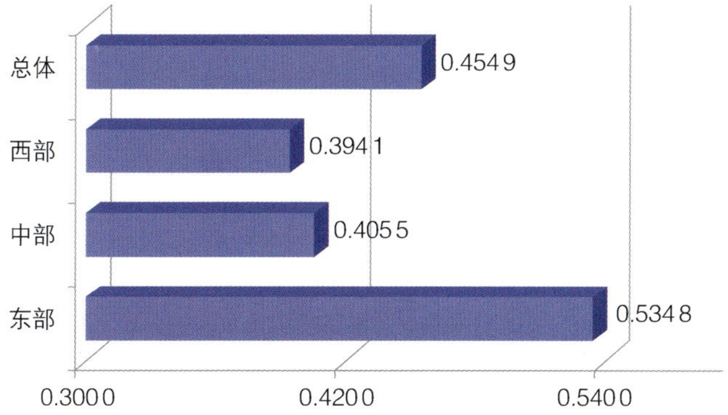

图 5－10　高新区前 10 强各区域均值对比

5.1.3 高新技术产业开发区单项指标排名分析

1. 经济发展指标

综合排名前百强的高新技术产业开发区的经济发展指标得分整理，经济发展指标前 10 强如表 5－2 所示。

表 5－2 高新区经济发展指标前 10 强排名与得分

排名	高新区	地区	区域	经济发展指标得分
1	北京中关村国家自主创新示范区	北京	东	0.194 1
2	上海张江国家自主创新示范区	上海	东	0.123 5
3	昆山高新技术产业开发区	江苏	东	0.096 1
4	西安高新技术产业开发区	陕西	西	0.082 5
5	武汉东湖国家自主创新示范区	湖北	中	0.080 7
6	江阴高新技术产业开发区	江苏	东	0.079 9
7	惠州仲恺高新技术产业开发区	广东	东	0.070 5
8	长春高新技术产业开发区	吉林	中	0.064 9
9	佛山高新技术产业开发区	广东	东	0.064 4
10	成都高新技术产业开发区	四川	西	0.060 0

经济发展指标排名前三的高新区分别是北京中关村国家自主创新示范区、上海张江国家自主创新示范区、昆山高新技术产业开发区，前 3 强全部位于东部。其中，北京中关村国家自主创新示范区在经济指标上得分远远超出其他园区，主要原因是其经济实力二级指标比较突出，其得分几乎是排在第二名高新区得分的两倍，经济增长速度优势并不十分突出。具体来看，北京中关村国家自主创新示范区 2013 年工业总产值达 7 890.31 亿元，税收收入达 1 506.63 亿元；总收入达 30 497.43 亿元，总收入同比增长 20%以上；实现出口 336 亿美元，同比增长 28.5%。昆山高新技术产业开发区经济发展指标跃居第三名，主要原因是其经济增长速度较快，2013 年其工业总产值同比增长高达 79%，税收收入同比增长高达 155%，总收入同比增长高达 79.85%。

与 2012 年相比，2013 年昆山高新技术产业开发区、江阴高新技术产业开发区、惠州仲恺高新技术产业开发区、佛山高新技术产业开发区 4 家进入经济发展指标前 10 名，而深圳高新技术产业开发区、无锡国家高新技术产业开发区、贵阳高新技术产业开发区、苏州国家高新技术产业开发区则退出经济发展指标前 10 强榜单。

昆山高新技术产业开发区、江阴高新技术产业开发区、惠州仲恺高新技术产业开发区、佛山高新技术产业开发区进入经济发展指标前 10 强，均是因为其经济增长速度较快，昆山高新技术产业开发区和江阴高新技术产业开发区前面已述，惠州仲恺高新技术产业开发区工业总产值同比增长 32%，税收收入同比增长 70%；佛山高新技术产业开发区工业总产值同比增长 21%，税收收入同比增长 48%。深圳高新技术产业开发区、无锡国家高新技术产业开发区、苏州国家高新技术产业开发区退出经济发展指标 10 强，一方面因为部分经济指标增长速度缓慢，另一方面部分经济指标出现了负增长。如 2013 年深圳高新技术产业开发区总收入同比下降 1.73%，出口创汇同比下降 3.28%，税收收入呈现微弱增长。

从经济发展指标前 10 强高新区的区域分布情况来看，东部拥有 6 家，中西部各 2 家，说明东部具有数量和先发优势。从各区域的均值来看，6 家东部高新区经济发展指标得分的均值为 0.104 7，2 家中部高新区经济发展指标得分的均值为 0.072 8，2 家西部高新区经济发展指标得分的均值为 0.071 2，可以看出在经济发展指标排名前 10 的高新区中，东部在平均水平上仍然具有较大优势。

2. 创新发展指标

对综合排名进入前百强高新技术产业开发区的创新发展指标得分分析，创新发展指标前 10 强如表 5－3 所示。

表 5－3 高新区创新发展指标前 10 强排名与得分

排名	高新区	地区	区域	创新发展指标得分
1	北京中关村国家自主创新示范区	北京	东	0.168 3
2	武汉东湖国家自主创新示范区	湖北	中	0.116 0
3	上海张江国家自主创新示范区	上海	东	0.100 5
4	杭州高新技术产业开发区	浙江	东	0.076 8
5	南宁高新技术产业开发区	广西	西	0.057 9
6	沈阳高新技术产业开发区	辽宁	东	0.039 9

续表

排名	高新区	地区	区域	创新发展指标得分
7	长春高新技术产业开发区	吉林	中	0.034 6
8	南京国家高新技术产业开发区	江苏	东	0.032 5
9	绵阳高新技术产业开发区	四川	西	0.023 5
10	天津滨海高新技术产业开发区	天津	东	0.023 4

创新发展指标排名前3的高新区分别为北京中关村国家自主创新示范区、武汉东湖国家自主创新示范区和上海张江国家自主创新示范区，有2家位于东部。其中，北京中关村国家自主创新示范区创新发展指标得分为0.168 3，是上海张江国家自主创新示范区得分的1.67倍，是第10名天津滨海高新技术产业开发区指标得分的7.19倍，可以看出，高新区在创新发展指标上相互之间仍然有较大差距，见表5-3。其中北京中关村国家自主创新示范区在创新发展指标上得分远远超出其他园区，主要原因是在创新资源和创新平台上占优势，中关村是我国科教智力和人才资源最为密集的区域，拥有以北京大学、清华大学为代表的高等院校40多所，以中国科学院、中国工程院所属院所为代表的国家(市)科研院所206所；拥有国家级重点实验室112个，国家工程研究中心38个，国家工程技术研究中心(含分中心)57个；大学科技园26家，留学人员创业园34家。

与2012年高新区创新发展指标排名前10强相比，2013年南京国家高新技术产业开发区、绵阳高新技术产业开发区和天津滨海高新技术产业开发区进入创新发展前10名，而苏州国家高新技术产业开发区、合肥高新技术产业开发区、芜湖高新技术产业开发区则退出创新发展指标10强。南京国家高新技术产业开发区、绵阳高新技术产业开发区、天津滨海高新技术产业开发区进入创新发展指标前10强，主要原因均是在创新资源和创新平台的增加。苏州国家高新技术产业开发区、合肥高新技术产业开发区和芜湖高新技术产业开发区退出创新发展10强榜，主要是因为一方面其创新资源及平台存量不突出，另一方面创新成果增长速度相对偏低。

从创新发展指标前10强的高新区的区域分布情况来看，东部有6家，中部2家，西部2家，东部最具数量优势；从各区域的均值来看，6家东部高新区创新发展指标得分的均值为 0.073 6,2 家中部高新区创新发展指标得分的均值为 0.075 3,2 家西部高新区创新发展指标得分的均值为 0.040 7,可以看出在创新指标排名前 10 的高新区中,中部在平均水平上反而具有较大优势。

3. 产业合作指标

对综合排名进入前百强的高新技术产业开发区的产业合作指标得分情况进行整理,产业合作指标前 10 强如表 5－4 所示。

表 5－4　高新区产业合作指标前 10 强排名与得分

排名	高新区	地区	区域	产业合作指标得分
1	北京中关村国家自主创新示范区	北京	东	0.170 4
2	上海张江国家自主创新示范区	上海	东	0.159 6
3	深圳高新技术产业开发区	广东	东	0.145 8
4	厦门火炬高技术产业开发区	福建	东	0.126 7
5	太原高新技术产业开发区	山西	中	0.123 8
6	武汉东湖国家自主创新示范区	湖北	中	0.121 5
7	威海火炬高技术产业开发区	山东	东	0.120 8
8	宁波高新技术产业开发区	浙江	东	0.120 4
9	青岛高新技术产业开发区	山东	东	0.120 0
10	长沙高新技术产业开发区	湖南	中	0.116 9

产业合作指标排名前 3 名的高新区分别为北京中关村国家自主创新示范区、上海张江国家自主创新示范区和深圳高新技术产业开发区,全部位于东部北京、上海、深圳三个经济发达城市。其中,北京中关村国家自主创新示范区产业合作指标得分为 0.170 4,与其他高新区有一定差距,其余园区基本上呈连续分布状态,见表 5－4。

北京中关村国家自主创新示范区、上海张江国家自主创新示范区、深圳高新技术产业开发区在产业合作指标得分靠前,主要是因为其位于大城市,容易聚集上市公司和规模以上的企业,产业园区企业集聚度较高,而且与园区外部合作强度较高。

北京中关村国家自主创新示范区聚集了以联想、百度为代表的高新技术企业近 2 万家,形成了下一代互联网、移动互联网和新一代移动通信、卫星应用、生物和健康、节能环保、轨道交通等六大优势产业集群，集成电路、新材料、高端装备与通用航空、新能源和新能源汽车等四大潜力产业集群和高端发展的现代服务业，构建了“一区多园”各具特色的发展格局。上海张江国家自主创新示范区累计上市企业 200 家，“新三板”挂牌企业 50 家，挂牌企业实现定向发行募资 1.4 亿元，增强张江示范区的示范带动作用，经上海市政府批准，先后三次将张江示范区面积从 296 平方公里扩大到 470 余平方公里，再扩大到 531 平方公里，上海 17 个区县内知识经济集聚区域基本纳入张江高新区管理范围，包括张江核心园、嘉定园、闸北园等 22 个园区。深圳高新技术产业开发区吸引汇集了大批创新创业的企业，以及一大批产值超过十亿元甚至百亿元的大中型企业。

与 2012 年高新区产业合作指标排名前 10 强相比，2013 年，厦门火炬高新技术产业开发区、威海火炬高新技术产业开发区进入产业合作指标前 10 强，而常州国家高新技术产业开发区、包头稀土高新技术产业开发区则退出产业合作指标 10 强。厦门火炬高新技术产业开发区、威海火炬高新技术产业开发区进入产业合作指标前 10 强，主要原因是园区合作强度、园区公共服务水平均有所提升。厦门火炬高新区实施“一区多园”发展战略，在厦门岛内外开发建设 10 个园区，形成了光电、计算机及通讯设备、输配电及控制设备、软件四大主导产业和海洋与生命科学、文化创意、新材料、新能源、电子商务等五大特色产业。常州国家高新技术产业开发区、包头稀土高新技术产业开发区退出产业合作指标 10 强，主要原因亦是因为园区合作强度、园区公共服务水平均有所下降。

从产业合作指标前 10 强的高新区的区域分布情况来看，东部 7 家，中部 3 家，东部具有绝对数量优势；从各区域均值来看，7 家东部高新区产业合作指标得分的均值为 0.137 7，3 家中部高新区产业合作指标得分均值为 0.120 7，可以看出，在产业合作排名前 10 强高新区中，东部在平均水平上仍然具有优势。

4. 公共服务指标

对综合排名进入前百强的高新技术产业开发区的公共服务指标得分进行整理，公共服务指标前 10 强如表 5 - 5 所示。

表5－5　高新区公共服务指标前10强排名与得分

排名	高新区	地区	区域	公共服务指标得分
1	合肥高新技术产业开发区	安徽	中	0.1096
2	成都高新技术产业开发区	四川	西	0.0914
3	深圳高新技术产业开发区	广东	东	0.0863
4	北京中关村国家自主创新示范区	北京	东	0.0804
5	上海张江国家自主创新示范区	上海	东	0.0786
6	中山火炬高技术产业开发区	广东	东	0.0743
7	珠海高新技术产业开发区	广东	东	0.0723
8	惠州仲恺高新技术产业开发区	广东	东	0.0711
9	襄阳高新技术产业开发区	湖北	中	0.0688
10	郑州高新技术产业开发区	河南	中	0.0659

公共服务指标排名前3的高新区分别为合肥高新技术产业开发区、成都高新技术产业开发区和深圳高新技术产业开发区。指标得分基本上呈连续分布状态，相互之间差距不明显，见表5－5。

与2012年高新区公共服务指标排名前10强相比，2013年，珠海高新技术产业开发区、郑州高新技术产业开发区进入公共服务指标前10强，而宁波高新技术产业开发区、长沙国家高新技术产业开发区则退出经济发展指标10强。珠海高新技术产业开发区、郑州高新技术产业开发区进入公共服务指标前10强，主要原因是其2013年在组织结构高效完善、信息公布公开方面有了较大程度推进。

从公共服务指标前10强高新区区域分布情况来看，东部6家，中部3家，西部1家，东部具有绝对数量优势，中部比西部有一定数量优势；从各区域均值来看，6家东部高新区公共服务指标得分均值为0.0771，3家中部高新区公共服务指标得分均值为0.0814，西部只有1家均值不能说明问题。可以看出在公共服务指标排名前10强高新区中，虽然东部园区有数量优势，但平均水平反而不及中部。

5. 社会发展指标

对综合排名进入前百强的高新技术产业开发区的社会发展指标得分情况进

行整理，社会发展指标前 10 强如表 5－6 所示。

表 5－6 高新区社会发展指标前 10 强排名与得分

排名	高新区	地区	区域	社会发展指标得分
1	北京中关村国家自主创新示范区	北京	东	0.143 3
2	常州国家高新技术产业开发区	江苏	东	0.142 5
3	上海张江国家自主创新示范区	上海	东	0.136 4
4	合肥高新技术产业开发区	安徽	中	0.129 6
5	苏州国家高新技术产业开发区	江苏	东	0.129 3
6	青岛高新技术产业开发区	山东	东	0.129 3
7	西安高新技术产业开发区	陕西	西	0.126 1
8	成都高新技术产业开发区	四川	西	0.124 1
9	武汉东湖国家自主创新示范区	湖北	中	0.123 0
10	南京国家高新技术产业开发区	江苏	东	0.120 1

社会发展指标排名前三的高新区为北京中关村国家自主创新示范区、常州国家高新技术产业开发区和上海张江国家自主创新示范区。10 强相互之间差距不明显，基本上呈连续分布状态。常州国家高新技术产业开发区排名靠前，一方面是因为 2013 年其媒体正面曝光率较高，正面品牌宣传较多；另一方面在科技部的整体排名中比较靠前，社会声誉较好。

与 2012 年高新区社会发展指标排名前 10 强相比，2013 年，合肥高新技术产业开发区、苏州国家高新技术产业开发区、西安高新技术产业开发区、成都高新技术产业开发区 4 家进入社会发展指标前 10 名，而天津滨海高新技术产业开发区、厦门火炬高新技术产业开发区、深圳高新技术产业开发区、济宁高新技术产业开发区则退出社会发展指标 10 强。合肥高新技术产业开发区、西安高新技术产业开发区、成都高新技术产业开发区主要原因均是因为 2013 年其媒体正面曝光率较高，正面品牌宣传较多，对园区品牌形象塑造比较关注。

从社会发展指标前 10 强的高新区区域分布情况来看，东部 6 家，中部 2 家，西部 2 家，主要集中于东部。从各区域均值来看，6 家东部高新区社会发展指标得分均值为 0.133 5，2 家中部高新区社会发展指标得分的均值为 0.126 3，2 家西部高新区社会发展指标得分均值为 0.125 1，东部平均水平较高，主要原因是东部高新区在环境保护、绿色生态园区发展、园区品牌形象塑造上均比较关注，而且取得了一定的成绩。

综合上述总体分析及排名分析，对 2013 年总体评价为：2013 年进入综合排名百强榜的高新技术产业开发区持续发展竞争力低于百强产业园区的平均水平，增长速度亦低于百强产业园区整体水平，其持续发展竞争力的差距在进一步拉大和分化。东部高新区持续发展竞争力的综合水平和平均水平上仍然具有明显优势，但中部高新区增长速度最快。

5.2　经济技术开发区持续发展排名分析

5.2.1　经济技术开发区总体状况分析

1. 数值总体分布

2013 年经济技术开发区进入综合排名百强榜有 50 家，占国家级经济技术开发区总数的 23.26%。百强中经开区平均得分为 0.323 3，略高于百强产业园区总体得分均值 0.321 7。可以看出，2013 年经济技术开发区的持续发展竞争力高于百强产业园区的平均水平。

从综合指标得分的分布情况来看，部分经济技术开发区得分略高于其他经开区，苏州工业园区得分为 0.526 6，天津经济技术开发区得分为 0.487 8，广州经济技术开发区得分为 0.486 1。其他经开区综合得分在 0.247 8～0.444 8 之间，基本呈连续分布形态，见图 5 - 11。

与 2012 年相比，2013 年经济技术开发区进入综合排名百强榜的平均得分有较明显提高，平均得分从 0.302 8 上升到 0.323 3，说明经济技术开发区的持续发展竞争力有所提升；从综合指标得分的增速来看，百强经开区综合指标得分均值增速为 6.77%，而百强产业园区综合指标得分均值增速为 5.68%，说明经济技术开发区综合指标得分的增长速度高于百强产业园区的整体水平，见图 5 - 12。

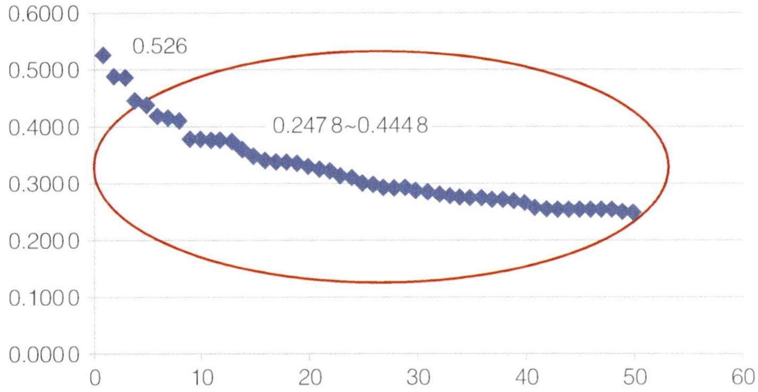

图 5-11　经开区综合得分分布

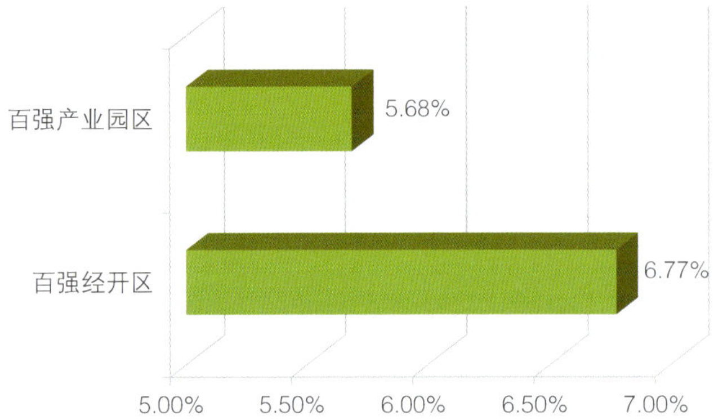

图 5-12　百强经开区与百强产业园区得分均值增长速度

与 2012 年相比，2013 年进入综合排名百强榜的经济技术开发区变异系数从 0.1625 提高到 0.2191，远高于 2013 年百强产业园区的变异系数，说明百强经开区持续发展竞争力的差距在进一步拉大和分化，发展不均衡态势进一步加剧。

与 2012 年相比，2013 年，兰州经济技术产业开发区、温州经济技术产业开发区、嘉兴经济技术产业开发区、潍坊海滨经济技术开发区、宁波大榭开发区、宁波石化经济技术开发区、江宁经济技术开发区、临沂经济技术开发区进入百强榜，而闵行经济技术产业开发区、重庆经济技术产业开发区、泉州经济技术产业开发区、吉林经济技术产业开发区、呼和浩特经济技术开发区、南宁经济技术开发区、湖州经济技术开发区则退出百强榜单。

兰州经济技术产业开发区、温州经济技术产业开发区、嘉兴经济技术产业开发区、潍坊海滨经济技术开发区、临沂经济技术开发区进入百强榜，均是因为其经济发展指标得分较高，2013 年，这些经开区经济发展增速较快，如兰州经济技术产业开发区工业总产值同比增长率达 100%，税收收入同比增长率达 19%，出口创汇同比增长率达 100%；温州经济技术产业开发区其工业总产值同比增长率达 93%，税收收入同比增长率达 94%，出口创汇同比增长率达 29.67%，在此不一一列举。宁波石化经济技术开发区进入百强榜是因为其创新发展指标有所突破，园区所拥有的专利授权数较大幅度增加。宁波大榭开发区进入百强榜，因为其产业合作指标得分较高为 0.108 6，近年来宁波大榭开发区将得天独厚的深水岸线资源和经济区位条件转化成特色产业集聚优势，形成“临港石化、港口物流、商贸服务”三大特色临港支柱产业，开发区坚持“主攻大企业、大集团”的发展策略，吸引了一大批以中海油、中石油、中石化、烟台万华、三菱化学、韩国韩华、德国林德、香港招商国际、荷兰思多而特、东华能源、香港利万等世界“500 强”和境内外特大型企业的入驻和投资创业。

闵行经济技术产业开发区、重庆经济技术产业开发区、泉州经济技术产业开发区、吉林经济技术产业开发区、呼和浩特经济技术开发区、南宁经济技术开发区、湖州经济技术开发区在 2012 年百强榜中排名并不靠前，2013 年多项经济指标出现增速下滑，甚至负增长，导致经济发展指标得分下降，因此退出百强榜。例如，闵行经济技术开发区工业总产值同比增长率下滑到 6%，出口创汇出现负增长 1.07%。

2. 区域总体分布

从综合排名前百强的经济技术开发区区域分布来看，位于东部园区有 34 家，占经开百强总数的比例为 68.00%；位于中部的有 9 家，占经开百强总数的比例为 18.00%；位于西部的有 7 家，占经开百强总数的比例为 14.00%。可见东部地区进入百强榜的经济技术开发区具有明显数量优势，而中部和西部之间差距不大。

从百强榜中各地域经济技术开发区综合得分来看，东部经开区共为 11.005 1，占百强经开区的 68.07%；中部经开区共为 3.074 2，占百强经开区的 19.02%；西部经开区共为 2.0879，占百强经开区的 12.91%。东部综合得分大于中西部的总和。

东中西部园区数量比例和综合得分比例来看，东部综合得分比例略高于数量比例，中部综合得分比例略高于数量比例，西部综合得分比例略低于数量比例，见图 5－13。这表明，东部经开区在综合水平上仍然具有明显优势，而中部经开区持续发展竞争力的平均水平也在大幅提升。

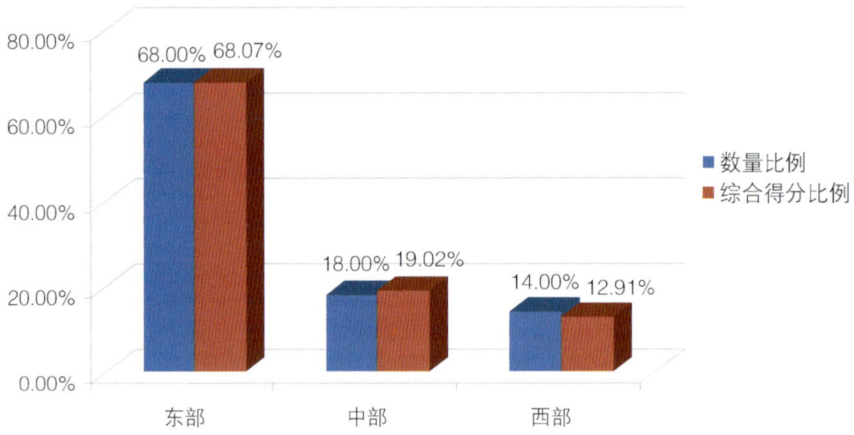

图 5－13　经开区各区域数量比例及综合得分比例

从百强榜中各地域经济技术开发区综合得分均值来看，中部经开区平均得分最高 0.3416，其次是东部经开区平均得分 0.3237，中东部均高于百强经开区的平均值 0.3233；西部经开区平均得分为 0.2983，低于百强经开区平均值，见图 5－14。这说明中部经开区在持续发展竞争力平均水平上具有一定优势，而且

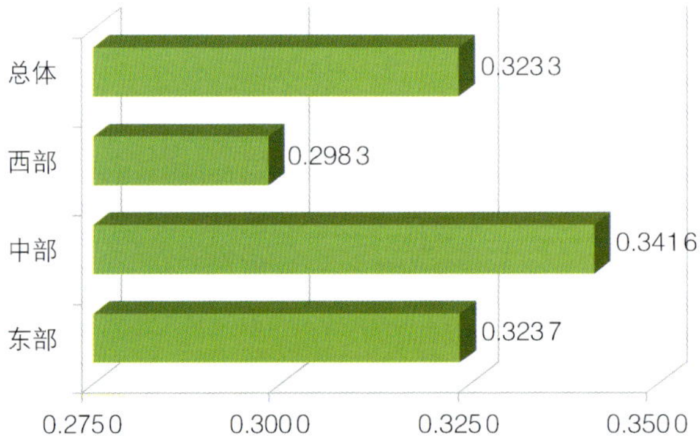

图 5－14　经开区各区域得分均值对比

已经超出东部。西部经开区与东部、中部仍然有较大的差距。自 1984 年中国在 14 个沿海开放城市建立了第一批国家级经济技术开发区以来，随着改革开放的推进和深化，经开区建设也从沿海地区向沿江、沿边和内陆省会城市、区域中心城市拓展，在国家"中部崛起"重大战略目标的支撑下，中部经济技术开发区已经取得了良好的发展。

与 2012 年相比，2013 年综合排名进入前百强的经济技术开发区的区域分布有所变化，东部数量增多，中部和西部数量均有所减少；中部和西部综合得分比例均有所下降，东部综合得分比例上升，见图 5－15 和图 5－16。这说明未来东部经开区仍然具有一定的发展后劲。

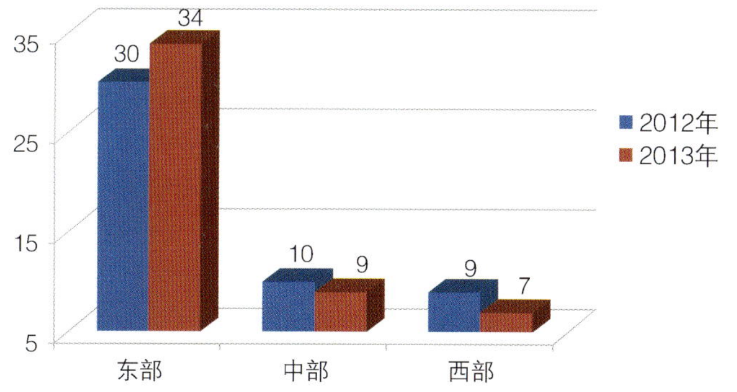

图 5－15　2012—2013 年经开区各区域数量对比

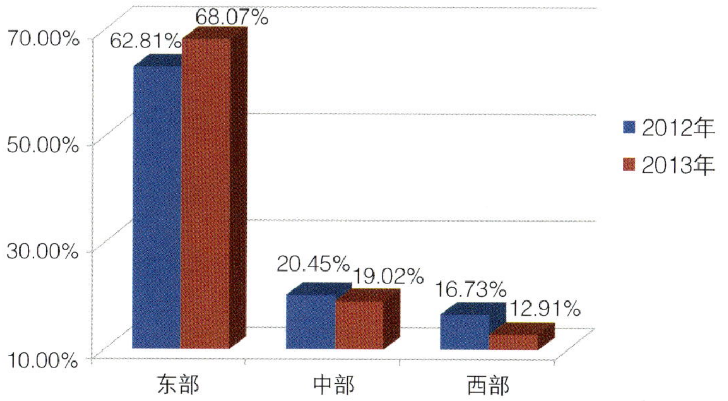

图 5－16　2012—2013 年经开区各区域综合得分比例对比

与 2012 年相比，2013 年综合排名前百强各区域的经济技术开发区得分均值均有所上升，其中，东部上升幅度为 4.19%，中部上升幅度为 12.54%，西部上升幅度为 8. 10%，整体平均增幅为 6. 77%，如图 5－17 所示。中部得分均值增长比例最高，东部增长比例最低，这说明中部经开区持续发展的潜力较大，未来还有较大的发展空间。东部地区在近几年的土地开发、资源利用、产业升级等方面已受约束，走到了新一轮需要突破和转型的拐点；而中部地区凭借得天独厚的土地资源、地理位置、基础设施、人力资源、气候及人文环境等方面的优势，依然还有较大的发展空间。

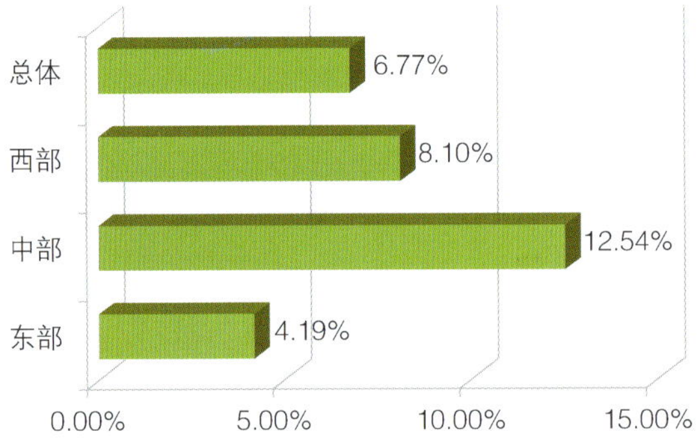

图 5－17　经开区各区域得分均值增长比例

3. 指标总体对比

综合排名百强的经济技术开发区的五个单项指标的均值对比来看，如图 5－18 所示，社会发展和产业合作指标的均值相对较高，分别为 0. 103 2 和 0. 095 3；公共服务和经济发展指标的均值居中，得分分别为 0. 056 7 和 0. 053 5；创新发展指标的均值位居最后，得分为 0. 014 7。经济发展和创新发展指标虽然权重较高，

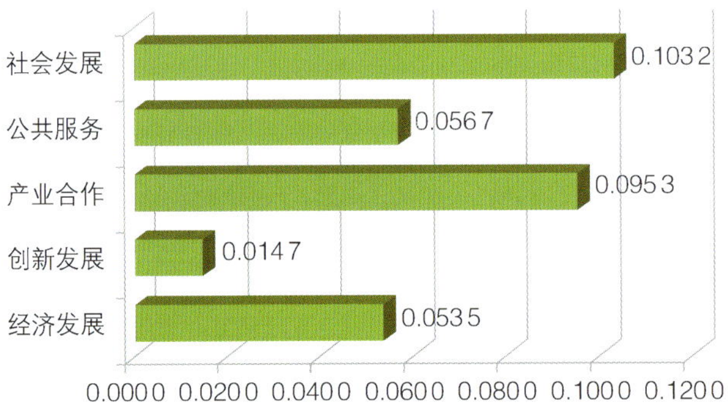

图 5－18　经开区各指标得分的均值对比

但是得分并不占优势，相对较低。主要原因仍然是北京中关村国家自主创新示范区经济发展和创新发展优势突出，导致其余园区的相对比较值较小，以至该项指标最后得分均值不高。

5.2.2　经济技术开发区前 10 强排名分析

根据综合排名进入百强的经济技术开发区的综合得分情况，经济技术开发区前 10 强的榜单如表 5－7 所示。

表 5－7　经济技术开发区前 10 强排名与得分

排名	经开区	城市	区域	综合得分	百强榜排名
1	苏州工业园区	江苏	东	0.526 6	3
2	天津经济技术开发区	天津	东	0.487 8	5
3	广州经济技术开发区	广东	东	0.486 1	6
4	青岛经济技术开发区	山东	东	0.444 8	7
5	武汉经济技术开发区	湖北	中	0.437 2	8
6	昆山经济技术开发区	江苏	东	0.418 0	9
7	大连经济技术开发区	辽宁	东	0.414 8	10
8	漕河泾经济技术开发区	上海	东	0.409 8	12
9	沈阳经济技术开发区	辽宁	东	0.377 1	17
10	北京经济技术开发区	北京	东	0.377 1	18

排在前三位的仍然是苏州工业园区、天津经济技术开发区和广州经济技术开发区。苏州工业园区以 0.526 6 的绝对得分优势位居榜首，是第 2 名天津经济技术开发区得分的 1.08 倍，是第 10 名北京经济技术开发区的 1.40 倍，说明前 10 强相互之间的得分差距不大。

经开区前 10 强综合得分总和为 4.379 3，占百强经开区得分总和的 27.09%，比 2012 年均有所上升，说明经开前 10 强持续发展竞争力整体水平有所提升。

经开区前 10 强得分均值为 0.437 9，比百强经开区平均得分 0.323 3 高出 35.45%，说明 10 强经济技术开发区持续发展水平要高出平均水平。得分均值与 2012 年相比增速为 15.08%，增长速度远远超过百强经开区以及百强产业园区得分均值的增速，见图 5－19。这说明 10 强经开区持续发展的增速强劲，是中国经济技术产业开发区中的标杆和领军园区，也是未来中国经济技术开发区发展中的一支重要生力军。

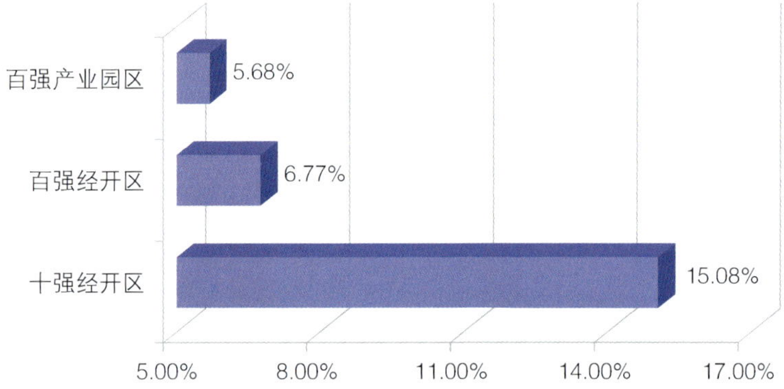

图 5－19　10 强经开区得分均值增长速度比较

2013 年武汉经济技术产业开发区进入 10 强，而烟台经济技术产业开发区则退出 10 强。武汉经济技术产业开发区进入 10 强，主要因为 2013 年经济指标增速较快，工业总产值由 2 612.31 亿元增长到 5 381.55 亿元，同比增长率达到 149%。经过 20 年的发展，作为以汽车为主导产业的国家级开发区，武汉经济技术开发区集聚了神龙、东风本田、东风乘用车等诸多整车厂家，围绕“强支柱、调结构、促升级”的产业发展思路，着力发展现代制造业和现代服务业，其综合经济实力大幅提升。烟台经济技术产业开发区退出 10 强，因为 2013 年经济指标增速缓慢。

从进入 10 强的具体园区来看，其综合指标得分与 2012 年相比均有所上升，上海漕河泾经济技术开发区综合得分增长比例为 19.80%，天津经济技术开发区综合得分增长比例为 18.57%，苏州工业园区综合得分增长比例为 15.14%，增长比例见图 5－20。上海漕河泾经济技术开发区 2013 年在产业合作指标上有突出表现，坚持从“一个区域、单点发展”向“统一品牌、跨区布局、多点联动、互动发展”转变，即从“引进来”向“引进来和走出去”并举转变，先后建立“一区八园二分区”，缔结 18 个国际友好园区、40 个国内友好园区，接纳 20 个省、自治区、直辖市和对口支援地区入住漕河泾开发区共建“产业转移促进中心”等。

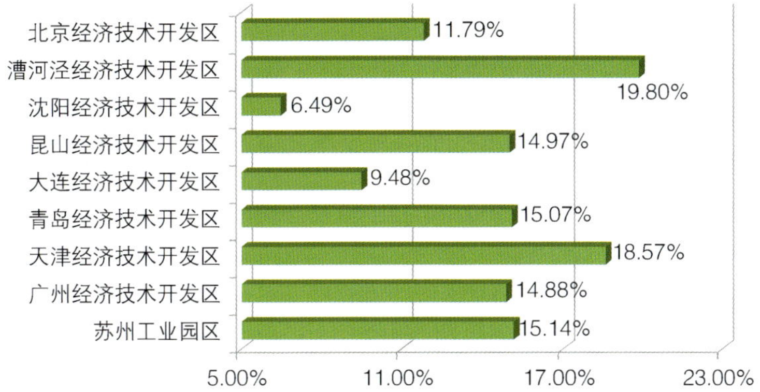

图 5－20　经开区前 10 强综合指标得分增长比例

此外，排在前 10 强的经济技术开发区有 9 家位于东部，说明先进经济技术开发区基本全部分布在东部。我国经济技术开发区发展历程是从沿海、沿江城市开始逐渐向内陆中心城市推进，可以看出目前经开区在东中西部之间发展不均衡。

5.2.3　经济技术开发区单项指标排名分析

1. 经济发展指标

对综合排名前百强的经济技术开发区的经济发展指标得分情况进行整理，经济发展指标前 10 强如表 5－8 所示。

表 5－8　经开区经济发展指标前 10 强排名与得分

排名	经开区	地区	区域	经济发展指标得分
1	天津经济技术开发区	天津	东	0.144 5
2	武汉经济技术开发区	湖北	中	0.129 8
3	苏州工业园区	江苏	东	0.114 5
4	广州经济技术开发区	广东	东	0.105 0
5	昆山经济技术开发区	江苏	东	0.104 9
6	兰州经济技术开发区	甘肃	西	0.096 2
7	广州南沙经济技术开发区	广东	东	0.093 6
8	青岛经济技术开发区	山东	东	0.093 3
9	温州经济技术开发区	浙江	东	0.089 3
10	西安经济技术开发区	陕西	西	0.081 7

经济发展指标排名前 3 的经开区分别是天津经济技术开发区、武汉经济技术开发区和苏州工业园区，有 2 家位于东部。前 3 名的经济指标得分与之后的园区差距较大。其中，天津经济技术开发区在经济指标上得分远远超出其他园区的主要原因是其经济实力突出。具体来看，天津经济技术开发区 2013 年工业总产值达 8 069.25 亿，是 2012 年基准值的 1.133 8 倍，出口创汇 221.24 亿美元，税收同比增长 13%。武汉经济技术产业开发区进入前三主要是因为其 2013 年经济指标增速较快，工业总产值由 2 612.31 亿元增长到 5 381.55 亿元，同比增长率达到 149%。

与 2012 年相比，2013 年武汉经济技术开发区、兰州经济技术开发区、广州南沙经济技术开发区、温州经济技术开发区、西安经济技术开发区 5 家进入经济发展指标前 10 名，而贵阳经济技术开发区、马鞍山经济技术开发区、烟台经济技术开发区、大连经济技术开发区、郑州经济技术开发区则退出经济发展指标前 10 强。

武汉经济技术开发区、兰州经济技术开发区、温州经济技术开发区、广州南沙经济技术开发区、西安经济技术开发区进入经济发展指标前 10 名均是因为其经济增长速度较快，前面已述。大连经济技术开发区退出 10 强榜是因为其 2013 年工业总产值同比下降 17%，经济出现衰退。贵阳经济技术开发区、马鞍山经济技术开发区、烟台经济技术产业开发区、郑州经济技术开发区退出 10 强是因为一方面本身经济体量并不大，另一方面是因为部分经济指标增速缓慢。

从经济发展指标前 10 强的经开区区域分布情况来看，东部 7 家，中部 1 家，西部 2 家，东部具有绝对数量优势；从各区域的均值来看，7 家东部经开区经济发展指标得分的均值为 0.106 4，2 家西部经开区经济发展指标得分的均值为 0.088 9，中部只有 1 家园区，其均值不能反映问题。可以看出在经济发展排名前 10 的经开区中，东部经济发展指标在平均水平上仍然有优势。

2. 创新发展指标

对综合排名进入百强的经济技术开发区的创新发展指标得分情况进行整理，创新发展指标前 10 强如表 5－9 所示。

表5-9　经开区创新发展指标前10强排名与得分

排名	经开区	地区	区域	创新发展指标得分
1	苏州工业园区	江苏	东	0.078 5
2	南昌经济技术开发区	江西	中	0.070 0
3	大连经济技术开发区	辽宁	东	0.043 5
4	青岛经济技术开发区	山东	东	0.043 4
5	南京经济技术开发区	江苏	东	0.041 8
6	芜湖经济技术开发区	安徽	中	0.038 8
7	漕河泾经济技术开发区	上海	东	0.038 5
8	广州经济技术开发区	广东	东	0.036 8
9	合肥经济技术开发区	安徽	中	0.032 3
10	兰州经济技术开发区	甘肃	西	0.030 5

创新发展指标排名前3的经开区分别是苏州工业园区、南昌经济技术开发区和大连经济技术开发区，有2家位于东部。其中，苏州工业园区得分为0.078 5、南昌经济技术开发区得分为0.070 0，远超其他园区；苏州工业园区得分0.078 5是兰州经济技术开发区得分0.030 5的2.57倍，表明排名靠前的园区相互之间差距较大。

南昌经济技术开发区在创新发展指标上能进入前三甲，其主要原因是科研资源比较丰富。南昌经开区是江西省重要的科教区，丰富的人力资源能为进区企业提供高素质人才保障和智力依托。区内有江西理工大学、江西财经大学、华东交通大学、江西科技师范大学、江西农业大学、东华理工大学、南昌理工学院、中德职工技术培训中心等众多国内著名高等院校和科研机构36所，拥有教师3万余人，科研人员4 000余人，平均每年毕业生5万余人。另外区内还引进了清华科技园、北大科技园等全国著名高校园区，可为进区企业提供培训和储备各种人才。

与2012年相比，2013年兰州经济技术开发区进入创新发展指标前10名，而长春经济技术开发区则退出创新发展指标10强。主要原因仍然是创新成果的变化。

从创新发展指标前10强经开区的区域分布情况来看，东部有6家，中部3

家，西部 1 家，东部比中部具有一定数量优势；从各区域的均值来看，6 家东部经开区创新发展指标得分的均值为 0.047 1，3 家中部经开区创新发展指标得分的均值为 0.047 0，说明东部和中部创新发展指标在平均水平上差距缩小。

3. 产业合作指标

对综合排名进入百强的经济技术开发区的产业合作指标得分情况进行整理，产业合作指标前 10 强如表 5－10 所示。

表 5－10　经开区产业合作指标前 10 强排名与得分

排名	经开区	地区	区域	产业合作指标得分
1	广州经济技术开发区	广东	东	0.126 3
2	漕河泾经济技术开发区	上海	东	0.125 4
3	长春经济技术开发区	吉林	中	0.121 7
4	马鞍山经济技术开发区	安徽	中	0.121 7
5	郑州经济技术开发区	河南	中	0.120 8
6	烟台经济技术开发区	山东	东	0.116 8
7	昆山经济技术开发区	江苏	东	0.115 5
8	苏州工业园区	江苏	东	0.114 8
9	厦门海沧台商投资区	福建	东	0.114 7
10	南通经济技术开发区	江苏	东	0.112 7

产业合作指标排名前 3 的经开区分别是广州经济技术开发区、漕河泾经济技术开发区和长春经济技术开发区，有 2 家位于东部。前 3 名的得分与其他园区之间的差距不明显，整体基本上呈连续分布状态。上海漕河泾经济技术开发区 2013 年在产业合作指标上有突出表现，该园区先后建立“一区八园二分区”，缔结 18 个国际友好园区、40 个国内友好园区，接纳 20 个省、自治区、直辖市和对口支援地区入住漕河泾开发区共建“产业转移促进中心”等。

与 2012 年相比，2013 年长春经济技术开发区、马鞍山经济技术开发区、郑州经济技术开发区、厦门海沧台商投资区进入产业合作指标前 10 名，主要原因是这些园区 2013 年在园区合作强度、园区公共服务水平均有所提升；而天津经济技术开发区、北京经济技术开发区、扬州经济技术开发区、沈阳经济技术开发区则退出产业合作指标前 10 强。

从产业合作指标前10强的经开区的区域分布情况来看，东部有7家，中部3家，东部仍然具有一定数量优势；从各区域的均值来看，7家东部经开区产业合作指标得分的均值为0.1180，3家中部经开区产业合作指标得分的均值为0.1214，说明中部产业合作指标平均水平高于东部。

4. 公共服务指标

对综合排名进入前百强的经济技术开发区的公共服务指标得分情况进行整理，公共服务指标前10强如表5-11所示。

表5-11　经开区公共服务指标前10强排名与得分

排名	经开区	地区	区域	公共服务指标得分
1	广州经济技术开发区	广东	东	0.0805
2	宁波经济技术开发区	浙江	东	0.0791
3	哈尔滨经济技术开发区	黑龙江	中	0.0784
4	广州南沙经济技术开发区	广东	东	0.0780
5	漕河泾经济技术开发区	上海	东	0.0761
6	兰州经济技术开发区	甘肃	西	0.0759
7	北京经济技术开发区	北京	东	0.0754
8	廊坊经济技术开发区	河北	东	0.0743
9	成都经济技术开发区	四川	西	0.0734
10	天津经济技术开发区	天津	东	0.0721

公共服务指标排名前3的经开区分别是广州经济技术开发区、宁波经济技术开发区和哈尔滨经济技术开发区，有2家位于东部。前3名的得分与其他园区之间的差距不明显，整体基本上呈连续分布状态。宁波经济技术开发区在公共服务指标上排名靠前主要原因是其区位优势比较明显。宁波经济技术开发区位于东海之滨，宁波市东部，地处北仑港后方，距离市中心约27公里，面积为614平方公里。宁波周围有宁波栎社、杭州萧山、上海虹桥、上海浦东四大国际机场。宁波栎社国际机场为4E级干线机场，已开通47条航线和至香港、澳门、台湾、首尔的定期地区和国际航班。UPS、FedEx、DHL、TNT等国际快运公司已在区内建立国际空运服务体系，可做到“一个海关通关”（一关通）、一支国际空运直通车队运输（一车通）。

与 2012 年相比，2013 年漕河泾经济技术开发区、兰州经济技术开发区、廊坊经济技术开发区进入公共服务指标前 10 名，主要原因是这些园区在组织结构高效完善、信息公布公开方面有了较大程度的改善；而南昌经济技术开发区、呼和浩特经济技术开发区、昆山经济技术开发区则退出公共服务指标前 10 强。

从公共服务指标前 10 强的经开区的区域分布情况来看，东部有 7 家，中部 1 家，西部 2 家，东部具有绝对数量优势；从各区域的均值来看，7 家东部经开区公共服务指标得分的均值为 0.076 5，2 家西部经开区公共服务指标得分的均值为 0.074 6。可以看出在公共服务排名前 10 的经开区中，东部在平均水平上略微高出西部。

5. 社会发展指标

对综合排名进入前百强的经济技术开发区的社会发展指标得分情况进行整理，社会发展指标前 10 强如表 5－12 所示。

表 5－12 经开区社会发展指标前 10 强排名与得分

排名	经开区	地区	区域	社会发展指标得分
1	苏州工业园区	江苏	东	0.153 5
2	天津经济技术开发区	天津	东	0.142 3
3	青岛经济技术开发区	山东	东	0.139 3
4	广州经济技术开发区	广东	东	0.137 5
5	烟台经济技术开发区	山东	东	0.136 1
6	北京经济技术开发区	北京	东	0.134 6
7	昆山经济技术开发区	江苏	东	0.133 7
8	大连经济技术开发区	辽宁	东	0.130 5
9	漕河泾经济技术开发区	上海	东	0.127 9
10	南京经济技术开发区	江苏	东	0.127 1

社会发展指标排名前 3 的经开区分别是苏州工业园区、天津经济技术开发区和青岛经济技术开发区。前 3 名的得分与其他园区之间的差距不明显，整体呈连续分布状态。

与 2012 年相比，2013 年天津经济技术开发区、北京经济技术开发区、南京经济技术开发区进入社会发展指标前 10 名，主要原因均是因为 2013 年其媒体正面曝光率较高，正面品牌宣传较多，对园区品牌形象的塑造比较关注；而沈阳经济技术开发区、上海金桥出口加工区、合肥经济技术开发区则退出社会发展指标前 10 强。

从社会发展指标前 10 强的经开区的区域分布情况来看，全部位于东部，可以看出东部在社会发展的竞争力上显著优于中西部。

综合上述总体分析及排名分析对 2013 年经济技术开发区的总体评价为：2013 年进入综合排名百强榜的经济技术开发区持续发展竞争力高于百强产业园区的平均水平，增长速度亦高于百强产业园区的整体水平，其持续发展竞争力的差距在进一步拉大和分化。东部经开区在持续发展竞争力的综合水平上仍然具有明显的优势，而中部经开区持续发展竞争力的平均水平也在大幅度提升。

5.3 高新技术产业开发区与经济技术开发区对比分析

5.3.1 高新技术产业开发区与经济技术开发区总体状况对比

1. 数值对比

综合排名前百强的高新技术产业开发区总共有 50 家，平均得分为 0.320 0，略低于百强产业园区的得分均值 0.321 7。综合排名前百强的经济技术开发区总共有 50 家，平均得分为 0.323 3，略高于百强产业园区的得分均值 0.321 7。

2. 区域对比

从高新区和经开区各区域的绝对数量和综合得分来看，如图 5 - 21 和图 5 - 22 所示，东部经开区数量、综合得分均高于东部高新区；中部经开区数量、综合得分均低于中部高新区；西部经开区数量、综合得分均低于西部高新区。这说明东部经开区在持续发展竞争力的综合水平上高于高新区，而中部及西部经开区在持续发展竞争力的综合水平上低于高新区。

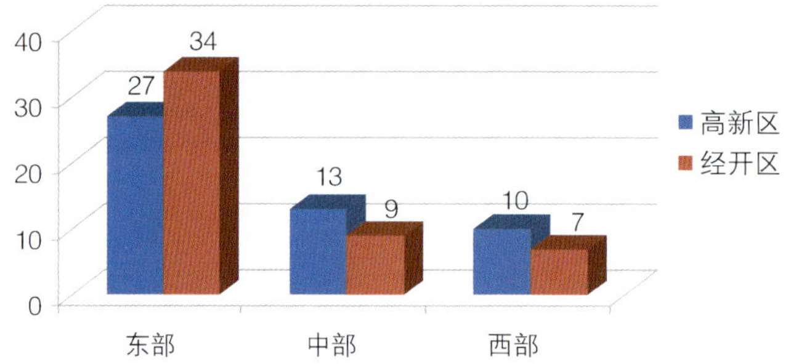

图 5-21　高新区和经开区分布在各区域的数量比较

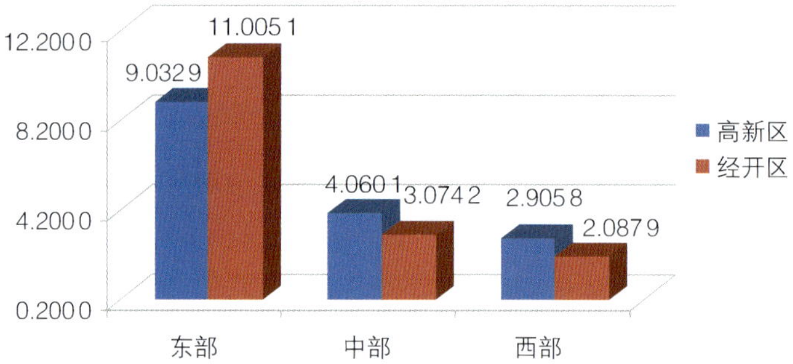

图 5-22　高新区和经开区分布在各区域的综合得分比较

从高新区和经开区的区域平均水平来看，综合排名前百强的高新区在东部的得分均值略高于综合排名前百强的经开区，在中部及西部的得分均值均低于综合排名前百强的经开区，见图 5-23。这说明刚好与综合水平相反，东部经开区在持续发展竞争力的平均水平上低于高新区，而中部及西部经开区在持续发展竞争力的平均水平上高于高新区。

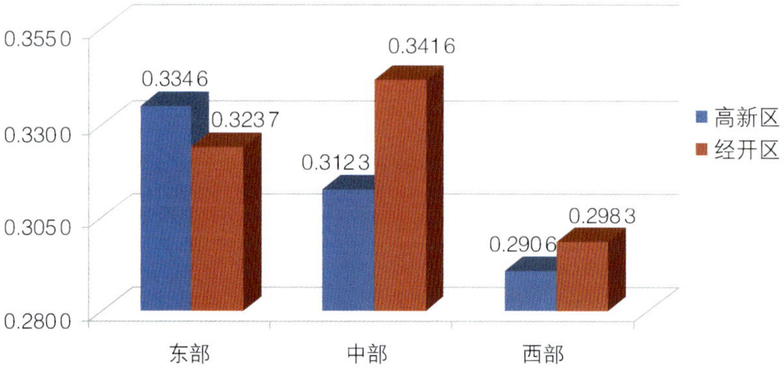

图 5-23　高新区和经开区各区域的均值比较

从高新区和经开区各区域得分均值的增速来看，见图5-24，综合排名百强的东部高新区得分均值增长速度略高于综合排名前百强的经开区，在中部和西部的增长速度远远低于综合排名前百强的经开区。这说明东部高新区在增长速度上比经开区有优势，而中部及西部经开区在增长速度上有较大优势，未来中部及西部经开区的发展潜力不容低估。

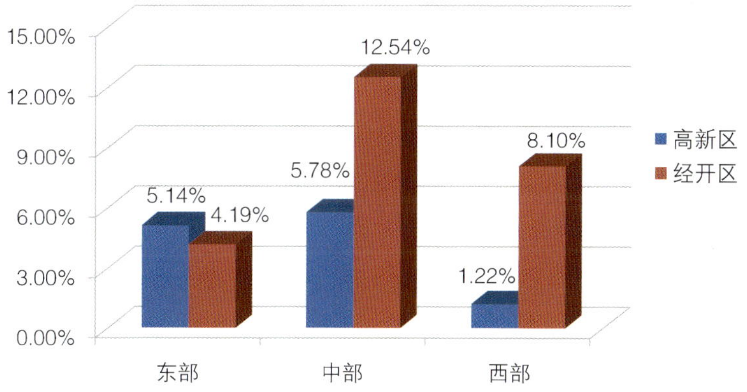

图5-24 高新区和经开区各区域均值增长速度比较

3. 各项指标对比

从高新区和经开区分布在各项指标得分均值来看，见图5-25，综合排名百强的经开区在经济发展、社会发展指标上的得分均值均高于高新区，在创新发展、产业合作、公共服务指标上的得分均值均低于高新区。

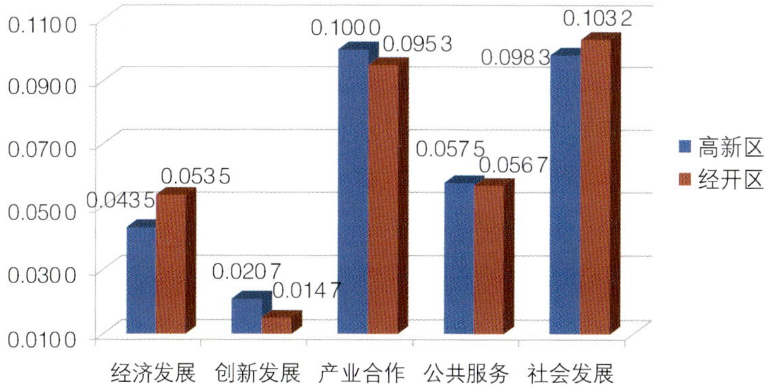

图5-25 高新区和经开区各项指标得分均值比较

我国经济技术开发区起步比高新技术产业开发区早，成立之初的主要功能就是要引进先进技术和管理经验，扩大对外开放推进内部改革，增加区域经济总量，推动区域经济发展，发挥窗口、示范、辐射和带动作用。迄今为止经开区在推动我国国民经济总量增长方面仍然承担了重要的角色和任务。此外，经开区在推动产业经济发展的同时关注功能的综合化，提供基础公共服务，注重环境保护和社会声誉，提升园区品牌形象，因此其社会发展指标得分也较高。

我国高新技术产业开发区起步虽然比经济技术开发区晚，但在借鉴经开区发展经验和模式的基础上具有一定的后发优势、专业化优势及整合优势。我国高新区坚持把科技进步和创新作为加快转变经济发展方式的重要支撑，从科技创新、体制创新、发展模式创新等多方面入手，构筑创新体系，集聚创新资源，打造创新平台，提供创新服务，营造创新环境，不断提高企业原始创新、集成创新和消化吸收再创新能力，使企业成为自主创新的主体，为提高区域持续发展提供不竭的动力。因此高新区在创新发展指标得分及增速上均较高。

5.3.2 高新技术产业开发区与经济技术开发区前 10 强对比

1. 总体得分对比

从高新技术产业开发区和经济技术开发区前 10 强的得分均值来看，如图 5－26 所示：高新区前 10 强的得分均值为 0.454 9，高于经开区 0.437 9，说明高新区前 10 强持续发展竞争力的平均水平高于经开区。

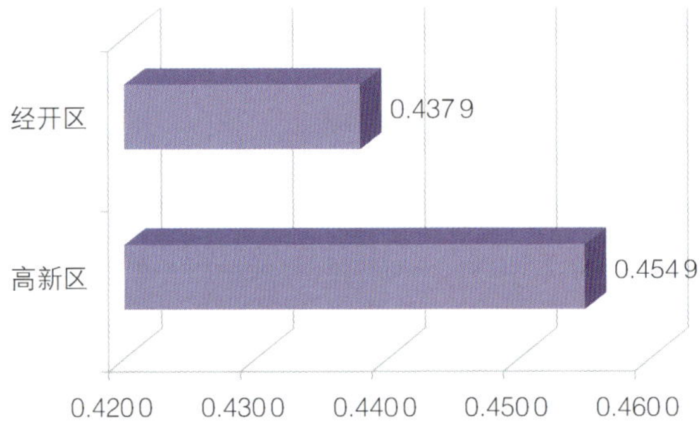

图 5－26 高新区和经开区前 10 强得分均值

从高新技术产业开发区和经济技术开发区前 10 强得分均值的增速来看，如

图 5－27 所示：经开区前 10 强综合指标得分增长速度为 15.09%，远高于高新区 12.74%，说明虽然经开区在持续发展的平均水平上不及高新区，但在增长速度上比高新区快。

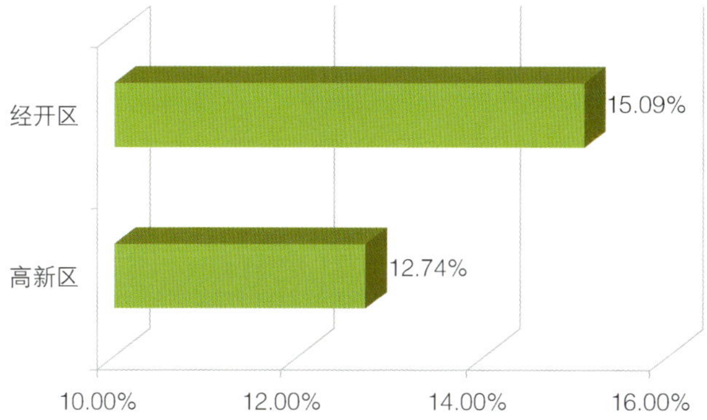

图 5－27　高新区和经开区前 10 强均值增长速度对比

2. 区域分布

从高新技术产业开发区和经济技术开发区前 10 强在各区域的数量分布情况来看，如图 5－28 所示：高新区前 10 强主要集中于东部和中部，且在东部、中部分布相对均匀；经开区前 10 强全部集中于东部，东部经开区具有明显数量优势。

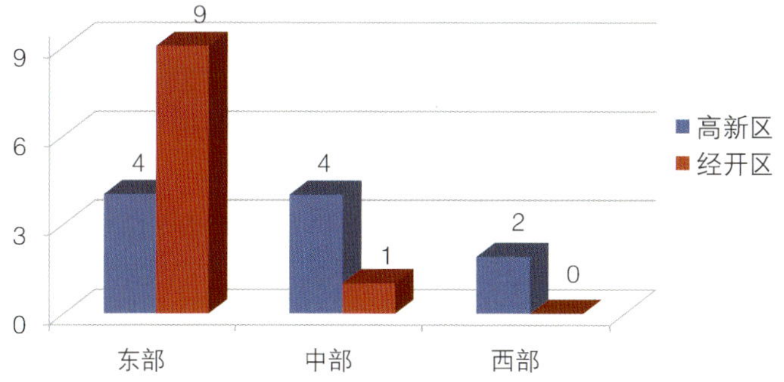

图 5－28　高新区和经开区前 10 强区域分布

从高新技术产业开发区和经济技术开发区前 10 强在各区域的均值比较来看，见图 5－29，高新区前 10 强在东部的园区平均得分 0.534 8 高于经开区的平均得分 0.438 0，虽然前 10 强经开区在东部有数量优势，但其持续发展竞争力的平均水平相比较而言低于前 10 强高新区。

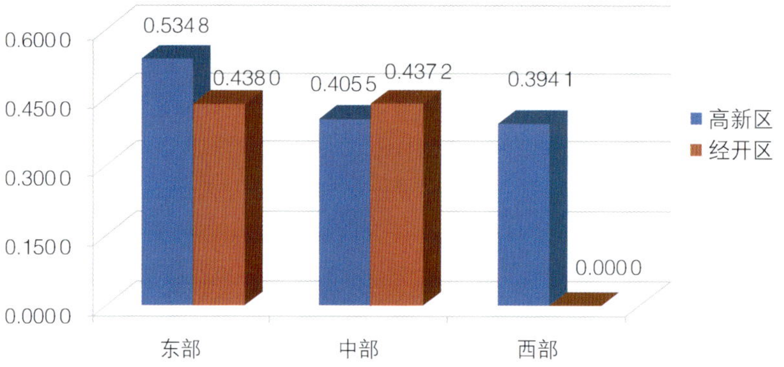

图 5－29　高新区和经开区前 10 强各区域均值比较

3. 各项指标对比

从高新区和经开区前 10 强在各项指标得分均值来看，前 10 强经开区在经济发展、社会发展指标得分均值均高于高新区，在创新发展、产业合作、公共服务指标得分均值均低于高新区，见图 5－30。

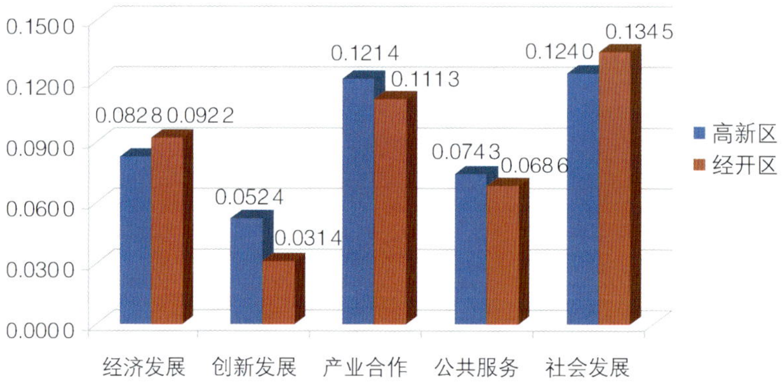

图 5－30　高新区和经开区前 10 强各项指标均值比较

不少先进经济技术开发区在外部宏观环境的推动下，已经开始探索新型的转型发展方式，如苏州工业园区，坚持把产业结构调整和优化升级作为加快转变经济发展方式的主攻方向，从单一的发展工业向制造业和服务业协同发展转型，并按照产业高端化、规模化、品牌化的思路，加快向产业链和价值链高端攀升，致力于发展高新技术产业，大力培育战略性新兴产业，逐步推进传统产业技术改造，提升制造业核心竞争力，加快引进研发、销售、金融、物流、信息、科技服务等生产性服务业，构建现代产业体系。

第 6 章

中国产业园区合作排名分析

本章以 2013 年产业合作排名百强国家级产业园区为研究对象，重点对合作排名 100 强和前 10 强园区综合得分、区域分布、园区类别进行综合分析，并与 2012 年排名情况进行对比分析，通过分析得出园区的合作动因、合作模式、合作特征和合作趋势。

6.1　产业园区合作的动因与分类模式

6.1.1　产业园区合作动因

产业园区合作是指园区内、园区间通过产业转移、项目对接、管理输出、品牌输出等各种方式，促进园区自身资源优化配置、园区间优势互补以及合作双方共同利益的实现。园区产业合作的动因大致可归纳为以下几个方面：

1. 资源互补驱动

园区间资源的差异性为园区资源互补提供了可能，园区通过合作，可以获取外部先进技术和稀缺资源，通过资源重新配置，有助于其经济价值、社会功能的提升和放大。

2. 规模扩张驱动

随着产业园区的迅速发展，园区经营必须跨越地域空间的界线，合作使得园区在招商引资、产业转移、项目对接等各个环节突破空间限制，通过外部合作网络实现规模扩张。

3. 成本驱动

园区内企业之间、企业及其他主体之间、园区之间在相互合作的过程中，分工程度和专业化水平提高有助于单位成本降低，使得园区相对优势得到更大程度的发挥，实现规模经济和范围经济。

4. 品牌共享驱动

品牌作为园区的关键核心资源，具有极高的共享价值。园区通过授予合作园区使用先进园区品牌，以提供咨询顾问服务、功能服务、管理输出，能够为园区合作相关主体带来价值，同时实现合作园区协同发展、收益共享。

总之，园区合作使合作双方异质性资源互补，实现产业合作协同效应；通过相关的合作契约，建立起稳定的交易关系和信息共享机制，降低交易成本和管理成本；通过品牌输出，实现了品牌效应。

6.1.2 产业园区合作的分类模式

根据我国产业园区的合作类型，从合作内容上看可以分为有形资源与无形资源。有形资源指资金、技术、基础设施等；无形资源指品牌、信息、管理、服务等。

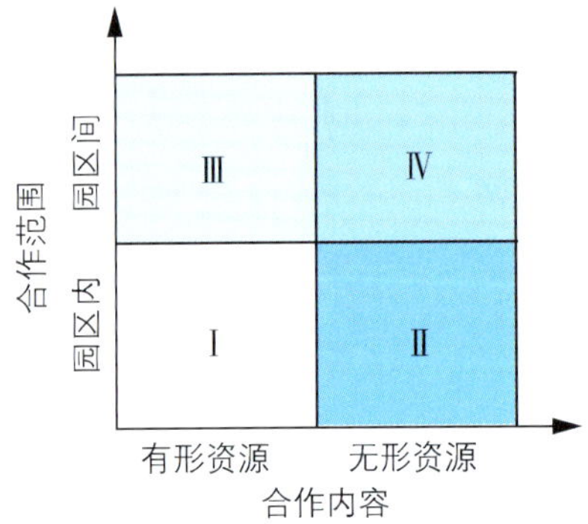

图 6－1 我国产业园区合作的分类模型

本报告将合作内容与合作范围进行组合，构成了园区产业合作模式的二维模型图。横轴代表合作内容，纵轴代表合作范围，大致上可将我国产业园区的合作模式划分为四类，如图 6－1 所示。

第Ⅰ类：园区内有形资源合作，如园区内不同企业间的项目合作、技术合作、产业链上下游企业间的生产合作等。

第Ⅱ类：园区内无形资源合作，如园区内一些中介机构提供给企业的各类技术咨询服务、金融平台服务、园区内企业与科研机构的产学研合作等。

第Ⅲ类：园区间有形资源合作，如东部园区对中西部园区的援建、资本输出、股份合作，还包括园区间招商项目推介、技术项目对接等。

第Ⅳ类：园区间无形资源合作，如园区间管理输出、品牌输出、咨询顾问服务、友好园区的交流学习等。

由此可见，推进园区内、园区间有形资源与无形资源的优化合作，是实现我国产业园区持续发展的重要保障。

6.2　园区产业合作状况排名分析

6.2.1　产业合作前 100 强排名分析

1. 前 100 强得分综合分析

中国产业园区 2013 年产业合作得分与 2012 年同期整体均有所提升。2013 年产业合作 100 强的产业合作指标得分为 10.431 6，均值为 0.104 3；与 2012 年相比较，2013 年产业合作指标总体得分上升 2.89%，见表 6 - 1。从产业合作 100 强前 10、20 名来看，2013 年产业合作指标得分均值都高于 2012 年水平，其增幅比例基本相当，如图 6 - 2，图 6 - 3 所示。

表 6 - 1　2012—2013 年产业合作前 100 强综合得分比较

均值产业合作	2013 年	2012 年	增减	增幅
10 强	1.342 9	1.260 4	0.082 5	6.55%
20 强	2.372 5	2.529 4	0.156 9	6.61%
100 强	10.431 6	10.138 9	0.292 7	2.89%

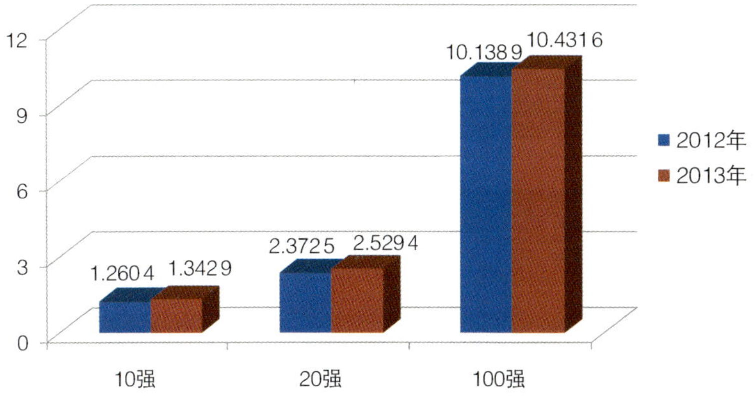

图 6 - 2　2012—2013 年产业合作 100 强得分比较

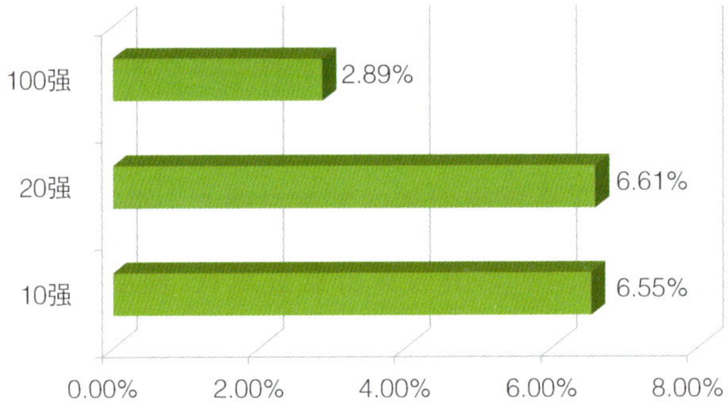

图 6-3　2012—2013 年产业合作 100 强得分增幅比较

2. 前 100 强区域分布分析

统计 2012、2013 年园区产业合作百强区域分布数量与得分，见表 6-2。从产业合作 100 强区域分布来看，2013 年，东部园区多于中部，中部园区多于西部，其中，东部产业园区有 62 家，处于绝对优势，中部 22 家、西部 16 家，见图 6-4。与 2012 年产业合作 100 强相比看，区域分布态势基本相同。其中，2013 年东部园区增加 3 家；中部减少 1 家；西部减少 2 家，如图 6-5 所示。

表 6-2　2012—2013 年产业合作区域分布数量与得分比较

	数量			得分		均值			
	2012 年	2013 年	增减	2012 年	2013 年	2012 年	2013 年	增减	增幅
东部	59	62	3	6.148 5	6.556 2	0.104 2	0.105 8	0.001 6	1.54%
中部	23	22	-1	2.146 7	2.292 3	0.097 7	0.101 3	0.003 6	3.68%
西部	18	16	-2	1.743 7	1.583 1	0.096 9	0.098 9	0.002 0	2.06%

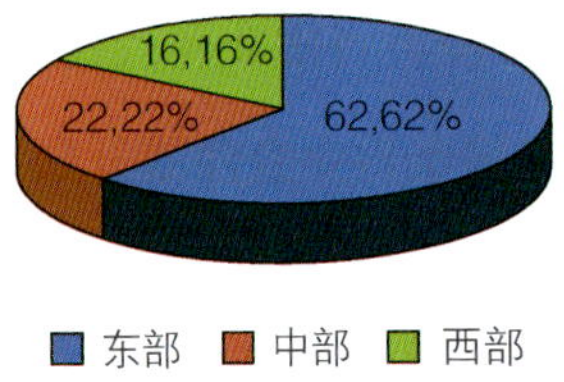

图 6-4　2013 产业合作 100 强区域分布

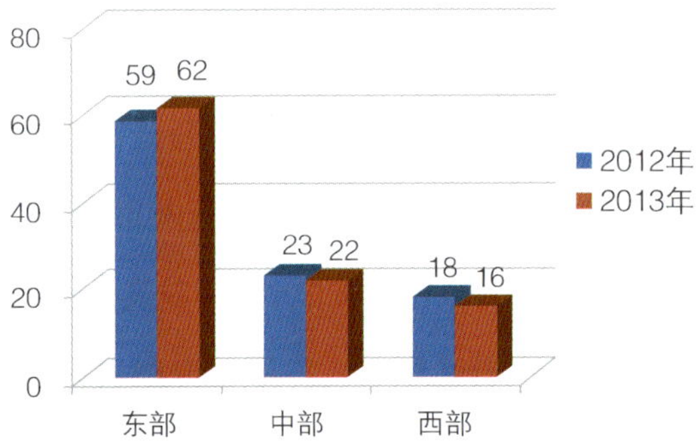

图 6-5　2012—2013 年产业合作 100 强区域分布对比

从 2012、2013 年产业合作 100 强区域分布得分与均值增长速度来看，中部园区提升较快，高于西部和东部。2013 年产业合作 100 强中部园区均值 0.101 3，与 2012 年相比较增长3.68%，西部园区均值增长 2.06%；东部园区均值增长1.54%。此外，东部园区产业合作得分均值 0.105 8 高出产业合作 100 强 14.38%；而中部和西部园区得分均值低于 100 强均值得分 0.104 3，见图 6－6。可以看出，东部园区产业合作均值比中、西部园区具有明显优势。

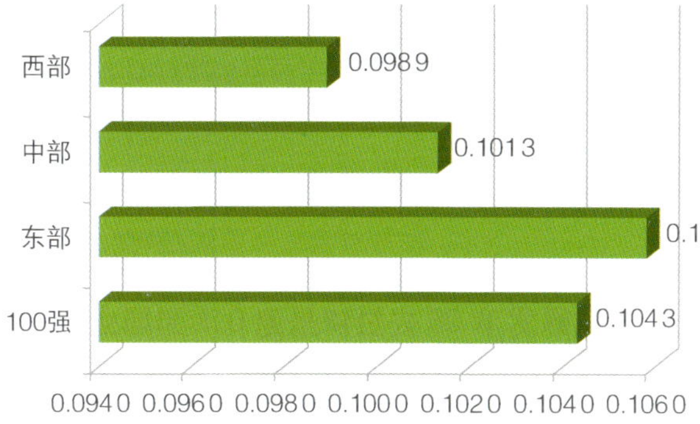

图 6－6　产业合作 100 强区域分布的均值比较

3. 100 强类别分布分析

从 2013 年产业合作 100 强类别来看，经开区数量高于高新区数量，其中经开区有 54 家，高新区有 46 家；高新区得分均值高于经开区，高新区产业合作得分均值为 0.108 6，经开区合作均值 0.099 0，产业合作 100 强均值0.104 3，如图 6－7所示，这说明高新区产业合作具有明显优势。

表 6－3　2013 年产业合作 100 强类别数量与得分比较

类别	数量	得分	均值	100 强均值	均值增减
高新区	46	4.993 5	0.108 6	0.104 3	0.004 3
经开区	54	5.348 1	0.099 0	0.104 3	－0.005 3

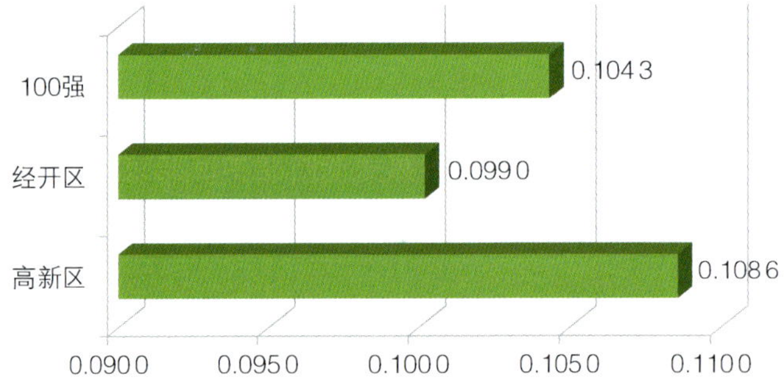

图 6-7　2013 年产业合作类别均值与 100 强均值比较

6.2.2　产业合作前 10 强排名分析

1. 产业合作前 10 强排名分析

产业合作前 3 强分别是北京中关村国家自主创新示范区、上海张江国家自主创新示范区和深圳高新技术产业开发区，见表 6-4。其中北京中关村国家自主创新示范区产业合作指标得分为 0.1704，较 2012 年上升 3.2%，高出第 2 名上海张江国家自主创新示范区 0.0108，第 2 名上海张江国家自主创新示范园区仅比第 3 名深圳高新技术产业开发区高出 0.0138，从第 4 名至第 10 名园区产业合作得分差距都较小，见图 6-8。这说明前 3 强园区产业合作优势明显，中关村国家自主创新示范区更为突出，连续两年产业合作排名第 1。

表 6-4　2013 年产业合作前 10 强园区得分及排名

排名	园区	得分	区域	类别	批准年限	百强榜排名
1	北京中关村国家自主创新示范区	0.1704	东部	高新	2009	1
2	上海张江国家自主创新示范区	0.1596	东部	高新	2011	2
3	深圳高新技术产业开发区	0.1458	东部	高新	1996	11
4	厦门火炬高新技术产业开发区	0.1267	东部	高新	1991	42
5	广州经济技术开发区	0.1263	东部	经开	1991	6
6	漕河泾经济技术开发区	0.1254	东部	经开	1991	12
7	太原国家高新技术产业开发区	0.1238	中部	高新	1992	77
8	长春经济技术开发区	0.1217	中部	经开	1993	20
9	马鞍山经济技术开发区	0.1217	中部	经开	2010	46
10	武汉东湖国家自主创新示范区	0.1215	中部	高新	2009	4

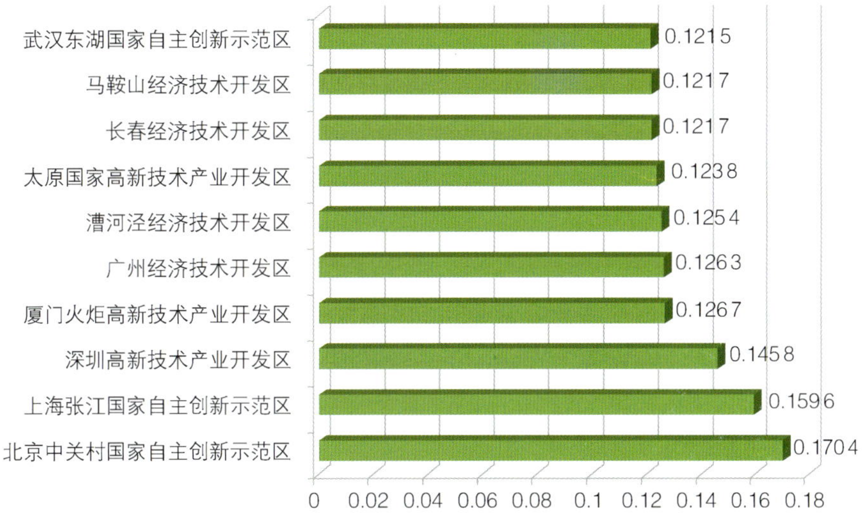

图 6 - 8　2013 年产业合作前 10 强得分对比

从产业合作前 10 强来看，其中 4 家园区来自于百强榜综合排名前 10 强，其余 6 家产业园区为深圳高新技术产业开发区、厦门火炬高新技术产业开发区、漕河泾经济技术开发区、太原高新技术产业开发区、长春经济技术开发区、马鞍山经济技术开发区，其主要原因是产业园区产业集聚不明显，园区规模以上的企业数量较少，企业在建立本地完善的供应链体系，发展外部合作伙伴关系方面还有待提高。

与 2012 年产业合作前 10 强比较，2013 年产业合作前 10 强的产业合作指标总体得分为 1.342 7，较 2012 年上升 6.55%，这说明产业合作前 10 强较上年略有提升，产业园区内及园区间产业总体合作强度、产业集聚度及提供的公共服务较上年同期有较大幅度提升，产业合作前 10 强园区在上市公司数量对当地生态经济可持续发展高贡献值是一致的。

2. 产业合作前 10 强园区具体分析

第 1 名北京中关村国家自主创新示范区，于 2009 年 3 月被国务院批复建设，前身为中关村科技园区，园区经过 20 多年的发展建设，已经聚集以联想、百度为代表的高新技术企业近 2 万家，亿元企业数达到 1 018 家，10 亿元以上的企业 152 家，园区内近 90% 的总收入来自超亿元的大企业。这些大型企业之间、大型企业与园区外的企业、科研院校等机构之间形成了各种合作关系。截至 2013

年，园区内积极参与产业技术联盟的企业数量达到 1 948 家，联盟数量达 40 多家，如闪联、TD－SCDMA 产业联盟，涵盖了软件、集成电路、通讯、互联网、生物医药、环境保护等多个产业领域，在规模以上企业的带动下，中关村科技园区形成了企业、科研机构等开放、合作、协同发展的战略局面。形成了移动互联网、新一代移动通信、卫星应用、生物和健康、节能环保、轨道交通等六大优势产业集群，集成电路、新材料、高端装备与通用航空、新能源和新能源汽车等四大潜力产业集群和高端发展的现代服务业，构建了“一区多园”各具特色的发展格局，围绕产业合作，中关村形成了政府资金与社会资金、产业资本与金融资本、直接融资与间接融资有机结合的科技金融创新体系。2013 年中关村产业合作实现“走出去、引进来”战略思路，首个国家技术转移集聚区落户中关村，在促进技术、人才、资金、服务四类要素的流动和融合的前提下快速实现技术转移，提高技术转移效率和整体服务能力，积极推进全球资源“高端链接”，带动我国技术转移制度、组织与机制实现全面战略提升。2013 年，并购和上市升温，中国资本市场崛起中关村板块，如百度 19 亿美元全资收购 91 无线公司，强势布局移动互联网。此外，临近 2013 年底，58 同城、去哪儿网、天下图等中关村企业陆续在美国和中国香港等地上市，中关村上市公司总数增加到 229 家，资本市场的“中关村板块”进一步形成。

第 2 名上海张江国家自主创新示范区，于 2011 年被国务院批复成为国内第三个国家自主创新示范区，前身是上海张江高科技园区，经过 20 年的建设发展目前已形成了生物医药、电子信息、文化创意、航空航天、先进装备制造、汽车及零部件等七大战略性新兴产业集群和文化科技融合产业集群，实现了科技创新要素集聚、产学研联动发展、服务平台较为健全、战略性新型产业加速崛起的“一区多园”发展格局。基本形成与上海城市创新带和战略性新兴产业发展地带相吻合的沿江沿海、沿沪宁线和沪杭线三大创新带。截至 2013 年，上海张江共计 2 万余家企业，其中世界 500 强 222 个，跨国公司总部 210 家，投资性公司 177 家和外资研发中心 213 家；累计上市企业 200 家，新三板挂牌企业 50 家。园区聚集了 13 家大学科研院所、30 多家社会中介机构、近 50 家风险投资机构，800 多个研发机构，其中外资研发机构300多个，逐步形成生物医药、电子信息、文化创意、航空航天、先进装备制造、汽车及零部件等主导产业。园区聚集了上海80%的“高”“新”的科技资源力量，它们不仅带来了资金、技术、产品和服务、经营理念、管理方式、经营文化等现代管理体制，还凭借各种国内外合作关系，对产业园区内其他企业的薪酬制度、激励制度、企业运作管理等多方面起到示范作用，形成了以“研究开发—中试孵化—规模生产—营销物流”为产业链的现代创新体系。

第3名深圳高新技术产业开发区，是国家“建设世界一流高科技园区”的六家试点园区之一，是“国家知识产权试点园区”和“国家高新技术产业标准化示范区”。园区聚集了近400家国家级高新技术企业和80多家上市公司。目前深圳高新区重视产业集聚和产学研合作，通过与清华、北大和哈工大合作成立“虚拟大学园”以及与区域合作共建“深港创新圈”和“泛珠三角合作圈”等，推动科技、经济、人才培训、商贸等领域的广泛合作，如今已经形成了人文生态、产业生态、环境生态“三态融合”，园区、校区和社区“三区融合”，智慧、智力和智能“三智融合”，土地资本、产业资本与金融资本“三资融合”，“官产学研资介”相结合的创新型城市发展战略的核心基地和重要引擎。为强化核心产业外向集聚，深圳高新技术开发区实施“三个重点一批”发展战略即重点发展电子信息、生物工程、新材料、光机电一体化四大产业；重点扶持高新区骨干企业如长城国际公司、长科公司、华为公司、中兴新公司等；重点争创高新区12个高新技术名牌产品如长城公司的金长城微机和彩色显示器、华为公司的C&C08程控交换机、中兴新公司的ZXJ10程控交换机等。为搭建产业集聚平台，深圳高新技术开发区由市政府牵头，稳妥地组织实施微电子设计中心、软件开发中心、生物工程研究开发中心等三个中心的建设，形成行业研发平台及“官、产、学、研、资、介”相结合的产业化开发机制，同时形成一个国际性、开放式、网络式的合作与交流基地。

第4名厦门火炬高技术产业开发区，是全国四个以“火炬”冠名的国家高新区之一，1991建区以来，园区在厦门岛内外开发建设10个园区，形成了光电、计算机及通讯设备、输配电及控制设备、软件四大主导产业和海洋与生命科学、文化创意、新材料、新能源、电子商务等五大特色产业，实现“一区多园”发展战略，率先成为福建省第一个千亿元开发区，在厦门乃至海峡西岸经济区建设中发挥着龙头带动作用。截至 2013 年，园区拥有 2 600 多家高科技企业、34 家企业研发中心或工程研究中心、7 家博士后工作站、3 个大型研发产业化基地、10 多个国家级产业创新平台，现已拥有 3 个国家级孵化器、1 个大学科技园、1 个区域性股权投资中心、4 个共性技术公共服务平台。已形成以先进制造业为基础，技术密集、布局合理和具有一定规模的高新技术产业集群。高新区实施集群孵化战略，在孵企业超过 600 家，集群孵化，各显所长；同时实施产学研合作战略，以丰富创新网络，与高校、科研院所共建了一批联合实验室，建立起新型的产学研合作机制；实施领军人才战略，以强占新兴产业制高点，已引进 20 个以上的高端技术团队；实施知识产权和技术标准战略，以抢夺行业话语权，发明专利和自主知识产权已超过 300 项；实施科技金融支撑战略，以海西股权投资中心为载体，完善科技型中小企业发展生态链。

第 5 名广州经济技术开发区，是国务院批准成立的首批 14 个国家级开发区之一。开发区是境外投资者登陆国内市场的桥头堡和国内企业开拓国际市场的跳板，拥有如台湾光宝集团、美国捷普电子、伊利安达电子、广州宝洁有限公司、法国汤姆森公司技术研究中心等一批高科技含量的大企业和研发中心。园区企业在业务拓展、项目对接、产业链条集聚、产业转移、产业联动、产业辐射等环节积极参与国内外经济技术合作、人才交流、研发合作，在成果商品化、产业化、国际化取得了较好的成效。园区率先实现转型升级，产业合作路径清晰：目前园区已形成 13 大国家产业基地，如园区在信息技术、平板显示、生物技术、新材料等领域培育六大千亿元级新兴产业集群；培育 1 家千亿元级、4 家五百亿元级、10 家以上百亿元级企业，推进集生物技术和医药产业于一体的一流研发和孵化基地广州国际生物岛，以及打造引领广州、广东乃至中国产业高端发展，尤其是知识型经济发展新引擎与国际一流水平的生态宜居新广州知识城。为加强园区内与园区间产业合作，园区制定了涵盖现代服务业、创意产业、总部经济、金融创新、服务外包、循环经济等领域的“1 + 10”产业政策，促进产业转型升级。完善“1 + 7”人才政策体系，加速集聚高层次人才。在营造产业集聚及提供高效服务公共平台上，广州高新技术产业开发区目前采用四个国家级经济功能区和一个行政区“五区合一”的独特行政机制，园区实行“精简、统一、高效”和“小政府、大社会、小机构、大服务”的经营机制，以及精简高效、为民亲商、务实创新的独特管理体制，行政编制相比其他行政区少 40%。

第 6 名漕河泾经济技术开发区，是经上海市人民政府批准，由上海市漕河泾新兴技术开发区发展总公司全额投资并主管的以培育和支持科技创新型企业的发展，促进科技成果的商品化、产业化和国际化为目的的企业“孵化器”，园区定位是科技创业中心。创业中心被国家科技部评为“国家级高新技术创业中心”，“国家高新区先进孵化服务机构”，目前，创业中心累计培育过科技企业 300 余家，成功率 90% 以上，技术领域涉及信息、生物、材料、光机电等，被国家科技部与联合国开发计划署(UNDP)共同认定为“国际企业孵化器”；开发区依托周边上海交通大学、华东理工大学、上海师范大学等 20 多所高等院校和中科院上海分院、中科院上海生物工程研究中心、中科院上海微电子研究开发基地等 120 多所研究开发机构，形成“产学研资”产业合作、项目对接转移平台。

第 7 名太原高新技术产业开发区，于 1992 年被国务院批准为国家级高新区。园区由新建区和政策区两部分组成，其中新建区规划面积 8 平方公里。太原高新区周边毗邻山西大学等多所高等学府和中科院山西煤化所、中国辐射研究院等科研院所，具有科研人才密集、科技实力雄厚的优势。经过十多年的建设，园区环境设施日臻完善，为企业发展配套的支撑服务体系功能齐全。目前全区共有入区企业 2 200 余家，其中经认定的高新技术企业 486 家，占山西省高新技术企业总数的近 70%。园区内有各类孵化器和科技园区共 24 个。园区实行“一区多园”经营管理，搭建“软件联盟、创意联盟、中部联盟”三大创新联盟交流平台，实现走出去，请进来战略。太原国家高新技术产业开发区是产业梯度转移的承接地。发挥承东启西的作用就是要承接东部产业转移，促进中西部经济发展。太原经济圈以其雄厚的产业基础、技术基础和人才基础，已成为东部产业转移的承接地。利用其产业转移优势，目前已形成了生物医药、电子信息、机电一体化、新材料、节能环保等 5 大支柱产业集群。

第 8 名长春经济技术开发区，于 1993 年被国务院批准为国家级经济技术开发区，辖区面积 112 平方公里。目前长春经开区在生产力空间布局上，实施"南提、北扩、东进"的"一区三园"战略；在产业布局上，实施"三二一"工程，重点发展玉米化工、汽车及零部件和现代服务业三个支柱产业，壮大食品、光电信息两个优势产业，培育扶持医药一个重点产业。实现产业"南北联动快发展，九八三二创新高"框架结构格局。建设"九大特色产业园区"，即南区建设汽车零部件园区、快速消费品园区、生物制药园区、光电信息产业园区四个园区，北区建设生物产业园区、专用车产业园区、装备制造业园区、综合保税及物流园区、新兴产业园区五个园区；发展"八大产业"，即做大做强专用车及零部件、生物化工、现代服务业三个支柱产业，发展壮大装备制造、快速消费品两个主导产业，加快培育光电信息、生物制药和新兴产业；打造"三大商圈"，即会展中心——临河街——自由大路商圈、东方广场商圈、兴隆山商圈；建成"两个千亿元级产业基地"，即专用车及零部件产业基地、生物产业基地，成为长东北开放开发先导区经济起飞的引擎、长吉图区域经济发展的旗舰。在产业合作上运用优势互补、互利、互动原则，长春经开区形成了以富奥集团、圣戈班、海拉车灯、福耀玻璃等为代表的汽车零部件产业，以大成玉米、香港华润、泰国正大等为代表的粮食深加工产业，以中科集团、联信光电、吉林华软等为代表的光电信息产业，以吴太制药、西点制药、精优药业等为代表的生物制药产业等四大主导产业，其中，高新技术项目和高附加值项目占 80% 以上，产业集群效应初步显现。

第 9 名马鞍山经济技术开发区，于 1995 年经安徽省政府批准设立，2010 年升级为国家经济技术开发区，规划面积 11.44 平方公里。马鞍山经济技术开发区已通过创建国家生态工业示范园区规划建设论证。园区经过近 20 年发展已形成了以星马、华菱为代表的汽车及汽车零部件、以马钢晋西轮轴、方圆回转支承为代表的高端装备制造、以蒙牛乳业、福建达利为代表的食品加工三大优势主导产业，在产业项目对接、转移与合作上，拉长产业链条，加速产业集聚。围绕汽车及汽车零部件产业，有针对性地开展招商引资工作，主动承接整车生产线、变速箱项目、发动机机壳铸造等汽车产业项目转移，促进产业集聚，延伸产业链，着重打造汽车及汽车零部件产业园。规划中的电子信息产业园区实现一区多园经营，如中心区北园重点发展电子元件、汽车电子、电子仪器等；中心区南园重点引进 LED 光电子产业企业和以手机为主的电子通讯设备产业；围绕蒙牛乳业、达利食品、雨润食品等现有食品企业，打造食品产业园；同时积极引进物流公司、总部经济，大力发展现代服务业。

第 10 名武汉东湖国家自主创新示范区，于 2009 年 12 月被国务院批复为第二家国家自主创新示范区。目前园区作为国内最大的光电子信息产业集群，形成了以光电子信息为主导，生物、新能源、环保、消费类电子等产业为支柱的高新技术产业集群，光电子信息、生物、消费电子、环保等已成为总收入过百亿元、数百亿元的产业。园区在“光谷”品牌效应的辐射带动下，优化整合了华中区域的资源和要素，在武汉城市圈内 8 个城市建立了 20 个“园外园”，如葛店、孝感高新区等，并与咸宁、仙桃、荆门、黄冈市政府签署协议共建产业园区。产业园区企业集聚度较高，高校众多，园区内外部产学研合作氛围浓厚，有武汉大学、华中科技大学等 58 所高等院校，56 个国家级科研院所，10 个国家重点开放实验室，7 个国家工程研究中心，700 多个技术开发机构，累计注册企业 2.37 万家，高新技术企业 672 家，其中世界 500 强企业 65 家，上市公司 33 家，新三板挂牌企业 30 家。产业技术研究院 8 家，产业技术创新联盟 39 个(其中国家级 3 个)，省级和国家级产业创新平台数量 466 家，在孵企业 2 800 家。产业涉及光电子信息产业、节能环保、生物医药、现代装备制造等高新技术产业。吸引了众多配套企业的涌入，带动了园区内外活跃的经济交流与合作。武汉东湖国家自主创新示范区实现“一区多园”经营管理，包括生物城、未来科技城、东湖综合保税区等 8 个园区。为强化园区内外产业合作，解决园区剩余资本、增值项目的快速流动与结合，精心打造了“找项目、找资金、找服务”三找大数据库建设服务平台，设置了“金融资讯、新三板、融资项目、投资意向、金融产品、服务机构”6 大合作对接平台。

3. 产业合作前 10 强区域分布分析

从产业合作前 10 强区域分布来看，前 6 名全部来自东部地区，分别是北京中关村国家自主创新示范区、上海张江国家自主创新示范区、深圳高新技术产业开发区、厦门高新技术产业开发区、广州经济技术开发区和漕河泾经济技术开发区，6—10 名均来自于经济高速成长的中部地区，见表 6－5。

从产业合作前 10 强区域得分来看（表 6－5），产业合作排名前 10 强园区产业合作指标总体得分为 1.342 7，其中，东部园区得分为 0.854 2，占产业合作排名前 10 强产业合作指标总体得分的 63.61%；中部园区得分 0.488 7，占 36.39%。从均值来看，东部园区高于产业合作前 10 强均值，这说明产业合作前 10 强东部园区产业合作优势高于中部园区，如图 6－9 所示。

表 6－5　产业合作前 10 强区域数量与均值比较

区域	数量	得分	均值	10 强均值	差异
东部	6	0.854 2	0.142 4	0.134 3	0.008 1
中部	4	0.488 7	0.122 2	0.134 3	－0.012 1

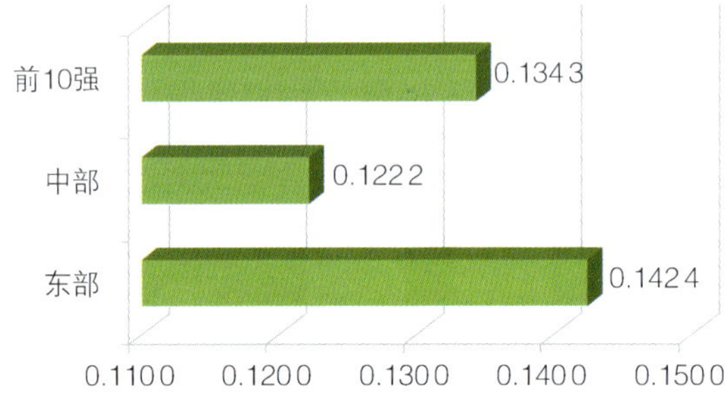

图 6－9　区域分布得分均值与前 10 强均值比较

4. 产业合作前 10 强类别分布分析

产业合作排名前 10 强的产业园区中，有 6 家为高新技术产业开发区，4 家为经济技术开发区，通过调研发现，产业合作排名前 10 强的经济技术开发区的发展主要是以纵横交错的产业集聚生物圈为基础，由多条集聚链构成的集聚生物圈带动上下游众多配套企业和服务业的聚集和共生。

产业合作排名前 10 强的高新技术产业开发区产业合作指标总体得分为 0.847 7，平均得分为 0.141 3，较 2012 年平均得分 0.128 9 增长 9.6%；经济技术开发区的总得分是 0.495 0，平均得分为 0.123 8，较 2012 年平均得分 0.118 6

增长4.38%，见图6-10。由此可知，高新技术产业开发区在产业合作、园区内部合作上比经济技术开发区有所深入。这是因为，我国高新技术产业开发区大多发展电子信息、生物医药、新能源、新材料等战略新兴产业，要求产业园区具有生态环境良好，科技人才集中且流动通畅，企业和科研院所等创新资源丰富的特征，这有利于先进技术信息、生产方法、研发思想的交流和知识溢出效应的提高。进入高新技术产业开发区的企业一开始就注重与本地高校、科研院所、公共服务机构、政府部门合作，获取高素质人才、技术、服务和政策等。当高新技术产业开发区逐渐成长为该区域的经济增长极时，因聚集和示范效应，当地产业网络会发生愈来愈多的内外部合作关系。

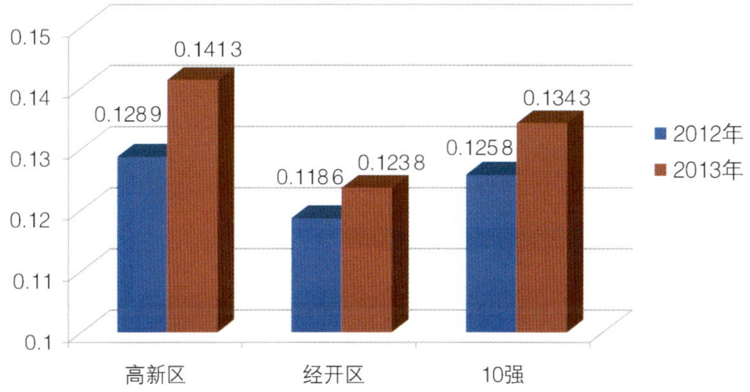

图6-10 产业合作前10强类别均值与上年同期比较

6.3 园区产业合作的特征与趋势

产业合作源于产业共生，也就是说产业合作要考虑产业资源优化配置、产业优势互补、产业发展与生态环境协调等关键要素，使得企业与企业、企业与非企业间在园区内或园区间进行产业合作，形成“产业链、产业群、产业网”的共生链网。从产业合作排名前10强产业园区看，园区产业合作呈现出以下几个特征与趋势。

6.3.1 产业园区合作基本特征

1. 合作主体多元化。园区合作由原来的园区内产业主体如企业间、企业与中介机构、高等院校、科研院所、政府等发展成为园区内产业主体与园区间产业主体等多主体并存合作发展。同时由多个彼此业务相关联的主体产业互相进行合作，特别是通过产业系统内产业优势互补、要素资源相互对接吸引、产业合作间循环经济等方法实现了产业重组，使得多元化主体间的总体资源得到最优化利用。在外部形态上，多元化主体合作的产业常常表现为一定的地理空间范围内处于产业链上、中、下游不同位置的产业群的相互结合，以获得规模经济和外部经济。

2. 合作内容融合化。产业合作融合强调产业合作边界的位置，重点关注产业创新及其价值增值过程中的业务连接关系，从实现方式上看，管理与品牌输出、资源互补、产业的转移、技术研发的供需、产业模块的重组等都可以促进园区产业合作视角下的融合。如北京中关村国家自主创新示范区、武汉东湖国家自主创新示范区都强调产业合作间的融合性，如“宜居宜业”的产城融合、产业合作与生态环境协调融合、产业关联合作与自主创新融合等融合特征。

3. 合作路径三聚化。以园区内核心企业为轴心展开的上下游关联产业合作，强调产业合作“聚核、聚链、聚网”三聚路径特征。产业链上形成的产业转移与项目对接，通过信息交流、产品互售、技术互补、服务互通，挖掘合作潜力，增强合作能力，推动上下游产业延伸、关联配套加工、成链集聚发展。产业链条纵向延伸，横向拓展，实现产业聚核、聚链、聚网式发展，使得产业园区的发展空间和核心竞争力进一步拓展和增强。

6.3.2 园区合作发展趋势

1. 由纵向的产业链上下游合作向横向与纵向并重的网络式合作转变。以园区核心企业为中心上下游业务拓展的产业链模式，逐步向以园区主导产业为轴心的产业集群转变。产业园区不论是高新技术产业开发区，还是经济技术开发区等，现已成为引领世界高端产业发展的先导区，其发展特征是由突出技术、研发、创新等优势的主导产业向形成产业集聚、产业集群在园区内、园区间的合作发展转变，成为推动科技进步与发展的牵动力和助推力。如上海张江国家自主创新示范区，在优势互补的基础上，整合了生物医药、电子信息、文化创意、航空航天、先进装备制造、汽车及零部件等七大战略性新兴产业集群和文化科技融合产业集群，同时还整合了南汇周康和临港地区、徐汇枫林、星火开发区、青浦开发区为辅助的五大产业集聚区，通过协作和联动式发展找到利益共同点，形成错位竞争和特色产业集群。

2. 由园区生产功能为主向产城融合的社会功能转变。产业合作不仅要关注规模经济与范围经济发展模式，现已开始考虑产业合作的共生性，即产业合作要与当地区域生态环境相适应、产业合作与产业配套相匹配，形成"宜居宜业"循环与生态经济合作，以促进园区产业持续发展。如广州经济技术开发区为培育 1 家千亿元级、4 家五百亿元级、10 家以上百亿元级企业，推进集生物技术和医药产业于一体的一流研发和孵化基地——广州国际生物岛，打造"宜居宜业"知识型经济发展的新广州知识城；深圳高新技术产业开发区通过与清华、北大和哈工大合作成立"虚拟大学园"以及与区域合作共建"深港创新圈"和"泛珠三角合作圈"等，推动科技、经济、人才培训、商贸等领域的广泛合作，形成产业集聚和产学研合作，且已经形成了人文生态、产业生态、环境生态"三态融合"，园区、校区和社区"三区融合"，智慧、智力和智能"三智融合"，土地资本、产业资本与金融资本"三资融合"。

3. 由园区内产业合作为主向园区间资源整合与联动发展转变。园区内企业与企业合作、企业与官产学研资介合作受到技术、产品、业务模块、品牌、营销市场等要素资源的限制。为实现园区可持续发展，以互联网技术的完善与发展及大数据重构与建设，为园区产业提供了参与、融入经济体系的快速渠道和便捷途径。产业园区作为区域经济参与全球化竞争、国际化战略实施的先导区，是园区产业进入国际市场、参与国际分工、走向国际化的主战场。产业园区要满足产业合作所需要的产业定位、科技研发、技术转化、创业创新等需求，同时还构成一个具有跨层次、网络化的核心载体。如武汉东湖国家自主创新示范区在“光谷”品牌效应的辐射带动下，以光电子信息为主导，通过生物、新能源、环保、消费类电子等支柱产业在华中、国内外与其他园区展开项目对接与产业转移合作，优化整合了支柱产业的供需资源和要素，打造了“世界光谷”产业集群。

第7章

中国产业园区持续发展：产业合作典型案例

在中国产业园区发展的30年间，园区产业合作在深度和广度上都逐渐加强。同时，合作也向机制创新和个性化发展。本章分析了上海张江国家自主创新示范区、武汉东湖国家自主创新示范区、长沙高新技术产业开发区和成都高新技术产业开发区在园区间合作、产学研金介合作、国际技术合作和金融创新合作的案例，展示了产业园区在合作方面的具体工作与成就，并就产业合作实践中存在的问题提出相应建议。

7.1　园区间合作：上海张江国家自主创新示范区

全球领先的汽车零部件供应商、世界500强企业法国佛吉亚公司是张江示范区漕河泾开发区的“老客户”，其中国总部和研发中心都设在漕河泾本部。当得知佛吉亚想扩大规模，建造汽车座椅机械调解装置产品生产基地时，漕河泾盐城工业园立刻向他们抛出了橄榄枝。在漕河泾开发区的沟通协调下，佛吉亚公司不仅将总投资4 200万美元的“座椅工厂”落户漕河泾盐城工业园，还为园区的东风悦达起亚生产提供了配套产品。在这样的合作中，佛吉亚获得了新客户，东风悦达起亚完善了配套链条，漕河泾延伸了产业链，盐城吸引了世界500强企业，形成了园区共建合作共赢的局面。目前，漕河泾开发区向漕河泾盐城工业园派驻五人团队，长期往返于沪盐之间，着力将漕河泾成熟的市场化运作和经验带到盐城，从人力资源到规划建设，从招商引资到计划财务，全方位和盐城方面的人员进行交流合作。

7.1.1 园区间合作背景

2013 年，上海张江自主示范区持续发展竞争力综合排名为第 2 名，产业合作排名也位居第 2 名。2011 年，国务院批复同意上海张江高新技术产业开发区成为国家第三个国家自主创新示范区。示范区面积 531 平方公里，已经形成了科技创新要素集聚、产学研联动发展、服务平台较为健全、战略性新型产业加速崛起的良好局面。目前张江示范区已形成生物医药、电子信息、文化创意、航空航天、先进装备制造、汽车及零部件等六大战略性新兴产业集群和文化科技融合产业集群健康发展的态势。上海张江示范区开展园区间合作的原因主要包含以下几个方面：

1. 商务成本增加

商务成本是衡量一个城市或一个地区综合竞争力的重要依据，也是投资、贸易、经营和区域经济开发中需要考虑的重要因素。近年来，随着经济的发展，要素成本不断上涨，要素成本的上涨导致商务成本不断攀升，一些成本导向性企业有外迁需求，从而推动园区外部合作进程。

2. 土地供应量制约的压力

当前，制约上海企业发展和产业升级的主要瓶颈是上海土地供应量的不足。空间局限制约了国家级开发区潜能的充分发挥，迫使园区不得不向外寻求合作。

3. 产业布局调整的需要

上海在第二产业方面优先发展先进制造业，实现从以制造为主向先进制造与研发、服务相融合的转变，提高上海工业辐射和服务全国的能力。为了给优先发展的产业腾出足够空间，园区必须“腾笼换鸟”，通过区域间合作把原先的一些企业迁移出去。

4. 相关政策的支持

近年来，国家和地方陆续出台指导意见支持开发区走出去。国务院《关于进一步推进长江三角洲地区改革开放和经济社会发展的指导意见》中指出，要“积极探索互利共赢的财政政策，有序推动异地联合兴办开发区”；商务部《关于落实科学发展观构建和谐开发区的指导意见》中鼓励开发区“将产业的梯度转移和输出管理模式相结合，共同开发建设产业园”；《上海市工业发展“十二五”规划》中“鼓励漕河泾等有条件的开发区实施走出去战略，通过联动开发、招商合作等形式加强与全国各地开发区合作，拓展发展空间”。

5. 园区内企业的扩张

自 2008 年经济危机以来，外需下降，企业发展逐步将重心放在开发内需上。同时，中西部地区具有市场、成本及资源优势。区内成本导向型、市场导向型及资源导向型企业的内需扩张要求逐步加强，他们希望在更广阔的空间配置要素，实现优势互补。

在上述背景下，特别是“十一五”以来，上海与周边地区积极开展合作，共同筹建“分区”、“园中园”等合作园区，这也成为上海产业转移合作模式的一种新趋势。

7.1.2　园区间合作主要内容

1. 可供合作的资源分类

上海张江示范区经过 20 年的发展，在对外合作的实践中积累了一定经验。就可供合作的资源来讲，分为以下几类：

(1) 产业资源。上海张江示范区拥有 20 余个国家级战略基地，每个基地都体现一个产业，每个产业都与各部委的规划产业相衔接。

(2) 企业资源。园区核心区拥有大量的小微企业，这些小微企业的发展与壮大，为园区的转移和对外扩张提供了保障。

(3) 平台资源。在 20 年的发展中，上海张江示范区基本上形成了由政府、企业、基地及社会化中介共同合作的精细化、专业化、标准化服务平台，这些平台覆盖各个产业及企业发展的各个阶段。此外，上海张江示范区内很多研发机构已融入全球产业研发体系。合作园区企业与这些网络对接将实现行业全球范围的同步化。

(4) 人才资源。目前，示范区内有国际化背景的技术人才一万余人，留学生创业企业 600 多家，为园区的对外合作提供了丰富的人才资源。

(5) 企业资源。园区内自主创新企业经过多年发展已进入快速增长通道，这些企业走出去的意愿较为强烈，在园区对外合作中扮演了重要角色。

2. 园区间主要合作模式

(1) 理念互动。该种模式主要是与国内兄弟园区和国际著名园区建立合作交流机制，通过共建国内友好园区和国际姐妹园区等形式，以交流互访、信息共享、干部挂职等为主要形式，在组织上形成互动、广泛的合作交流学习机制。

(2) 项目对接。开发区以招商项目推荐、技术项目推介、产业转移对接等方式，与合作园区建立一种以项目对接为纽带的合作模式。

(3) 品牌输出。产业园区通过授予合作园区使用自身品牌，为合作园区提供咨询顾问服务、功能输出、管理团队输出等，与合作园区建立一种较为紧密、点对点的品牌合作模式。

在品牌输出合作模式中，上海张江示范园区内的漕河泾盐城模式较为突出。漕河泾盐城工业园成立于 2009 年 11 月，漕河泾与盐城经开区共同成立漕河泾盐城工业园，其中漕河泾以品牌出资占 60%，盐城经开区占 40%，主要负责盐城分区的开发建设。漕河泾派驻团队，并负责配合盐城经济开发区的招商引资工

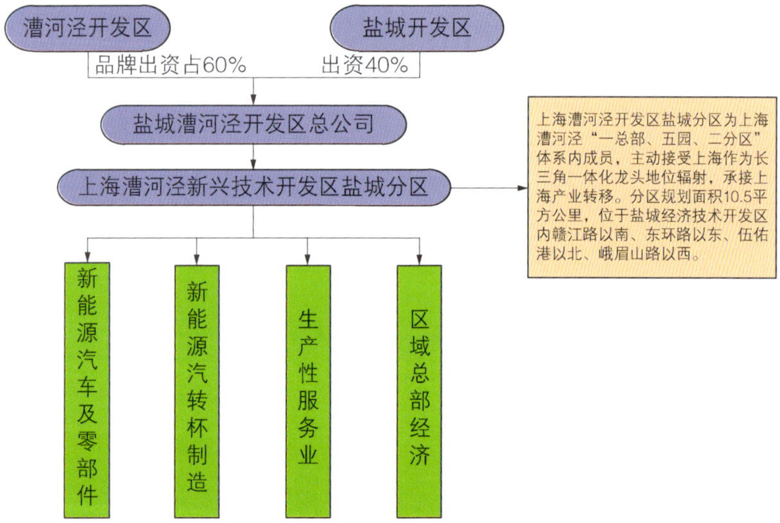

图 7-1　漕河泾盐城工业园基本情况

作，支持将本园区内企业的扩大发展向盐城经济技术开发区引导；同时配合盐城经济技术开发区管委会招商人员在漕河泾开发区内的招商推介、形象宣传、客户拜访等工作，提升盐城经济技术开发区和漕河泾开发区盐城分区的知名度。与此同时，漕河泾开发区可分享当地 GDP 增长及税收。

(4) 资本合作。指园区独立出资或与合作园区共同投资，以资本为纽带成立项目公司，对新园区或地块进行开发建设和招商运营，是全方位、紧密型的园区合作开发模式。漕河泾海宁分区是这一合作模式的典型案例。海宁分区成立于 2009 年 9 月，由漕河泾和海宁经开区共同出资成立。

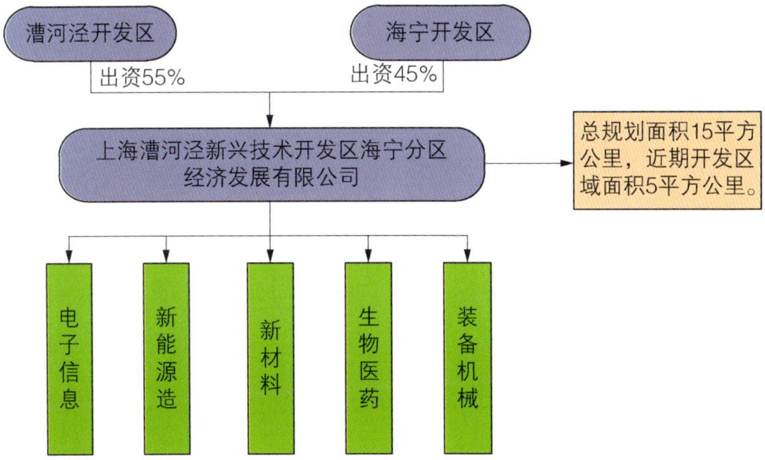

图 7-2　漕河泾海宁分区基本情况

该区是沪浙首个国家级开发区异地共建的合作项目。漕河泾利用管理优势、客户资源优势、品牌资源优势与海宁市特殊的区位交通优势、完善的产业配套优势及成本优势相结合，目标为打造“国际一流、国内领先、浙江著名”的跨区域合作示范产业区。经过四年建设，海宁分区已完成总体城市设计规划，引进项目近 20 个。目前总建筑面积 4 万平方米的科技绿洲标准厂房项目在建。

(5) 中介服务。为进一步加强东西部合作，帮助中西部地区“筑巢引凤”，切实推动国际产业和东部沿海地区产业向中西部地区转移，促进中西部地区经济发展，商务部于 2008 年在漕河泾成立产业转移促进中心上海基地。该中心由国家商务部、上海市商务委员会和上海漕河泾开发区共同建设，主要承担信息交流、展示宣传、项目对接和人才培训等四大功能。目前,中心引进了 20(16+4)个省、自治区以及对口支援地区的代表入驻,开发区选派专门人员负责中心日常协调和组织事务。截至目前,累计有 72 个项目已成功落户中西部地区,投资金额达 150 亿元,其中飞利浦全国第二总部落户成都即通过该平台实现。

(6) 对口援建。2002 年,国务院批准成立拉萨经济技术开发区。在商务部的组织下,漕河泾等全国七家开发区投资成立拉萨中开藏域开发有限公司,负责拉萨开发区的开发建设。漕河泾参与投资并委派两名干部赴藏支援拉萨开发区建设。多年来,漕河泾援建方式主要包括捐赠资金、组织汉藏双边交流学习、召开招商引资项目专题推介会等。

7.1.3 园区间合作应注意问题

1. 园区选址。合作园区选址至关重要,不仅要研究国家和省市对该区域的战略定位,还要充分了解该区域的资源禀赋以及与上海是否具有差异化产业转移空间。在园区选址上,主要考虑土地资源、劳动力供应、交通情况、产业基础、基础设施、扶持政策、能源水源、原材料等因素。此外,地方政府有无强烈合作意向也很重要,与意愿强烈的政府合作实现双赢的可能性更大。

2. 模式选择。在合作园区建设的可行性论证阶段,应该明确开发模式。园区所在地政府在获取土地指标、拆迁、市政基础设施建设等方面具有天然优势。漕河泾在园区规划、楼宇建设、招商引资、园区服务等方面具有经验与技术优势。

3. 产业定位。对园区进行科学的产业定位十分重要,直接关系到园区建设成功与否,应依托本地资源禀赋和产业基础,有针对性地确定园区产业定位。同时也应注意与发达园区间产业转移的匹配度,实现梯级发展。

4. 机制保障。开发区建立合作园区要与当地政府或开发区建立长期诚信合作制度。同时与地市级以上政府建立协调处理机制和监督机制,协调和推进重大项目与政策落地。

5. 节奏把握。由于开发区的开发建设有其自身规律,需要有个较长周期。同时园区开发还需投入大量资金和人力。建设合作园区,一方面是为了促进当地经济发展;另一方面是为了拓展发展空间。因此,园区间的合作应控制好建设合作园区的节奏,结合自身能力,稳步推进,争取提高合作成功效率。

7.2　产学研金介合作模式:武汉东湖国家自主创新示范区

2009年,武汉东湖国家自主创新示范区整合武汉高校、科研院所和企业的优势资源,组建了政产学研协同创新的新型产业技术研究院——武汉生物技术研究院。研究院依托病毒学国家重点实验室、国家纳米药物工程技术研究中心和病毒病防治药物技术国家地方联合工程研究中心等6个国家级平台和一批省部级平台,逐渐形成了生物合成、新型疫苗、单克隆抗体、纳米医药制剂、干细胞工程、生物质柴油等特色产业领域。2012年12月研究院公共技术服务平台正式投入运行,配备生物实验大型仪器设备243台套,其中包括第三代单分子测序仪、X-ray单晶衍射仪等目前国际最先进的实验仪器设备,是华中地区设备最先进、功能最完善的生物实验大型仪器共享平台。平台的建立显著降低了中小企业技术创新成本,实现了科技资源的最大化利用。研究院自2009年组建以来,已引进83个海内外高端团队,包括8名两院院士、2名外籍院士和一批千人计划、长江学者、973首席人才;落户项目包括重大新药创制、转基因生物新品种培育、重大传染病防治等国家科技重大专项项目以及863计划项目、973计划项目,累计获批中央财政研发经费已超过3亿元。

7.2.1　产学研金介协同创新背景

2013年,武汉东湖国家自主创新示范区持续发展竞争力综合排名第4;百强产业园区产业合作排名第10。武汉东湖国家自主创新示范区创建成立于1988年,规划面积518平方公里,目前建成区100平方公里,产业园区43.8平方公里,2009年被国务院批准为国家自主创新示范区。武汉东湖国家自主创新示范区已建成我国最大的光纤光缆研发生产基地、最大光电器件研发生产基地、最大激光产业基地，其中光纤光缆生产规模全球第一，占全球市场 25%，国内市场 60%，拥有全国光电子领域唯一国家实验室——武汉光电国家实验室。

截至 2013 年年底，区内注册企业 2.4 万家，高新技术企业累计 672 家。其中，世界 500 强企业 65 家，上市公司 33 家，新三板挂牌企业 30 家。自 2009 年以来，高新区企业总收入保持年均 30% 的增长速度，经济总量三年翻番。2013 年，企业总收入达 6 517 亿元，同比增长 30.18%。

在建设享誉世界“光谷”这一战略目标下，武汉东湖示范区将在光电、生物、地球空间信息及应用服务等领域形成若干个拥有技术主导权的特色产业集群，形成有利于创新创业的体制机制和环境；到 2020 年自主创新示范区将实现企业总收入 3 万亿元。在上述战略目标指导下武汉东湖国家自主创新示范区始终坚持把发挥科教资源优势，推动产学研合作，促进科技与经济紧密结合作为立区之本和强区之基。通过多年的实践，东湖高新提出了科技成果转化的“四级跳”模式，即科技成果在高校产生—成果在高校周边孵化—孵化企业在大学科技园成长—再到专业科技产业园规模发展，这一模式在全国大学科技园中得到广泛推广。同时，区内集聚了 42 所高等院校、56 个国家及省部级科研院所、58 名两院院士、20 多万各类专业技术人员和 80 多万在校大学生，是中国三大智力密集区之一，为产学研实践打下了坚实的基础。

7.2.2 产学研金介协同创新主要内容

近年来，武汉东湖国家自主创新示范区按照党的十八大和十八届三中全会精神，深化科技体制改革，加快实施创新驱动发展战略，从完善创新政策、强化企业技术创新、推进科技金融结合、建设创新平台等方面，建立健全产学研协同创新体制机制，构建“产学研政金介”相结合的创新生态体系，主要包括以下几个方面：

1. 加强制度建设，完善协同创新政策支撑体系

(1) 制定政策促科技成果转化。研究制定了《促进东湖国家自主创新示范区科技成果转化体制机制创新的若干意见》(被业界誉称为“黄金十条”)，在鼓励科

研人员留岗创业、推进科技成果处置权改革等方面，进行了大胆尝试和突破，大大激活、释放了区域科教人才优势和潜力。自“黄金十条”实施以来，推动了一批科技成果资本化、产业化。武汉光电工研院“显微光学切片断层成像系统”(简称MOST)实现 1 000 万元挂牌转让，其研发团队获得了 70% 的转让收益，标的额和个人分配比例创全国之最。

(2) 强化地方立法保障。推动出台《东湖国家自主创新示范区条例》，把武汉东湖国家自主创新示范区多年来在行政管理与服务、科技创新、科技金融、对外开放等方面的探索实践，上升为法规制度。为保护改革者，激励创新者，扩大对外开放，建立与国际创新、投资、贸易通行规则相适应的制度体系提供法制保障。营造法制化、国际化、市场化的科技创新和产业发展环境。目前，《条例(草案)》已提交省人大审议，力争 2014 年底前正式出台。

(3) 落实国家三项税收政策。2013 年 3 月，财政部、国家税务总局批准武汉东湖国家自主创新示范区开展研发费用加计扣除等三项税收政策试点工作，减轻企业税负。2013 年年底，高新区共受理 127 户次高新技术企业税收减免申请，办理减免税款 2 280.44 万元，降低了企业研发成本，激励企业扩大研究开发投入。

(4) 健全股权激励机制。出台专项政策，设立 5 亿元股权代持基金，帮助企业实施股权激励试点，推动了华工安鼎、烽火普天等一批企业开展股权激励工作，武汉东湖示范区内已有 50 多家单位参加股权激励试点，营造了浓厚的股权激励氛围。

2. 强化创新主体地位，提升企业自主创新能力

(1) 加大企业研发投入，健全由市场决定技术创新立项和实施的机制。2013 年，武汉东湖国家自主创新示范区企业国家级、省级、市级科技项目立项 1 114 项，同比增长 54.7%；立项金额 15.2 亿元。其中，国家级项目立项 193 项，立项金额 10.8 亿元，占全部项目立项金额的 71.6%。全年研究与试验发展(R&D)经费支出 190.0 亿元，同比增长 26.8%。2013 年获省级以上科学技术奖 60 项，其中国家级 26 项，占全国总数的 8%，高新区企业已经成为技术创新的绝对主体。

(2) 拓展企业引才渠道和方式，加快集聚高端人才。自 2009 年以来，武汉东湖示范区已累计投入资金 7.64 亿元，不断加大企业引才力度，通过华创会、留交会、海内外高层次人才光谷行等活动，引进海内外人才团队 1 500 多个，594 人入选"3551 光谷人才计划"，178 人入选国家"千人计划"，76 人入选湖北省"百人计划"，汇聚全球精英，为产学研协同创新创建全球人脉网络。

(3) 加大知识产权保护和应用，运用标准化助推企业发展。东湖示范区获批以来，企业专利申请量保持了年均 50% 以上增速，专利年申请量突破 10 365 件，占武汉市专利申请量的 43%。高新区企业在光通信、激光、地球空间信息、数控、3D 打印、生物质能源等领域研发能力居国内领先水平，主导制定全球首个互联网业务感知和内容识别国际标准，企业创制国际标准 10 项、国家标准 240 多项。

3. 推进科技和金融结合，健全协同创新投融资体系。

(1) 加速金融机构集聚。2013 年，武汉东湖国家自主创新示范区新增股权投资及管理机构 89 家，总数达 225 家，注册资本总额近 200 亿元。区内集聚了 14 家科技（分）支行，为中小企业提供知识产权、股权质押，集合贷、萌芽贷、三板贷、信用贷等一系列创新融资，成为国内科技支行最密集的区域。

(2) 发挥政府创业投资引导基金的杠杆作用。按照"政府引导、市场运作、科学决策、防控风险"的原则，设立武汉东湖国家自主创新示范区创业投资引导基金，累计出资 4.3 亿元，引导设立 22 家子基金，总规模 35.5 亿元，放大倍数近十倍，重点支持种子期、初创期、成长期企业发展壮大。

(3) 大力发展多层次资本市场。武汉东湖国家自主创新示范区目前有上市企业 34 家，新三板挂牌企业 44 家。区域性股权交易市场发展迅速，2013 年，武汉股权托管交易中心新增挂牌企业 139 家，累计达 160 家，托管企业 364 家，展示板企业 1 560 家。全年实现资本市场融资 35 亿元，累计融资 530 亿元。

(4) 建立健全示范区信用服务体系。成立示范区企业信用促进会，构建科技型中小企业信用信息数据库，数据库目前已覆盖 11 000 多家企业，完成 3 167 家企业信用评价报告，发展企业会员 400 多家，完成信用贷款超过 27 亿元，为构建高效便捷的科技型企业信贷融资渠道打下了基础。

4. 加强协同创新平台建设,优化区域创新创业环境。

(1) 以高校、院所为主体,组建产业技术研究院。为破解高校科技成果转化难、专利发明闲置的问题,园区联合高校、科研院所组建了武汉生物技术研究院、武汉新能源研究院、武汉光电工研究院等 8 家新型产业技术研究院,建立和完善企业化管理、市场化运行、专业化服务等体制机制,提升科技成果转化、人才培育、公司孵化、创业服务等能力。

(2) 以企业为主体,组建产业技术创新联盟。2013 年,武汉东湖国家自主创新示范区新成立 9 家产业技术创新联盟,总数达到 39 家,其中,国家级联盟 8 家。联盟组织成员单位深入开展产学研合作,参与各类科技计划项目,共同开拓市场,不断增强产业发展的内生动力。

(3) 加快构建"苗圃—孵化器—加速器"科技创业孵化链。武汉东湖国家自主创新示范区孵化器总数达到 33 家,孵化总面积超过 300 万平方米,在孵企业 2 200 家,涌现出 DEMO 咖啡、创业咖啡、东科创星等"孵化 + 投资"新型科技企业孵化器。举办光谷"青桐汇"活动,打造创业者、投资者、创业导师路演对接的合作平台,为大学生创业营造良好环境。2013 年,华工科技园、农业园创业中心被认定为全国首批"苗圃—孵化器—加速器"科技创业孵化链建设示范单位。

(4) 建立健全科技创新服务体系。武汉东湖国家自主创新示范区集聚了武汉光谷联合产权交易所、武汉科技成果转化服务中心等 8 家国家级技术转移示范机构。通过开展科技成果推介、技术开发合同竞价交易、科技投融资、科技咨询等综合服务,促进高校院所和企业技术供需对接,加快知识产权交易和技术转移。2013 年,全区认定登记技术合同 3 245 项,技术合同成交总金额达 63 亿元。

7.2.3　产学研金介协同创新成果与启示

武汉东湖国家自主创新示范区现有企业 2 万多家。据统计,85% 以上的原始创新成果、80% 的创业人员、90% 的科技骨干,直接来自武汉高等院校和科研院所,示范区 32 家上市公司都来自本土企业。其中,烽火科技、长飞光纤、阳光凯迪、人福医药、华工科技等已经成长为国内知名企业。在科技部公布的 2013

年全国高新区排名中，武汉东湖国家自主创新示范区综合实力居于第 3 名，其中，知识创造和技术创新能力居第 2 名。2013 年 7 月，习近平总书记视察武汉东湖国家自主创新示范区科技成果展时称赞“光谷与大学结合紧密，有自主创新成果，科技成果转化较好，大学产业化做得不错，光电子产业特色鲜明”。

随着产业园区的进一步发展，如何利用好科技创新加快产业结构升级转型成为园区必然面对的问题。提升自主创新能力、利用科技支撑和引领区域发展成为高新区紧迫的任务。高新区作为高新技术产业研发、孵化和产业化的基地，在硬件和软件上都有着优越性，为构建产学研体系打下了坚实的基础。东湖示范区利用自身优势，不断探索构建产学研金介合作新模式，对于强化企业创新主体地位，全方位支撑科技向产业转化有深刻的意义。

7.3 国际技术合作：长沙高新技术产业开发区

长沙华时捷环保科技发展有限公司成立于 2000 年，是国内最早专业致力于重金属污染防治与修复、环境在线监测的技术研发、设备制造、工程设计承建及运营服务的高新技术企业之一。2008 年成为中国首家重金属在线监测仪器出口日本的企业。2013 年该公司参加了长沙高新区组织的与意大利环保企业 Loccioni 的对接活动，双方就环境在线监测以及土壤修复等领域技术问题作了交流和讨论，签订了《谅解备忘录》。2014 年，该公司与 Loccioni 共同组建了“湖南省—意大利马尔凯大区环境保护合作专家委员会”，公司副总经理当选为中方专家组副秘书长。

7.3.1 国际技术合作背景

长沙高新技术产业开发区（以下简称长沙高新区）创建于 1988 年 10 月。1991 年 3 月，经国务院批准为首批 27 个国家级高新区之一。2009 年以来，长沙高新区先后获批国家级首批 9 个创新型科技园区之一，国家三个科技与金融结合试点高新区之一，国家 15 个科技服务体系试点园区之一和湖南省首个国家海外高层次人才创新创业基地。目前，长沙高新区已成为长株潭两型社会和长沙创新型城市建设核心区，总面积已达 140 平方公里。

截至 2013 年年底，入园企业共 6 000 多家。2013 年麓谷园区完成技工贸总收入 2 011 亿元，规模工业总产值 1 300 亿元；财政总收入 72.1 亿元，公共财政预算收入达 25.7 亿元。经认定的高新技术企业 500 多家，占全市 60% 以上。2013 年，长沙高新区持续发展竞争力总体排名第 24，产业合作排名第 17 名。

湖南省国际技术转移平台（联盟）将围绕“搭平台，建机制，抓项目，提服务，促发展”的总体目标，建设科技创新服务体系。搭建全省统一的湖南省国际技术转移联盟，实现技术转移供需双方、联盟单位机构之间信息共享和协同合作；构建流程化、系统化的国际技术转移工作体系；围绕区域经济发展重大需求项目，帮助企业开展技术对接，吸引国外优势资源向湖南聚拢，促进湖南产业升级转型和经济持续发展。

7.3.2　国际技术转移服务体系

1. 国际技术服务平台

（1）科技成果转化与技术转移中心。2011 年 12 月，长沙高新区管委会依托长沙高新区创业服务中心，组织成立了科技成果转化与技术转移中心。中心搭建起了多国别的技术转移服务支撑体系，与意大利、英国、法国、美国、香港等国家和地区的政府及技术转移机构建立了合作关系。

（2）中意技术转移中心湖南分中心。为加强中意两国之间的技术交流与创新发展，2011 年 4 月，科技部国际合作司依托北京市科委成立了中意技术转移中心。2012 年 2 月，长沙高新区在科技部国际合作司和湖南省科技厅的指导和帮助下，依托长沙高新区创业服务中心成立了中意技术转移中心湖南分中心，并成为全国十四家首批中意技术转移中心协作网络成员单位之一。

（3）湖南省国际技术转移联盟。2014 年在湖南省科技厅的大力支持和帮助下，中心联合湖南省科学技术信息研究所、亚欧水资源研究和利用中心等省科技部门，推进建设多国别技术转移合作的湖南省国际技术转移联盟。围绕创新型建设目标，通过引进、消化、吸收国际先进技术，努力突破制约经济社会发展的技术瓶颈，全力推进科技优势向经济社会发展优势转变，为创新型湖南建设奠定基础。

2. 国际技术合作机制

（1）国际技术转移平台提供全过程服务。①拓展国际合作渠道，目前已与意大利马尔凯大区、韩国忠北科技园、欧盟中小企业服务网络、英中贸易协会、法国工商会等国际机构建立了合作关系，组织实施跨国技术转移对接活动，开展多次园区技术合作和企业交流。②提供国际合作资讯。面向海外合作国家发布高新区、长沙市和湖南省的国际合作动态和企业最新科技资讯，建立无障碍、无国界的技术、项目、市场信息展示、交流平台，促进园区企业与国外机构、企业线上线下对接；同时夯实国际技术转移服务的数据基础，建立高新区企业中英文产品技术信息库，服务企业与海外技术项目信息匹配对接。③服务企业供需对接。探索国际技术转移项目制管理方式，将工作重心放到具体的项目上，通过项目设立、项目跟进、项目终止这一流程对技术转移供需匹配进行管理。④开展技术对接活动，加强与科技部国际合作司、中意技术转移中心、湖南省科技厅、湖南省科学技术信息研究所的联系合作，共享国际先进技术资源信息，共同组织、参加国家、省、市各级部门举办的技术转移及国际交流活动，为园区企业的国际科技交流与技术合作开辟新渠道。⑤提供全面配套服务，依托中意技术转移中心湖南分中心职能，整合各自在国际创新人才、尖端技术成果、项目投融资、高新技术企业等方面的优势资源，推动中意两国间科技园与高新技术企业的对接，促进跨国创新技术转移及科技交流合作。

（2）国际技术转移联盟帮助企业“走出去”。中心参与组建的湖南省国际技术转移联盟，将建设法、意、日、港等多国别及地区的技术转移中心。重点建立湖南省国际技术转移国内外工作网络节点，打通“引进来、走出去”国际技术转移合作渠道；依托政府各方资源建设信息共享、产学研合作、配套服务、产业化合作、技术转移培训 5 个工作平台，围绕企业技术需求开展对接服务，促成重大产业技术落地湖南。联盟主要开展以下国际合作服务，发布国际和省内技术合作供求信息和服务信息；推动湖南与外方开展创新联盟、联合研发中心和联合实验室建设，实现技术、市场、人才的“完美对接”；提供战略规划、行业分析、技术评估、项目申报、专利申请、投融资咨询、知识产权和法律等配套服务；搭建产业化合作平台，常态化地组织湖南省企业与外方企业的产业对接活动；面向国际技术转移团队开展从业人员培训，面向园区企业开展国际技术转移专员培训。

(3) 政府配套政策支持企业开展国际合作。①组织各类国际交流活动，落实经费、补贴，组织企业参与各类国际展会展览、技术交流、考察、一对一洽谈，培训座谈等各类活动，依靠各级政府政策帮助企业申请或落实相关活动补贴和支持经费。②支持企业申报各类项目、计划，对于企业承担国家级、重大国际科技合作专项的，高新区给予不超过 100 万元的项目配套经费。③相关政策优惠，对于企业建设中外联合技术创新平台的，最高奖励 50 万元；参与制定国际标准的园区企业，一次性奖励 5 万元；企业标准转化为国际标准的一次性奖励 10 万元。落户园区单个技术交易合同额达 500 万元(含)以上的国际技术转移成果，按照技术交易合同当年实际执行额的 5‰奖励给园区实施企业，单个合同奖励总额不超过 20 万元；在境外注册设立研发、生产和营销等分支机构的园区企业，一次性补助企业最高 20 万元；扶持海外高层次人才来区创业、就业，专人服务全方位保障其生活和工作便利；符合高新区高层次人才引进计划的，给予企业最高 100 万元支持，最高 1 500 万元股权投资。

7.3.3　国际技术合作主要成果

1. 建设长沙高新区科技成果转化与技术转移信息平台。完成中文网站一期建设，功能包括项目搜索与发布，项目资料信息匹配，对接项目跟踪管理、目标客户信息筛选。项目信息涵盖生物医药、装备制造、新能源、新材料和节能环保等高新技术战略产业；平台对接国际技术市场和服务机构，向海外提供各类全英文新闻、项目信息等资讯。同时，园区还建立高新区企业中英文产品技术信息库，已整理、收集 500 家高新区上规模企业的主要产品、技术及服务信息，录入企业信息库，为企业开展国际技术合作提供数据保障。

2. 建立中外企业项目信息沟通的促进机制。2013 年引进了意大利马尔凯大区政府中国代表处（湖南）入驻高新区，该驻湘办事处主要负责促进中意两国间的科技、教育、文化、旅游等方面的合作及交流。中心通过该办事处与意大利相关地区政府、园区、企业及科研机构紧密联系，双方合作组织意大利政府、科研院所及企业组团来长沙交流两次；组织湖南企业团赴意大利考察交流；针对长沙产业建立意方项目库，收集项目 232 个；促进双方的高校、企业之间进行产学研对接交流活动 24 次；举办中意技术转移相关的技术讲座、学术报告、技能培训 11 次；服务中意企业达成合作意向项目共 18 个；促进马尔凯大区政府、长沙市政府及中意技术转移中心湖南分中心在 2013 年科交会上签订三方合作协议，推进中意两国间区域合作。

2013 年，引进意大利专业服务机构成立咨询公司长沙梅林商务信息咨询有限公司，该公司面向企业和个人提供各类资讯及技术、市场信息，对接意大利人才、技术及机构资源为本地企业提供技术及研究服务，协助意大利企业及项目进入中国市场，服务中意企业进行人才交流。该公司成立后即帮助一名中国员工顺利申请到意大利企业工作、交流的机会，并为有意来中国开展实习的意大利学生提供信息咨询、帮助衔接对口部门、协助办理相关手续。

3. 组织专项技术交流和对接并提供后续服务。对于在某一领域有合作意向的海外企业，有针对性的组织双方企业交流。例如，意大利 GAMA 动画制作公司、意大利环保企业 Loccioni 分别与高新区的多家企业进行对接洽谈。再如，肯尼亚、加纳、乌干达全国工商会在交流期间对园区内农业和家电领域表示兴趣。园区随即组织区内农业龙头企业隆平高科和高新区机电企业与来访人员进行沟通交流，在供需双方达成合作意向后立项跟进服务。另外，园区还邀请韩国忠北技术园企业前来考察，双方园区企业将在生物制药和化妆品领域进行合作。

4. 组织企业参加相关领域论坛。先后组织企业参加 2012 及 2013 北京跨国技术转移大会、第四届中意创新论坛、中英可持续制造先进论坛、2013 亚欧中小企业洽谈会等国际技术转移专场活动。通过这些活动,园区企业与日本、英国、法国、韩国和香港等国家和地区的企业及科研机构进行技术对接洽谈,涉及水资源、环境保护、先进制造、生物医药和软件开发等多个技术领域。

7.3.4 国际技术合作中存在问题及建议

1. 企业开放度不高

长沙国际技术转移工作起步晚,与其他沿海城市及地域相比差距大。由于地处内陆腹地,长沙企业的外向度不高,企业国际化视野缺乏,在科技创新、国际合作方面的投入不够,普遍国际化合作能力较弱,对国际技术转移的认知度和接受度以及开展国际合作的积极性还有待提升。

2. 市场参与不够

湖南省国际技术转移工作主要由政府主导,国际合作平台及联盟尚在建设和完善中,管理模式较为松散,合作紧密度不够。今后可引入民营企业参与平台建设,提高平台活力。同时,加强与具有专业资质及较强服务能力的国际技术转移中介服务机构合作,提高市场参与度。

7.4 园区内金融平台合作:成都高新技术产业开发区

成都高新技术产业开发区积极在园区内开展金融平台合作,为区内企业的发展提供服务。比如,成都广达成立于1994年,专注服务广电行业20年,目前已具备核心机房到用户终端完整的产品线,2013年,获得德勤高成长亚太500强第100名,全国50强第35名,成都20强第5名。广达技术中心被评定为"成都市企业技术中心"。2014年公司先后被评为"战略性新兴产业纳税百强企业"和"成都市中小企业成长工程培育计划重点培育'小巨人'企业。"然而,随着公司主营业务的成熟,市场规模的扩大,公司面临着流动资金紧缺。此时,成都高新区管委会急企业之所急,并在高新区经发局金融办的推荐下,成都广达获得了成都银行“成长贷”融资产品，贷款资金 500 万元。通过“盈创动力”金融平台，获得国开行“统借统贷”产品，贷款金额 1 300 万元。不仅如此，为降低新产品、新技术的开发成本和风险，高新区政府还帮助企业解决项目资金达 400 万元。公司通过高新区主管部门获得省市区政府项目资金支持 400 万元。公司流动资金困难迎刃而解，2013 年，公司年实现销售收入 1.2 亿元，比 2011 年增长了 166%，上缴税金 1 052 万元，比 2011 年增长 420%。

7.4.1 金融合作背景

成都高新技术产业开发区 2006 年被科技部批准为全国首批“创建世界一流园区”试点单位，是全国版权示范园区、全国科技和金融结合试点地区、国家知识产权示范园区、国家高新技术产业标准化示范区、全国知名品牌创建示范区。成都高新区现有规划面积 130 平方公里，由南部园区和西部园区组成。2013 年，成都高新区(集中区)实现产业增加值 1 039.7 亿元，增长 19%，成为四川省第一个 GDP 过千亿的产业园区；财政总收入 300.86 亿元，增长 19.8%，其中公共财政预算收入达到 101.3 亿元，增长 19.5%；实际利用外资 21.18 亿美元，增长 31.13%，到位内资 394.77 亿元，增长 34.21%；外贸出口 170.3 亿美元。区内高新技术企业达到 538 家，占成都市高新技术企业的 42%；聚集世界 500 强企业及国际知名企业 120 余家。2013 年是成都高新区正式启动“三次创业”、深入推进科技金融工作的一年。为了加快建设科技和金融结合试点地区并以科技创新驱动金融创新、以金融服务提速产业发展，高新区在健全机制、完善体系、打造平台、营造环境和壮大产业等方面扎实工作；在构建服务体系、政策体系、产品体系、产业体系和监管体系等方面狠下功夫。通过平台建设和政策实施，高新区在金融服务创新、金融产业发展和西部金融中心建设等方面取得了较好成效。

7.4.2 金融合作主要内容

1. 构建以“梯形融资模式”为内涵的科技金融理论体系

成都高新区在为科技型中小企业提供融资服务过程中，探索实践出一种根据中小企业生命周期而动态适配的、政府引导、民间资金积极参与的社会化投融资解决方案,构成以科技型中小企业"成长路线图"为主线、以"企业内源融资 + 政府扶持资金 + 企业股权融资 + 企业债权融资 + 企业上市融资"为主体的"梯形融资模式"。不仅为不同成长阶段中小企业提供了"融资路线图",为各种金融机构和社会资本明确了参与方式,还界定了政府在中小企业融资中的角色和责任,见图 7-3。

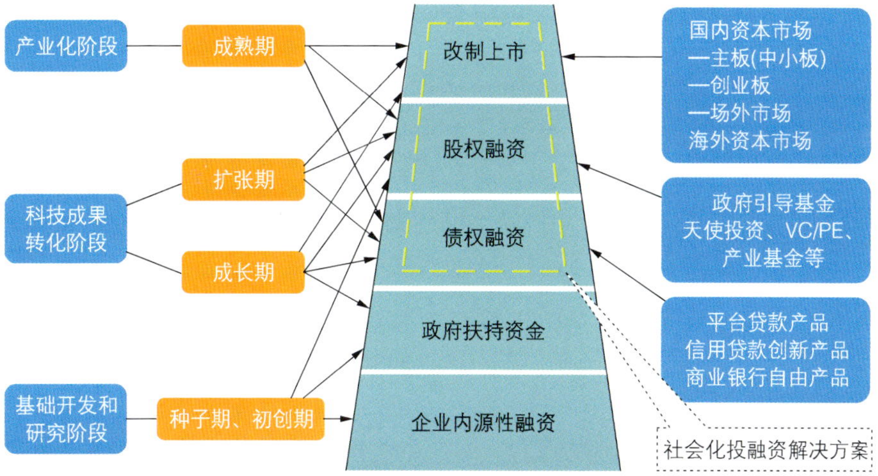

图 7-3　成都高新区科技金融服务理论体系

2. 构建以"政府引导市场运作"为导向的科技金融服务体系

(1) 组织构架。成都高新区专门成立了由高新区管委会主任担任组长,管委会分管副主任担任副组长,各职能部门共同组成的金融工作领导小组,下设金融办公室,建立企业投融资服务例会、企业改制上市协调会等工作协调机制,负责指导高新区投融资服务体系建设工作,归口协调解决企业投融资问题和困难。同时依托成都高新区全资国有公司——成都高新投资集团公司作为投融资服务体系的重要载体,实现了信用担保、股权投资和改制上市服务等多项投融资职能,形成了政府资金引导、民间资金积极参与的投融资服务格局,通过债权融资、股权融资、上市融资等多种创新服务方式,较为有效地破解了科技型中小企业融资难题,见图 7-4。

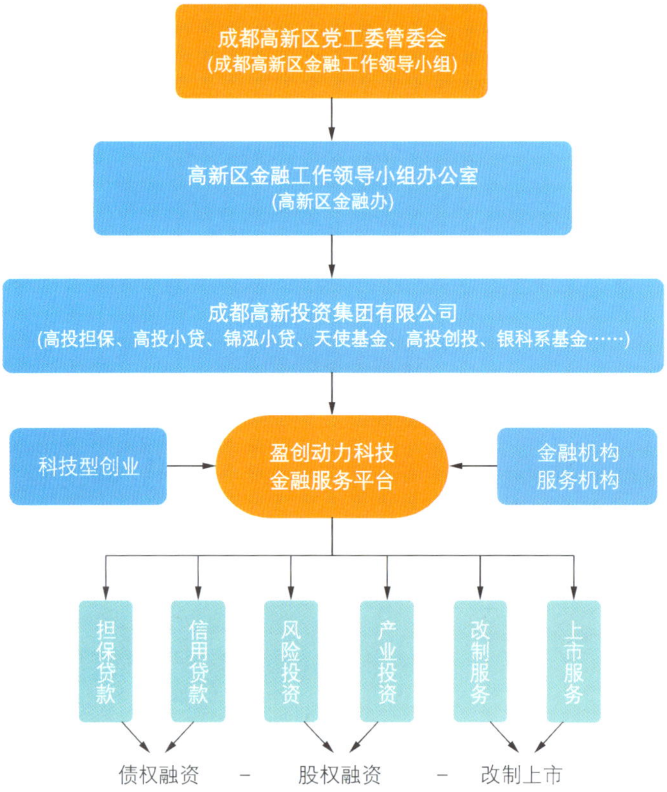

图 7－4　成都高新区科技金融服务平台建设

(2) 科技金融服务体系建设

以政策性担保贷款为核心，积极构建多层次债权融资服务体系。见图 7－5。2013 年担保贷款达到 18 亿元，同比增长 12.5%，累计帮助 2 500 多家(次)科技型企业获得担保贷款 103 亿元，累计帮助 1 000 多家企业获得高新区贷款贴息和担保费补贴资金 1.29 亿元，科技型中小企业融资难问题有效缓解。园区成立 3 家科技银行，共计为 100 余家(次)科技型中小企业发放贷款 10 亿元，开发各类债权融资创新产品 5 个。科技小贷业务快速增长，高新区小额贷款公司为科技型小企业(含微型)贷款余额 20 多亿元，同比增长 51%；贷款笔数 350 笔，同比增长 42%。

以政府引导基金为重点，积极构建多层次股权融资服务体系。见图 7－6。首先，天使投资取得实质性突破。由高新区财政出资 8 000 万元设立创业天使投

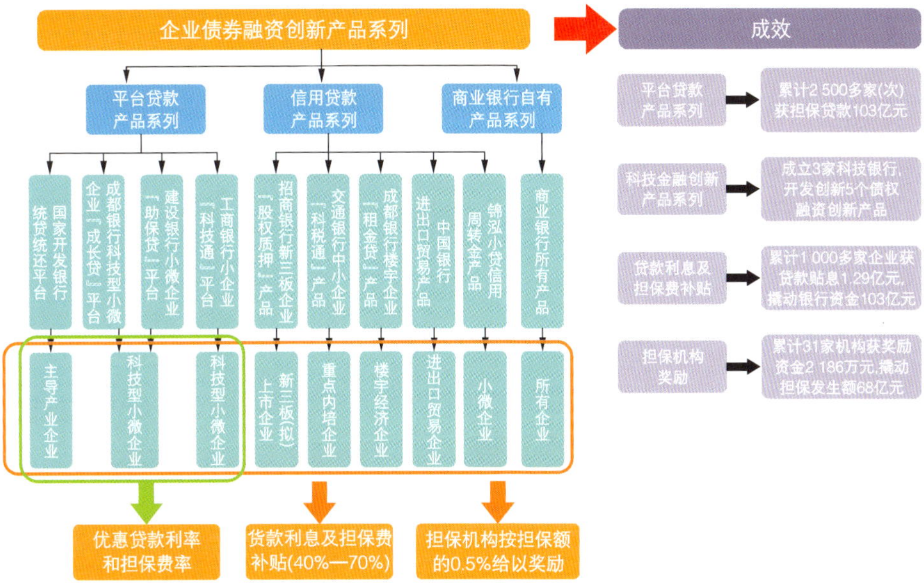

图 7-5　成都高新区债权融资服务体系

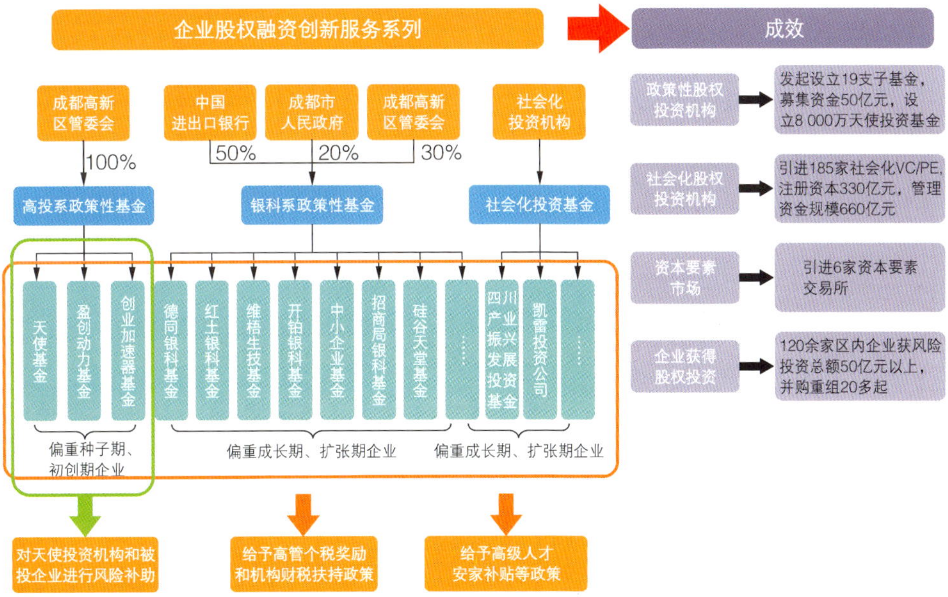

图 7-6　成都高新区股权融资服务体系

资基金，同时设立天使投资风险补助专项资金。已完成 22 个投资项目共计投资 4 180 万元（其中移动互联网项目占比 50%；生物医药项目占比 23%）；社会化天使投资迈普 M 平台已完成 4 个投资项目共计投资 475 万元；其次，政府引导基金渐成体系。已建成偏重于种子期、初创期企业的高投系基金和偏重于成长期、扩张期、成熟期企业的银科系基金，下设 19 支专业子基金，管理资金规模 50 亿元，累计帮助近 120 家区内科技型中小微企业获得股权投资 50 亿元以上。

以改制规范为突破口，积极构建多层次上市融资服务体系。见图 7－7。积极促进成都(川藏)股权交易中心落户高新区，并举办专场企业动员会宣传推介区域性股权交易中心。与四川证监局和上海证券交易所等单位积极开展科技创新型企业直接融资与监管差异化课题研究。截至 2013 年年底，高新区已有上市企业 23 家，约占成都市一半，其中创业板 4 家，占成都市三分之二，四川省七分之四。目前有 9 家企业获证监会受理申报材料，6 家企业即将完成省证监局辅导，10 余家企业即将进入辅导期，12 家企业获全国中小企业股份转让系统受理申报材料。

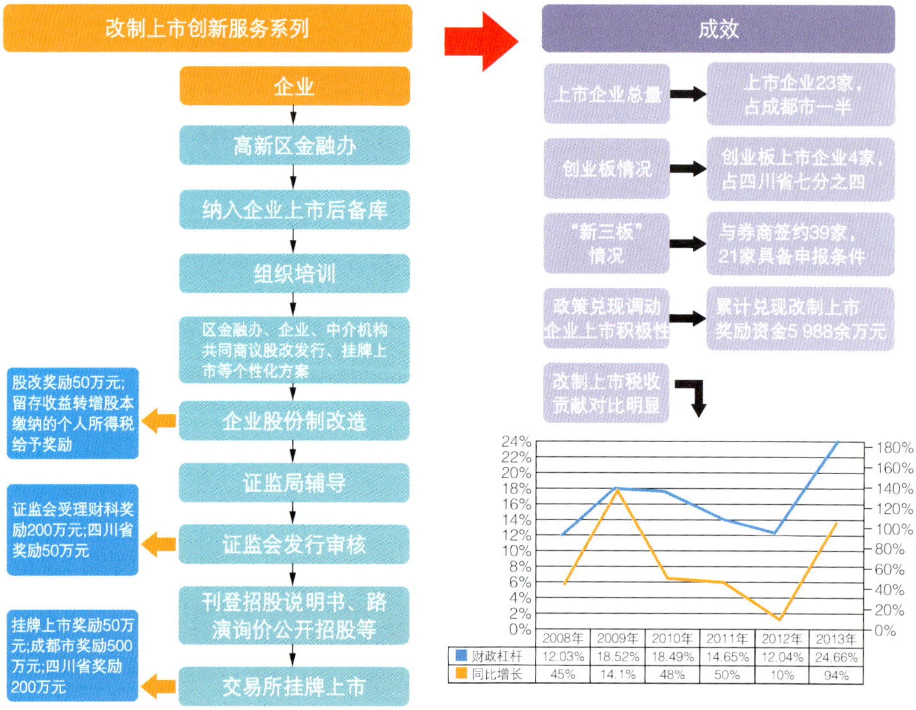

图 7－7　成都高新区上市融资服务体系

3. 打造以“盈创动力”为代表的科技金融服务平台

(1)“盈创动力”已逐步发展成为全国性科技金融服务平台。牵头承建科技部国家科技支撑计划“面向科技型中小企业的科技金融综合服务平台及应用示范”项目，并在“十二五”期间在全国范围应用示范和提供服务。建有约 60 000 平方米的金融产业楼宇，吸引 53 家国内外知名金融服务机构入驻。远程网络投融资服务平台，已收录近 2 万家企业信息，与近 100 家投融资机构建立起战略合作伙伴关系。“天府之星”创新创业企业成长培育计划向高新区创业天使投资基金推荐项目 150 余个。

(2) 建设“西部(四川)路演中心”。该中心是深交所中西部第一个“路演中心”。该平台涵盖企业上市路演、业绩说明、信息发布、重大事件实时报道等服务内容，已成功举办国腾电子、依米康、新都化工等多家上市公司路演活动，相关业务和服务正逐步向中西部地区拓展，进一步强化了成都在西部地区的金融辐射作用。

4. 以“天府科技新城”为主体的科技金融发展环境

(1) 积极打造特色鲜明的科技金融一体化示范园区。见图 7-8。成都高新

图 7-8　成都高新区科技金融结合示范区

区南部园区是集成都市行政中心、四川省科技中心、西部金融中心、国际商务中心、国际会展中心、国际产业合作园区等功能于一体的天府科技新城，是科技与金融天然融合的一体化区域。

(2) 积极建设成都市科技型中小企业科技信用体系试验区。成都高新区与人民银行成都分行营业管理部、成都市企业信用信息系统联系会议办公室，开展成都市科技型中小企业信用体系试验区建设，建立科技型中小企业信用信息共享机制，以企业信用为资源统筹纽带，创新适合科技型中小企业特点的金融产品和服务，营造科技金融“软环境”。

5. 推进以“总部经济业态”为特征的新兴金融产业发展

(1) 成都高新区已成为西部地区最有活力的金融机构聚集地之一。截至2013 年年底，已聚集金融类机构 343 家入住，其中，股权投资及其管理机构 185 家、金融后台中心 13 家、银行 30 家、保险和保险中介 30 家、证券期货 19 家、资本要素交易所 6 家、小贷公司 22 家、融资性担保公司 20 家。

(2) 成都高新区已成为中西部地区最佳的金融人才创业地之一。近年来，已经吸引 100 余名中高层次金融人才到高新区工作。成都 ACCA 在读学员数已经超过广州、深圳等经济发达地区，名列上海、北京之后，全国排名第三；注册会员数全国排名第七、中西部第一。

6. 创新以财政金融为杠杆的产融一体发展机制

(1) 财政性引导资金杠杆效应明显。截至 2013 年底，高新区累计以 1.29 亿元贷款利息及担保费补贴资金撬动 103 多亿元担保贷款，帮助 2 500 多家(次)企业缓解融资难题；以 7 亿元股权引导基金投入，建成高投系和银科系基金群，募集社会资本 40 亿元，充分体现政府资金的引导作用和放大效益。

(2) 财税金融扶持政策有效提升企业发展实力。2013 年共计帮助企业获得各类专项资金 2 597 万元，其中，12 家次企业获得国家中小企业相关奖励资金 1 171 万元，12 家次企业获得省级中小企业及上市相关奖励资金 735 万元，112 家次企业获得市级中小企业相关奖励资金近 1 100 万元。2013 年，获得贷款贴息的 116 家企业销售收入 160 亿元，缴纳税收 7.1 亿元，企业做大做强步伐加快。

(3) 金融创新与产业发展相融共生。高新区多年来积极实施“企业内培计划”和“金融内培工程”，对重点培育企业优先给予产业和金融扶持政策。成功培育销售收入过 1 000 亿元企业 1 家，过 100 亿元企业 4 家，过 50 亿元企业 9 家，过 10 亿元企业 24 家，过 1 亿元企业 140 家。

7.4.3　促进科技和金融结合的主要问题与建议

1. “轻资产”科技型中小企业获得银行贷款仍然困难，急需协调金融机构在质抵押方式上进一步创新和突破。科技型企业的显著特点是“轻资产、高风险”，虽然银行和担保机构在企业债权融资方面已经探索出多种创新模式，但在审贷流程、审贷权限、抵质押方式等方面仍然面临许多具体问题，需要在具体实践中进一步突破。希望相关部门创新信贷产品，在质抵押方式或反担保方式上取得实质性突破，尝试以点带面缓解众多“轻资产”科技型中小企业的债权融资问题。

2. “种子期、初创期”科技型中小企业获得风险投资资金仍然困难，急需大力发展“天使投资”基金帮助企业突破瓶颈。建议进一步加大财政资金投入、引导民间资本实质性进入天使投资环节，积极完善“天使投资”项目的风险补助和补偿机制，有效解决国有全资及控股创投公司发挥引导作用与国有资产保值增值压力的矛盾问题，大力鼓励更多成功企业家成为天使投资人。

3. 科技型中小企业通过资本市场融资仍然困难，急需各级部门推动“新三板”和区域性股权交易中心加快建设。“全国中小企业股份转让系统”和区域性股权交易市场尚未有效服务广大科技型中小企业，急需在交易机制上实现实质性突破。建议省、市部门加大工作协调力度，力争“全国中小企业股份转让系统”在市场流动性和转板“绿色通道”设立等机制上取得突破，区域性股权交易中心更好更快地为中小微企业服务。

4. 科技型中小企业通过发行债券融资仍然困难，急需金融机构创新真正适合中小微企业的债务类融资产品。目前，无论是企业债、集合债、集合票据还是区域性集优票据、中小企业私募债等产品，都对企业规模及盈利能力有较高要求，对科技型中小微企业来说门槛过高；同时此类债券和票据发行，往往都需要企业提供反担保，轻资产科技型中小企业仍然面临尴尬。建议进一步加强产品创新，推出真正适合科技型中小微企业的债务类融资产品。

5. 大型法人类金融机构聚集度仍然偏低，新兴金融业尚未取得实质性突破，急需聚焦重点，全力打造西部金融中心核心区。建议“一行三局”积极引导各类金融机构集聚金融总部商务区，汇聚高端要素资源，以核心区有效突破带动四川省西部金融中心建设。

附　录

I 中国产业园区持续发展评价指标体系构建

一、持续发展评价指标体系的构建理念

1. 重视持续发展。在政府外力驱动下，产业园区主要依靠“招商引资”的粗放型建设发展模式，缺乏内生动力，自主创新能力不足，不具有发展的持续性。现有的评价体系主要关注了园区发展的经济结果，相对忽视了园区未来发展的潜力，对内涵性发展指标例如增长率、研发投入、企业间互动合作、人才培训等重视不足。本报告重视生态环境、社会和谐、产业优化以及企业创新等内生源动力，并将其作为衡量产业园区持续发展的关键要素。

2. 形成统一评价。产业园区可以根据功能、地域等标准划分为不同的类别，现有对产业园区的评价指标体系也基本是针对某类园区进行专门性评价，难以对中国产业园区进行全面统一观测。本报告在深入研究各类园区特征以及共同协同优化发展的基础上，形成一套指标体系对中国产业园区进行统一评价。

3. 强调“三聚”路径。产业园区的协同优化发展对园区战略定位与主导产业设计提出了要求，政府部门或园区管理机构需要在园区发展中科学规划、合理引导。本报告依循产业园区的发展规律，提出了确定主导产业并吸引核心企业以“聚核”、拓展纵向产业链和横向服务链，以“聚链”、打造公共平台并进行体系建设，以“聚网”的“三聚”发展路径。

二、持续发展评价指标体系的内涵

1. 从指标设置来看。持续发展评价指标体系的指标，主要可分为基量指标和增量指标两类。其中，基量指标用以衡量园区过去及现有的实力，而增量指标则用以衡量园区现在及未来的发展能力。

2. 从研究范围来看。持续发展评价指标体系的研究不仅仅是园区内的企业或是产业，而是包括企业、产业、基础设施及社区服务平台等在内的综合性对象。

3. 从评价功能来看。持续发展评价指标体系强调，园区的功能不单单是提供促进经济增长的平台和途径，更在于其所承担的社会责任和环境责任。因而，评价一个园区的优劣，不能光看经济指标，还应综合考察其社会和环境方面的指标。

三、持续发展评价指标体系的构建原则

1. 科学性原则。指标体系要反映持续发展的科学内涵，同时每一个指标都应该科学地反映系统整体的某一个侧面。

2. 可行性原则。指标体系中的指标应具有可测性和可比性，而且计算方法不应太复杂，所需数据应该有可能获得。

3. 独立性原则。指标体系中的各指标之间应保持相互独立。

4. 完备性原则。指标体系应该能够反映被评价系统的主要特征，以比较全面和完整地反映被评价系统的整体状况。

5. 简洁性原则。在完备性原则的基础上，应使指标体系尽可能简化，这样可以使指标体系容易为人们所理解和采用。

6. 层次性原则。根据评价需要，应使指标体系具有合理和清晰的层次和结构，层次的划分可根据指标的重要性或指标的属性加以进行。

7. 可接受性原则。应使指标体系中的各项指标能为大多数人所理解或接受，尤其是比较重要的指标更应如此。

8. 稳定性原则。在一定的时期内，指标体系的指标内容应保持相对的稳定，

这样可以比较容易地分析和比较被评价系统发展过程或状况。

四、持续发展评价指标体系的内容

根据上述分析，我们最终得到了中国产业园区持续发展评价指标体系，如附录表所示。

附录表　中国产业园区持续发展评价指标体系

一级指标	二级指标	涵　　义
经济发展	经济实力	园区当年度创造的 GDP 总量、工业总产值等反映其经济体量的相关指标
	经济增长	园区当年度相关经济实力指标的同比增长情况
创新发展	创新资源	园区内大专院校、科研机构等
	创新平台	园区内国家级工程技术研究中心
	创新成果	园区所拥有的专利授权数
产业合作	企业集聚度	园区内产业相关、分工协作等企业集群的成熟程度
	园区合作状况	园区内部、园区之间的合作水平、合作强度等
公共服务	区位优势	园区所在地的地理优势、交通状况等
	园区组织结构	园区组织机构（管委会等相关部门）的设置情况
	配套服务机构	园区内检测、认证及相关中介服务等机构的建设
社会发展	环境保护	园区在环境保护方面的认证或相关政策制定状况
	社会声誉	国家相关部门、社会媒体等对园区现有的评价状况

五、持续发展指标体系的运用方法

1. 数据搜集。以 435 家国家级产业园区为对象，针对持续发展指标体系进行原始数据的调查与收集。

2. 专家打分。对定性指标的测量结果采取专家打分的方法进行赋值，将定性指标加以量化。至此，所有的指标数据都以数值形式呈现，标记为 X_i。

3. 无纲量化。对所有指标的测量结果进行无纲量化，将每一个指标数据除以该项指标数值的最大值，得到园区单项指标得分值。

4. 园区评分。将每一个产业园区的所有单项指标得分按照各自的权重加权平均求和，得到该产业园区的综合得分。

5. 综合排名。以所有产业园区的综合得分为依据，针对总体情况以及各分类情况，对园区进行持续发展竞争力排名。

II 中国国家级产业园区名录

一、国家级经济技术开发区 215 个

1. 东部地区分布：109 个

名称	批复时间（年）	名称	批复时间（年）
辽宁 9 个			
大连经济技术开发区	1984	营口经济技术开发区	1992
沈阳经济技术开发区	1993	大连长兴岛经济技术开发区	2010
锦州经济技术开发区	1992	盘锦辽滨沿海经济技术开发区	2013
沈阳辉山经济技术开发区	1993	铁岭经济技术开发区	2014
旅顺经济技术开发区	2014		
北京 1 个			
北京经济技术开发区	1994		
天津 6 个			
天津经济技术开发区	1984	西青经济技术开发区	2010
武清经济技术开发区	2010	天津子牙经济技术开发区	2012
北辰经济技术开发区	2013	东丽经济技术开发区	2014
河北 6 个			
秦皇岛经济技术开发区	1984	廊坊经济技术开发区	2009
沧州临港经济技术开发区	2010	藁城经济技术开发区	2013
唐山曹妃甸经济技术开发区	2013	邯郸经济技术开发区	2013
山东 15 个			
青岛经济技术开发区	1984	烟台经济技术开发区	1984
威海经济技术开发区	1992	东营经济技术开发区	2010
日照经济技术开发区	2010	潍坊滨海经济技术开发区	2010
邹平经济技术开发区	2010	临沂经济技术开发区	2010
招远经济技术开发区	2011	德州经济技术开发区	2012
明水经济技术开发区	2012	胶州经济技术开发区	2012

续表

名称	批复时间(年)	名称	批复时间(年)
聊城经济技术开发区	2013	滨州经济技术开发区	2014
威海临港经济技术开发区	2013		
江苏 25 个			
南通经济技术开发区	1984	连云港经济技术开发区	1984
昆山经济技术开发区	1992	苏州工业园区	1994
南京经济技术开发区	2002	扬州经济技术开发区	2009
徐州经济技术开发区	2010	镇江经济技术开发区	2010
吴江经济技术开发区	2010	江宁经济技术开发区	2010
常熟经济技术开发区	2010	淮安经济技术开发区	2010
盐城经济技术开发区	2010	锡山经济技术开发区	2011
太仓港经济技术开发区	2010	张家港经济技术开发区	2011
海安经济技术开发区	2012	靖江经济技术开发区	2012
宜兴经济技术开发区	2013	宿迁经济技术开发区	2013
海门经济技术开发区	2013	如皋经济技术开发区	2013
吴中经济技术开发区	2014	浒墅关经济技术开发区	2014
沭阳经济技术开发区	2014		
上海 6 个			
闵行经济技术开发区	1986	虹桥经济技术开发区	1986
上海漕河泾新兴技术开发区	1988	上海金桥出口加工区	1990
上海化学工业经济技术开发区	2012	松江经济技术开发区	2014
浙江 20 个			
宁波经济技术开发区	1984	温州经济技术开发区	1992
宁波大榭开发区	1993	杭州经济技术开发区	1993
萧山经济技术开发区	1993	嘉兴经济技术开发区	2010
湖州经济技术开发区	2010	绍兴袍江经济技术开发区	2010
宁波石化经济技术开发区	2010	长兴经济技术开发区	2010
金华经济技术开发区	2011	嘉善经济技术开发区	2011
衢州经济技术开发区	2011	义乌经济技术开发区	2012
杭州余杭经济技术开发区	2012	绍兴柯桥经济技术开发区	2012
富阳经济技术开发区	2012	平湖经济技术开发区	2013
杭州湾上虞经济技术开发区	2014	慈溪经济技术开发区	2014
福建 10 个			
福州经济技术开发区	1985	厦门海沧台商投资区	1989
福清融侨经济技术开发区	1992	东山经济技术开发区	1993

续表

名称	批复时间(年)	名称	批复时间(年)
漳州招商局经济技术开发区	2010	泉州经济技术开发区	2010
漳州台商投资区	2012	泉州台商投资区	2012
龙岩经济技术开发区	2012	东侨经济技术开发区	2012
广东 6 个			
湛江经济技术开发区	1984	广州经济技术开发区	1984
广州南沙经济技术开发区	1993	惠州大亚湾经济技术开发区	1993
增城经济技术开发区	2010	珠海经济技术开发区	2012
广西 4 个			
南宁经济技术开发区	2001	钦州港经济技术开发区	2010
广西—东盟经济技术开发区	2013	中国—马来西亚钦州产业园区	2014
海南 1 个			
海南洋浦经济开发区	1992		

2. 中部地区分布:65 个

名称	批复时间(年)	名称	批复时间(年)
山西 4 个			
太原经济技术开发区	2001	大同经济技术开发区	2010
晋中经济技术开发区	2012	晋城经济技术开发区	2013
内蒙古 3 个			
呼和浩特经济技术开发区	2000	巴彦淖尔经济技术开发区	2013
呼伦贝尔经济技术开发区	2014		
黑龙江 8 个			
哈尔滨经济技术开发区	1993	宾西经济技术开发区	2010
海林经济技术开发区	2010	哈尔滨利民经济技术开发区	2011
大庆经济技术开发区	2012	绥化经济技术开发区	2012
牡丹江经济技术开发区	2013	双鸭山经济技术开发区	2014
吉林 5 个			
长春经济技术开发区	1993	吉林经济技术开发区	2010
四平红嘴经济技术开发区	2010	长春西新经济技术开发区	2010
松原经济技术开发区	2013		
安徽 11 个			
芜湖经济技术开发区	1993	合肥经济技术开发区	2000
马鞍山经济技术开发区	2010	安庆经济技术开发区	2010
铜陵经济技术开发区	2011	滁州经济技术开发区	2011

续表

名称	批复时间(年)	名称	批复时间(年)
池州经济技术开发区	2011	六安经济技术开发区	2013
淮南经济技术开发区	2013	宁国经济技术开发区	2013
桐城经济技术开发区	2013		
江西 10 个			
南昌经济技术开发区	2000	九江经济技术开发区	2010
赣州经济技术开发区	2010	井冈山经济技术开发区	2010
上饶经济技术开发区	2010	萍乡经济技术开发区	2010
南昌小蓝经济技术开发区	2012	宜春经济技术开发区	2013
龙南经济技术开发区	2013	瑞金经济技术开发区	2013
河南 9 个			
郑州经济技术开发区	2000	漯河经济技术开发区	2010
鹤壁经济技术开发区	2010	开封经济技术开发区	2010
许昌经济技术开发区	2010	洛阳经济技术开发区	2012
新乡经济技术开发区	2012	红旗渠经济技术开发区	2012
濮阳经济技术开发区	2013		
湖北 7 个			
武汉经济技术开发区	1993	黄石经济技术开发区	2010
襄阳经济技术开发区	2010	武汉临空港经济技术开发区	2010
荆州经济技术开发区	2011	鄂州葛店经济技术开发区	2012
十堰经济技术开发区	2012		
湖南 8 个			
长沙经济技术开发区	2000	岳阳经济技术开发区	2010
常德经济技术开发区	2010	宁乡经济技术开发区	2010
湘潭经济技术开发区	2011	浏阳经济技术开发区	2012
娄底经济技术开发区	2012	望城经济技术开发区	2014

3. 西部地区分布:41 个

名称	批复时间(年)	名称	批复时间(年)
陕西 5 个			
西安经济技术开发区	2000	陕西航空经济技术开发区	2010
陕西航天经济技术开发区	2010	汉中经济技术开发区	2012
神府经济技术开发区	2013		
甘肃 5 个			
兰州经济技术开发区	2002	金昌经济技术开发区	2010

续表

名称	批复时间(年)	名称	批复时间(年)
天水经济技术开发区	2010	酒泉经济技术开发区	2013
张掖经济技术开发区	2013		
青海 2 个			
西宁经济技术开发区	2000	格尔木昆仑经济技术开发区	2012
宁夏 2 个			
银川经济技术开发区	2001	石嘴山经济技术开发区	2011
新疆 8 个			
乌鲁木齐经济技术开发区	1994	石河子经济技术开发区	2000
库尔勒经济技术开发区	2011	奎屯经济技术开发区	2011
阿拉尔经济技术开发区	2012	五家渠经济技术开发区	2012
准东经济技术开发区	2012	甘泉堡经济技术开发区	2012
四川 8 个			
成都经济技术开发区	2000	广安经济技术开发区	2010
德阳经济技术开发区	2010	遂宁经济技术开发区	2012
绵阳经济技术开发区	2012	广元经济技术开发区	2012
宜宾临港经济技术开发区	2013	内江经济技术开发区	2013
重庆 3 个			
重庆经济技术开发区	1993	万州经济技术开发区	2010
长寿经济技术开发区	2010		
云南 5 个			
昆明经济技术开发区	2000	曲靖经济技术开发区	2010
大理经济技术开发区	2012	嵩明杨林经济技术开发区	2013
蒙自经济技术开发区	2013		
贵州 2 个			
贵阳经济技术开发区	2000	遵义经济技术开发区	2010
西藏 1 个			
拉萨经济技术开发区	2001		

二、国家级高新技术产业开发区 115 个

1. 东部地区分布:59 个

名称	批复时间(年)	名称	批复时间(年)
辽宁 7 个			
沈阳高新技术产业开发区	1991	本溪高新技术产业开发区	2010

续表

名称	批复时间(年)	名称	批复时间(年)
大连高新技术产业开发区	1991	营口高新技术产业开发区	2010
鞍山高新技术产业开发区	1992	阜新高新技术产业开发区	2014
辽阳高新技术产业开发区	2010		
北京 1 个			
中关村科技园	1988		
天津 1 个			
天津滨海高新技术产业开发区	1991		
河北 5 个			
石家庄高新技术产业开发区	1991	保定高新技术产业开发区	1992
唐山高新技术产业开发区	2010	燕郊高新技术产业开发区	2011
河北承德高新区	2012		
山东 9 个			
威海火炬高技术产业开发区	1991	济南高新技术产业开发区	1991
淄博高新技术产业开发区	1992	青岛高新技术产业开发区	1992
潍坊高新技术产业开发区	1992	济宁高新技术产业开发区	2010
烟台高新技术产业开发区	2010	临沂高新技术产业开发区	2011
泰安高新技术产业开发区	2012		
江苏 11 个			
南京国家高新技术产业开发区	1991	苏州国家高新技术产业开发区	1992
常州国家高新技术产业开发区	1992	无锡国家高新技术产业开发区	1992
苏州工业园区	1994	泰州医药高新技术产业开发区	1996
昆山高新技术产业开发区	2010	江阴高新技术产业开发区	2011
武进高新技术产业开发区	2012	徐州国家高新技术产业开发区	2012
南通高新技术产业开发区	2013		
上海 2 个			
上海张江高新技术产业开发区	1991	上海紫竹高新技术产业开发区	2011
浙江 5 个			
杭州高新技术产业开发区	1991	宁波高新技术产业开发区	2007
衢州高新技术产业开发区	2007	绍兴高新技术产业开发区	2010
温州高新技术产业开发区	2012		
福建 5 个			
福州高新技术产业开发区	1991	厦门火炬高技术产业开发区	1991
泉州高新技术产业开发区	2010	莆田高新技术产业开发区	2012
漳州高新技术产业开发区	2014		

续表

名称	批复时间(年)	名称	批复时间(年)
广东 9 个			
中山火炬高技术产业开发区	1991	广州高新技术产业开发区	1991
佛山高新技术产业开发区	1992	惠州仲恺高新技术开发区	1992
深圳高新技术产业开发区	1996	江门高新技术产业开发区	2010
东莞松山湖高新技术产业园	2010	肇庆高新技术产业开发区	2010
珠海高新技术产业开发区	1992		
广西 3 个			
桂林高新技术产业开发区	1991	南宁高新技术产业开发区	1992
柳州高新技术产业开发区	2010		
海南 1 个			
海口高新技术产业开发区	1991		

2. 中部地区分布:34 个

名称	批复时间(年)	名称	批复时间(年)
山西 1 个			
太原高新技术产业开发区	1992		
内蒙古 2 个			
包头稀土高新技术产业开发区	1992	金山高新技术产业开发区	2014
吉林 5 个			
长春高新技术产业开发区	1991	吉林高新技术产业开发区	1992
延吉高新技术产业开发区	2010	长春净月高新技术产业开发区	2012
通化医药高新技术产业开发区	2014		
黑龙江 3 个			
哈尔滨高新技术产业开发区	1991	大庆高新技术产业开发区	1992
齐齐哈尔高新技术产业开发区	2010		
安徽 4 个			
合肥高新技术产业开发区	1991	蚌埠高新技术产业开发区	2010
芜湖高新技术产业开发区	2010	马鞍山慈湖高新技术开发区	2012
江西 4 个			
南昌高新技术产业开发区	1992	新余高新技术产业开发区	2010
景德镇高新技术产业开发区	2010	鹰潭高新技术产业开发区	2012
河南 5 个			
郑州高新技术产业开发区	1991	洛阳高新技术产业开发区	1992
安阳高新技术产业开发区	2010	南阳高新技术产业开发区	2010

续表

名称	批复时间(年)	名称	批复时间(年)
新乡高新技术产业开发区	2012		
湖北5个			
武汉东湖高新技术开发区	1991	襄阳高新技术产业开发区	1992
宜昌高新技术产业开发区	2010	孝感高新技术产业开发区	2012
荆门高新技术产业开发区	2013		
湖南5个			
长沙高新技术产业开发区	1991	株洲高新技术产业开发区	1992
湘潭高新技术产业开发区	2009	益阳高新技术产业开发区	2011
衡阳高新技术产业开发区	2012		

3. 西部地区分布:22个

名称	批复时间(年)	名称	批复时间(年)
陕西6个			
西安高新技术产业开发区	1991	宝鸡高新技术产业开发区	1992
杨凌农业高新技术产业示范区	1997	渭南高新技术产业开发区	2010
榆林高新技术产业开发区	2012	咸阳高新技术产业开发区	2012
甘肃2个			
兰州高新技术产业开发区	1991	白银高新技术产业开发区	2010
青海1个			
青海高新技术产业开发区	2010		
宁夏2个			
银川高新技术产业开发区	2010	石嘴山高新技术产业开发区	2014
新疆3个			
乌鲁木齐高新技术产业开发区	1992	昌吉高新技术产业开发区	2010
石河子高新技术产业开发区	2014		
四川4个			
成都高新技术产业开发区	1991	绵阳高新技术产业开发区	1992
自贡高新技术产业开发区	2011	乐山高新技术产业开发区	2012
重庆1个			
重庆高新技术产业开发区	1991		
云南2个			
昆明高新技术产业开发区	1992	玉溪高新技术产业开发区	2012
贵州1个			
贵阳高新技术产业开发区	1992		

三、国家级保税区 13 个

东部地区分布:13 个

名称	批复时间(年)	名称	批复时间(年)
辽宁省 1 个			
大连保税区	1992		
天津市 1 个			
天津港保税区	1991		
山东省 1 个			
青岛保税区	1992		
江苏省 1 个			
张家港保税区	1992		
上海市 1 个			
上海外高桥保税区	1990		
浙江省 1 个			
宁波保税区	1992		
福建省 2 个			
福州保税区	1992	厦门象屿保税区	1992
广东省 4 个			
广州保税区	1992	汕头保税区	1993
深圳保税区	1991	珠海保税区	1996
海南省 1 个			
海口保税区	1992		

四、国家级出口加工区 63 个

1. 东部地区分布:47 个

名称	批复时间(年)	名称	批复时间(年)
辽宁省 3 个			
大连出口加工区	2000	沈阳出口加工区	2003
沈阳(张士)出口加工区	2005		
北京 1 个			
天竺出口加工区	2000		

续表

名称	批复时间(年)	名称	批复时间(年)
天津 1 个			
天津出口加工区	2000		
河北 2 个			
秦皇岛出口加工区	2002	廊坊出口加工区	2003
山东 5 个			
烟台出口加工区	2000	威海出口加工区	2000
青岛出口加工区	2003	潍坊出口加工区	2003
济南出口加工区	2003		
江苏 16 个			
昆山出口加工区	2000	苏州工业园区出口加工区	2000
南通出口加工区	2002	无锡出口加工区	2002
连云港出口加工区	2003	镇江出口加工区	2003
苏州高新区出口加工区	2003	南京出口加工区	2003
扬州出口加工区	2005	吴中出口加工区	2005
常州出口加工区	2005	吴江出口加工区	2005
常熟出口加工区	2005	淮安出口加工区	2008
武进出口加工区	2009	泰州出口加工区	2010
上海 6 个			
松江出口加工区	2000	金桥出口加工区	2001
闵行出口加工区	2003	青浦出口加工区	2003
漕河泾出口加工区	2003	嘉定出口加工区	2005
浙江 4 个			
杭州出口加工区	2000	宁波出口加工区	2002
嘉兴出口加工区	2003	慈溪出口加工区	2005
福建 4 个			
厦门出口加工区	2000	福清出口加工区	2005
泉州出口加工区	2005	福州出口加工区	2005
广东 4 个			
广州出口加工区	2000	深圳出口加工区	2000
惠州出口加工区	2005	南沙出口加工区	2005
广西 1 个			
北海出口加工区	2003		

2. 中部地区分布:10 个

名称	批复时间(年)	名称	批复时间(年)
内蒙古 1 个			
呼和浩特出口加工区	2002		
吉林 1 个			
珲春出口加工区	2000		
安徽 2 个			
芜湖出口加工区	2002	合肥出口加工区	2010
江西 3 个			
九江出口加工区	2005	南昌出口加工区	2006
赣州出口加工区	2007		
河南 1 个			
郑州出口加工区	2002		
湖北 1 个			
武汉出口加工区	2000		
湖南 1 个			
郴州出口加工区	2005		

3. 西部地区分布:6 个

名称	批复时间(年)	名称	批复时间(年)
陕西 1 个			
西安出口加工区	2002		
新疆 1 个			
乌鲁木齐出口加工区	2003		
四川 2 个			
成都出口加工区	2000	绵阳出口加工区	2005
重庆 1 个			
重庆出口加工区	2001		
云南 1 个			
昆明出口加工区	2005		

五、国家级边境经济开发区 15 个

1. 东部地区分布:3 个

名称	批复时间(年)	名称	批复时间(年)
辽宁 1 个			
丹东边境经济合作区	1992		
广西 2 个			
凭祥边境经济合作区	1992	东兴边境经济合作区	1992

2. 中部地区分布:5 个

名称	批复时间(年)	名称	批复时间(年)
内蒙古 2 个			
满洲里边境经济合作区	1992	二连浩特边境经济合作区	1993
吉林 1 个			
珲春边境经济合作区	1992		
黑龙江 2 个			
黑河边境经济合作区	1992	绥芬河边境经济合作区	1992

3. 西部地区分布:7 个

名称	批复时间(年)	名称	批复时间(年)
新疆 4 个			
伊宁边境经济合作区	1992	塔城边境经济合作区	1992
博乐边境经济合作区	1992	吉木乃边境经济合作区	2011
云南 3 个			
瑞丽边境经济合作区	1992	畹町边境经济合作区	1992
河口边境经济合作区	1992		

六、其他国家级开发区 56 个

1. 东部地区分布:44 个

名称	批复时间(年)	名称	批复时间(年)
辽宁 2 个			
大连金石滩国家旅游度假区	1992	沈阳海峡两岸科技工业园	1995

续表

名称	批复时间(年)	名称	批复时间(年)
天津 3 个			
天津滨海新区	1984	天津保税物流园区	2004
天津东疆保税港区	2008		
山东 6 个			
青岛石老人国家旅游度假区	1992	青岛保税物流园区	2004
大窑湾保税港区	2006	青岛前湾保税港区	2008
烟台保税港区	2009	青岛西海岸新区	2014
江苏 5 个			
张家港保税物流园区	1992	苏州太湖国家旅游度假区	1992
无锡太湖国家旅游度假区	1992	张家港保税港区	1992
南京海峡两岸科技工业园	1995		
上海 4 个			
上海陆家嘴金融贸易区	1990	上海浦东新区	1992
上海佘山国家旅游度假区	1995	洋山保税港区	2005
浙江 4 个			
杭州之江国家旅游度假区	1992	宁波保税物流园区	2004
宁波梅山保税港区	2008	浙江舟山群岛新区	2011
福建 10 个			
湄州岛国家旅游度假区	1988	福州台商投资区	1989
杏林台商投资区	1989	武夷山国家旅游假区	1992
厦门象屿保税物流园区	1992	福州市元洪投资区	2005
福州元洪投资区	2005	厦门海沧保税港区	2008
福州保税港区	2010	集美台商投资区	2010
广东 6 个			
广州南湖国家旅游度假区	1992	广东南沙新区	1993
珠澳跨境工业区	2003	深圳盐田保税物流园区	2004
广州南沙保税港区	2008	深圳前海湾保税港区	2008
广西 2 个			
北海银滩国家旅游度假区	1992	钦州保税港区	2006
海南 2 个			
洋浦保税港区	1992	三亚亚龙湾国家旅游度假区	1992

2. 中部地区分布:3 个

名称	批复时间(年)	名称	批复时间(年)
山西 1 个			
太原留学生创业园	2012		
内蒙古 2 个			
满洲里中俄互市贸易区	1992	东宁一波尔塔夫卡互市贸易区	2000

3. 西部地区分布:9 个

名称	批复时间(年)	名称	批复时间(年)
陕西 1 个			
陕西西咸新区	2014		
甘肃 1 个			
甘肃兰州新区	2012		
青海 1 个			
青海柴达木循环经济试验区	2005		
新疆 2 个			
喀什经济开发区	2014	霍尔果斯经济开发区	2011
重庆 2 个			
重庆两路寸滩保税港区	2008	重庆两江新区	2010
云南 1 个			
昆明滇池国家旅游度假区	1992		
贵州 1 个			
贵州贵安新区	2014		